V&R

## Ein Unterrichtswerk für den evangelischen Religionsunterricht

*Herausgegeben von*

Gerd-Rüdiger Koretzki und
Rudolf Tammeus

*Erarbeitet von*

Gerd-Rüdiger Koretzki
Johannes Kubik
Christian Marker
Rudolf Tammeus
Beate Wenzel
Alfred Weymann

ISBN 978-3-525-77613-1

© 2012, 2008, Vandenhoeck & Ruprecht in Göttingen.
Internet: www.v-r.de
Alle Rechte vorbehalten. Das Werk und seine Teile sind urheberrechtlich geschützt. Jede Verwertung in anderen als den gesetzlich zugelassenen Fällen bedarf der vorherigen schriftlichen Einwilligung des Verlages. Hinweis zu § 52a UrhG: Weder das Werk noch seine Teile dürfen ohne vorherige schriftliche Einwilligung des Verlages öffentlich zugänglich gemacht werden. Dies gilt auch bei einer entsprechenden Nutzung für Lehr- und Unterrichtszwecke. Printed in Germany.

Grafische Gesamtkonzeption: Rudolf Stöbener, Göttingen
Layout | Lithografie | Grafik: weckner media+print GmbH, Göttingen
Druck und Bindung: Quensen Druck + Verlag, Hildesheim

Gedruckt auf alterungsbeständigem Papier.

# ElfZwölf Religion

entdecken
verstehen
gestalten

Vandenhoeck & Ruprecht

# Inhalt

| | |
|---|---|
| 5–18 | Glaubensvielfalt und Wahrheitssuche |
| 19–32 | Religion wahrnehmen und deuten |
| 33–46 | Glaube und Naturwissenschaft |
| 47–60 | Atheismus und Gotteserfahrung |
| 61–74 | Gott in Lebensgeschichten |
| 75–88 | Die Bibel – bekannt und fremd |
| 89–102 | Jesus von Nazareth – der Christus |
| 103–116 | Zur Freiheit befreit!? |
| 117–130 | Himmel und Hölle |
| 131–144 | Credo heute |
| 145–158 | Kirche in der Moderne – moderne Kirche |
| 159–172 | Diakonie – praktizierte Nächstenliebe |
| 173–186 | Ethisch handeln: Sterbehilfe? |
| 187–200 | Menschenwürde und Menschenrechte |
| 201–214 | Sehnsucht nach dem Paradies |
| 215–228 | Rätsel Mensch |
| 229–236 | Tipps zum selbstständigen Arbeiten<br>*Lesen – Schreiben – Bilder erschließen – Recherchieren – Ergebnisse präsentieren – Planen – Außerschulische Lernorte erkunden* |
| 237–240 | Quellenverzeichnis |

# Glaubensvielfalt und Wahrheitssuche

Keith Haring, 1989

# Begegnungen

Cartoon aus den Niederlanden

Wir gleichen einer Gruppe von Menschen, die ein langes Tal hinunterwandern, dabei ihre eigenen Lieder singen und im Laufe der Jahrhunderte ihre eigenen Geschichten und Slogans entwickelt haben, ohne sich der Tatsache bewusst zu sein, dass jenseits des Hügels ein anderes Tal liegt, das von einer weiteren großen Gruppe von Menschen durchwandert wird, die in derselben Richtung unterwegs sind und ebenfalls ihre eigene Sprache, ihre eigenen Lieder, Geschichten und Gedanken haben, und dass es jenseits eines weiteren Hügels noch eine Gruppe gibt. Keine dieser Gruppen weiß von der Existenz der anderen. Doch eines Tages erreichen alle dieselbe Ebene, nämlich jene Ebene, die durch die weltweiten modernen Kommunikationsmittel entstanden ist. Jetzt sehen sie einander und fragen sich, was sie miteinander anfangen sollen.

*John Hick*

# Ein Unterrichtsgespräch in einer 6. Klasse

LEHRERIN: Wir haben gestern den Hindu-Tempel von Sidarthas Gemeinde besucht. Ich möchte, dass jeder reihum von einem ganz besonderen Eindruck erzählt!

BIANCA: Ich fand die vielen Kerzen toll.

FATMANA: Ich fand den Hodscha komisch, weil er so'n Kleid an hatte und das Taschentuch auf dem Kopf.

CARLO: Das war kein Hodscha, du Dumme, den nennt man Brahmane!

MARCEL: Oder Priester! Also, ich fand diese ganzen Götter da vorn komisch. Die sahen aus wie Menschen, aber hatten sechs Arme und Tierköpfe. Ich weiß nicht, wie man so was anbeten kann. Bei uns in der Kirche darf noch nicht einmal ein Bild von Gott hängen. Nur von Jesus am Kreuz. Aber der sieht aus wie ein normaler Mensch.

Cansu: Mich hat auch der Altar beeindruckt. Er war so bunt und voller blinkender Lichter. Und die vielen Blumen.

MURAT: Das hat da ganz schön gestunken wegen dem Weihrauch. Und es war so warm in dem Raum. Naja, hatten ja auch alle die Schuhe ausgezogen. Bei uns in der Moschee machen wir das ja auch, aber wir sitzen nicht so eng zusammen und wir haben auch nicht diese Stinkestäbchen.

ZAHAROULA: Mann, das war'n doch Räucherstäbchen, die haben wir auch bei uns. Du musst mal zu unserer Osternacht kommen, da fallen manche Omas in Ohnmacht, so schlechte Luft, wie dann in der Kirche ist.

BENJAMIN: Ich fand das gut, dass uns die Männer nachher noch Tee gekocht haben. Der war so schön süß, hat lecker geschmeckt.

NINA: Und dass sie uns nachher noch die kleinen Bildchen geschenkt haben, das fand ich auch gut. Ich glaub ja nicht an so'n Gott, aber Kumar tut das ja ...

ROSSVER: Ich fand es komisch, dass die Leute Pudding und Mehl vor den Altar gelegt haben. Wir sammeln nur Geld in der Kollekte. Das Essen vergammelt doch.

ALI: Ich verstehe nicht, warum der Brahmane erzählt hat, dass die Hindus kein Fleisch essen. Gar kein Fleisch, noch nicht mal Rindfleisch! Und dass sie die Kühe so heilig finden.

SIDARTHA: Wir essen keine Tiere, weil wir glauben, dass manche Toten als Schwein oder Kuh wiedergeboren werden.

ALEKSANDER: Ist doch klar, ey, der will doch nicht seine Oma essen!

*Maren Schamp-Wiebe*

# Faszination Buddhismus

*Herr Klar, Sie sind 18-jährig zum Buddhismus gekommen. Was interessierte Sie besonders am Buddhismus, was ließ Sie Buddhist werden?*

Besonders anziehend fand ich die Tatsache, dass es im Buddhismus auf Selbstverantwortlichkeit ankommt und dass man aus eigenem Streben vorwärts gelangen muss. Es gibt keinen Glaubenszwang oder eine Beeinflussung durch irgendeinen Priester. Es ist auch keine Gnade erforderlich; ausschlaggebend sind allein die eigenen, mehr oder weniger starken Kräfte.

*Der Aufschwung des Buddhismus ab Anfang der 1970er Jahre, sowohl in der Bundesrepublik als auch allgemein in Europa, hat ja erst mit der Ankunft asiatischer Lehrer und der Aufnahme von Meditationsformen begonnen. Wie stehen Sie zu diesem plötzlichen Interesse an Meditation?*

Es ist sehr zu begrüßen, dass durch asiatische Buddhisten und Meditationsmeister das Interesse an der Meditation stark zugenommen hat. Schließlich gehört ja die Meditation zum Buddhismus wie eine gesunde Atemtechnik zu einem gesunden Leben. Man darf aber nicht vergessen, dass in Indien zur Zeit des Buddha die Meditation sehr verbreitet war. In allen Religionen wurde damals meditiert. Niemand empfand das als etwas Besonderes. Buddhistisch zu leben, oder wie es heißt „zu praktizieren", bedeutet weit mehr als lediglich zu meditieren. Bei der buddhistischen Praxis handelt es sich um nichts Geringeres als um die allmähliche Überwindung von Gier, Hass und Verblendung. Das ist keine leichte Sache; aber dieses Streben sollte sich wenigstens ansatzweise auch im täglichen Leben manifestieren. Ein ausgesprochen typisches Merkmal für einen Buddhisten wäre es, wenn er den achtgliedrigen Pfad in jeder Hinsicht befolgen könnte; wenn er von der Lehre des Nicht-Selbst (anattā) durchdrungen wäre; wenn er das „abhängig-gleichzeitige Entstehen" erkannt hätte oder die Vier Edlen Wahrheiten verwirklichte.

*Was sehen Sie als wichtige Schritte an, den Buddhismus angesichts der „Modewelle" nicht zu sehr einer möglichen Verflachung auszusetzen?*

Zunächst muss sichergestellt werden, dass sich jeder in Deutschland über die Lehre des Buddha informieren kann. Auch diejenigen, die sich Buddhisten nennen, sollten es als Pflicht empfinden, sich weiterzubilden. Der Buddhismus ist schließlich keine Lehre, in die man wie in ein Wasserbecken einfach reinspringen und schwimmen kann. Und rein intellektuell geht das ohnehin nicht. Dazu gehören immer neue Anstrengungen, wobei die Ethik nur die Basis bildet.

*Martin Baumann*

# Buddha und/oder Christus?

Einen größeren Gegensatz als den zwischen Buddhas und Christi Anschauung von Gott, von der Welt und vom Menschen kann man sich kaum denken.
Bei Buddha liegt die Welt wie in einem dunklen Schatten und der Mensch schleicht durch sie wie ein müder Wanderer, der eine schwere Last zu tragen hat, dabei aber nicht weiß, wozu er sie trägt und wohin er gehen soll. Bei Christus liegt die Welt wie in einem hellen Sonnenschein, und der Mensch schaltet und waltet in ihr mit fröhlichem Angesicht, wissend, was er zu tun hat und was er wert ist.

DER DALAI LAMA UNTERRICHTET IN SEINEM KLOSTER

Buddhas Erlösungsweg ist ein Produkt menschlicher Spekulation. Er gründet sich lediglich auf die Autorität eines menschlichen Lehrers, der von ihm behauptet, dass er zum Ziele führt. Christi Erlösungsweg gründet sich auf Tatsachen, auf die Tatsache von Christi Tod, der eine Überwindung der Sünde durch Anerkennung des Schuldcharakters derselben und der Berechtigung und Notwendigkeit des Gerichtes Gottes über sie bedeutet.

Buddha verlangt eine Erlösung durch etwas, was der Mensch an sich tut, aus sich macht. Also das, was der Mensch tut, soll die Erlösung gewissermaßen als Frucht hervorbringen. Christus lässt die Erlösung dem, was der Mensch zu tun hat, nicht als Frucht folgen, sondern als Same vorangehen. Er erlöst erst und erwartet dann Früchte.

Buddha sagt, was man tun muss, um erlöst zu werden. Christus erlöst wirklich, indem er uns gewissermaßen bei der Hand nimmt und uns zu Gott, der Quelle wahren, echten Lebens, führt. Ratgeber wie Buddha hat die Menschheit viele. Einen wirklichen Helfer und Erlöser aber hat sie nur in Christus.

*Hilko Wiardo Schomerus*

# Positionen in der Begegnung der Religionen

## Exklusiv

Zwischen dem Christentum und den anderen Religionen gibt es natürlich vielerlei Unterschiede. Der entscheidende Unterschied liegt jedoch im Weg zu Gott. Die östlichen Religionen gehen davon aus, dass der Mensch Gott in sich trägt. Dessen ist der Mensch sich aber normalerweise nicht bewusst, weil seine Gefühle und Wünsche ihn davon abhalten. Der Mensch muss also sich selbst verändern in der Hoffnung, so Gott mehr und mehr erleben zu können.

Auch im Islam ist der Mensch auf sich selbst zurückgeworfen, wenn es darum geht, den Weg zu Gott zu bahnen. Er muss treu die Gesetze des Islam befolgen. Nur so kann er auf ewiges Leben hoffen.

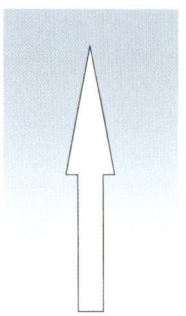

Die Bibel geht jedoch davon aus, dass der Mensch durch seine Sünde ganz und gar von Gott getrennt ist. Die Kluft zwischen Mensch und Gott ist so tief, dass der Mensch gar nichts dazu beitragen kann, um sie zu überbrücken – nur Gott hat diese Möglichkeit. Er hat seinen Sohn Jesus Christus gesandt, um stellvertretend für die Sünden der Menschen zu sterben. Wer an ihn glaubt, wird allein durch den Glauben, ohne irgendeinen Beitrag des Menschen, von Gott gerecht gesprochen. Durch diese ihm verliehene Gerechtigkeit ist dann die Kluft zwischen Gott und Mensch überbrückt und der Mensch kann in Gemeinschaft mit Gott leben.

Die Tatsache, dass der Mensch ohne sein Zutun allein aus Gnade in die Gemeinschaft mit Gott gelangen kann, ist unter den Religionen einmalig. Wenn diese Aussage der Bibel tatsächlich der objektiven geistlichen Wirklichkeit entspricht, kann das Christentum nicht nur eine von mehreren wahren Religionen sein. Die Einzigartigkeit im Menschenbild und der Überwindung der Trennung zwischen Gott und Mensch macht das Christentum dann zur einzig wahren Religion.

*Jörg Dechert*

## Inklusiv

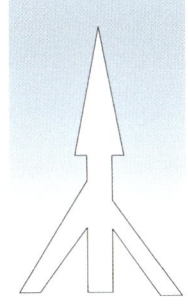

*1. These:* Das Christentum versteht sich als die für alle Menschen bestimmte, absolute Religion, die keine andere als gleichberechtigt neben sich anerkennen kann.
*2. These:* Bis zu jenem Augenblick, in dem das Evangelium wirklich in die geschichtliche Situation eines bestimmten Menschen eintritt, enthält eine nichtchristliche Religion nicht nur Elemente einer natürlichen Gotteserkenntnis (...), sondern auch übernatürliche Elemente aus der Gnade, die dem Menschen wegen Christus von Gott geschenkt wird, und sie kann von daher (...) als, wenn auch in verschiedener Gestuftheit, *legitime Religion* anerkannt werden.
*3. These:* Wenn die zweite These richtig ist, dann tritt das Christentum dem Menschen außerchristlicher Religionen nicht einfach als dem bloßen schlechthinnigen Nichtchristen gegenüber, sondern als einem, der durchaus schon als ein anonymer Christ in dieser oder jener Hinsicht betrachtet werden kann und muss. Es wäre falsch, den Heiden zu sehen als einen Menschen, der bisher in keiner Weise von der Gnade und Wahrheit Gottes berührt war.

*Karl Rahner*

## Plural

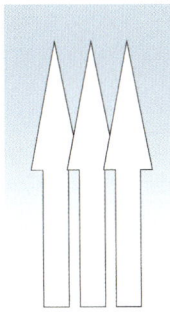

Für jemanden, der in das Christentum hineingeboren wurde oder in eine Kultur, in der das Christentum die einzige religiöse Option war, die sich ihm effektiv anbot, und der auch spirituell überwiegend durch den Einfluss der christlichen Tradition geprägt ist, bildet das Christentum meines Erachtens in der Regel durchaus den besten Kontext für seine eigene Beziehung zu Gott; und dies ist ein guter Grund dafür, eher ein Christ als ein Anhänger irgendeiner anderen Religion zu sein. Man wird dann die traditionellen christlichen Formulierungen, die Jesus als Sohn Gottes, fleischgewordenes Wort, König der Könige etc. verherrlichen, als eine im Grunde poetische Sprache der Liebe verstehen. (...) Dieses Bekenntnis schließt weder aus, dass es andere Menschen gibt, die auf anderen Wegen innerhalb anderer religiöser Traditionen von Gott erreicht wurden und werden, noch schließt es aus, dass mich das Licht aus jenen anderen Strömen des religiösen Lebens ebenfalls erleuchten kann.

*John Hick*

# Erklärung zum Weltethos

Mit *Weltethos* meinen wir keine neue Weltideologie, auch *keine einheitliche Weltreligion* jenseits aller bestehenden Religionen, erst recht nicht die Herrschaft einer Religion über alle anderen. Mit Weltethos meinen wir einen *Grundkonsens bezüglich bestehender verbindender Werte, unverrückbarer Maßstäbe und persönlicher Grundhaltungen.*

Die tief greifenden Unterschiede zwischen den einzelnen Religionen wollen wir nicht verwischen oder ignorieren. Aber sie sollen uns nicht hindern, öffentlich zu proklamieren, *was uns bereits jetzt gemeinsam ist* und wozu wir uns aufgrund unserer je eigenen religiösen oder ethischen Grundlagen schon jetzt gemeinsam verpflichtet fühlen.

Es gibt ein Prinzip, die Goldene Regel, die seit Jahrtausenden in vielen religiösen und ethischen Traditionen der Menschheit zu finden ist und sich bewährt hat: *Was du nicht willst, das man dir tut, das füg auch keinem anderen zu.* Oder positiv: *Was du willst, das man dir tut, das tue auch den anderen!* Dies sollte die unverrückbare, unbedingte Norm für alle Lebensbereiche sein, für Familie und Gemeinschaften, für Rassen, Nationen und Religionen.

Dieses Prinzip schließt ganz konkrete Maßstäbe ein, an die wir Menschen uns halten sollen. Aus ihm ergeben sich *vier umfassende uralte Richtlinien,* die sich in den meisten Religionen dieser Welt finden.

*Du sollst nicht töten!* Oder positiv: *Hab Ehrfurcht vor dem Leben!*
*Du sollst nicht stehlen!* Oder positiv: *Handle gerecht und fair!*
*Du sollst nicht lügen!* Oder positiv: *Rede und handle wahrhaftig!*
*Du sollst nicht Unzucht treiben!* Oder positiv: *Achtet und liebet einander!*

Zum Schluss appellieren wir an alle Bewohner dieses Planeten: Unsere Erde kann nicht zum Besseren verändert werden, ohne dass das Bewusstsein des Einzelnen geändert wird. Wir plädieren für einen individuellen und kollektiven Bewusstseinswandel, für ein Erwecken unserer spirituellen Kräfte durch Reflexion, Meditation, Gebet und positives Denken, für eine *Umkehr der Herzen.* Gemeinsam können wir Berge versetzen! Ohne Risiko und Opferbereitschaft gibt es keine grundlegende Veränderung unserer Situation! Deshalb verpflichten wir uns auf ein gemeinsames Weltethos: auf ein besseres gegenseitiges Verstehen sowie auf sozialverträgliche, friedensfördernde und naturfreundliche Lebensformen.

*Wir laden alle Menschen, ob religiös oder nicht, ein, dasselbe zu tun!*

*Parlament der Weltreligionen, 1993*

# Religionen für den Frieden

Als verantwortliche Anhänger verschiedener Religionen und Konfessionen betonen wir, dass Erziehung einer der wichtigsten Faktoren ist, um Unwissen und Vorurteile abzubauen, die zu den gefährlichen Vorbedingungen für gewaltsame Konflikte gehören. Der erzieherische Beitrag der Religionen ist zweifach – einerseits nach innen, andererseits nach außen gerichtet:

– Durch eine innere Erneuerung auf der Basis ihrer spirituellen Grundlagen und Motivationen können die Religionen Wege aufzeigen, die zu Frieden und Versöhnung führen, und sie können das Verantwortungsbewusstsein für soziale Gerechtigkeit und die Bewahrung der Lebensgrundlagen stärken; solche Erziehung zur Erneuerung kann ihre Dynamik aus den Begabungen und der Berufung jedes Einzelnen schöpfen und zu persönlicher Sinnerfüllung und Einsatzbereitschaft für die gemeinsame Verantwortung beitragen.

– Nach außen gerichtet haben die Religionen die Aufgabe, eine offene Atmosphäre für Begegnung und Kooperation zwischen religiösen wie auch nichtreligiösen Personen und Organisationen zu schaffen. Sie sollten Sorge dafür tragen, ein authentisches Verständnis des Glaubens der Anderen zu erreichen und zu verbreiten und gleichzeitig ihren eigenen Glauben den Angehörigen anderer Religionen und Weltanschauungen in respektvoller Weise darzustellen, wobei jede Form von Proselytismus* zurückzuweisen ist.

Lebendiger interreligiöser Kontakt und Dialog sind von zunehmender Bedeutung nicht nur für die Friedenserziehung, sondern auch für die Religionen selbst.

*Aufruf bei der VII. Weltversammlung der „Weltkonferenz der Religionen für den Frieden" (WCRP), 1999*

\* *Absichtliche, planmäßige Abwerbung von Andersgläubigen*

# Dialog

## Regeln für den interreligiösen Dialog

▸Beginne mit den Gemeinsamkeiten. ▸Beachte die Verbindung zwischen Theologie und deren praktischer Anwendung. ▸Erkenne die politischen und wirtschaftlichen Dimensionen des interreligiösen Dialogs. ▸Berücksichtige die Tradition der Aufklärung. ▸Tritt ein für das Prinzip der Gewaltlosigkeit. ▸Respektiere das Recht jedes Menschen auf eine eigene Religion. ▸Berücksichtige den jeweilgen Bildungsgrad. ▸Stelle die Möglichkeiten freier Information sicher. ▸Habe den Mut, zunächst für deine eigenen, dann für die Inhalte, das Erbe und die Geschichte des anderen einzutreten. ▸Entwickle Rahmenbedingungen für den kontroversen Disput. ▸Akzeptiere Verantwortung für Worte und Taten auf allen Ebenen.

*Prinz El Hassan Bin Talal*

## Dreierlei Dialog

Ich kenne dreierlei Dialog: den echten – gleichviel, geredeten oder geschwiegenen –, wo jeder der Teilnehmer den einen oder die anderen in ihrem Dasein oder Sosein wirklich meint und sich ihnen in der Intention zuwendet, dass lebendige Gegenseitigkeit sich zwischen ihm und ihnen stifte; den technischen, der lediglich von der Notdurft der sachlichen Verständigung eingegeben ist; und den dialogisch verkleideten Monolog, in dem zwei oder mehrere im Raum zusammengekommene Menschen auf wunderlich verschlungenen Umwegen jeder mit sich selber reden und sich doch der Pein des Aufsichangewiesenseins entrückt dünken.

*Martin Buber*

# Drei Fallbeispiele:
# Begegnungen zwischen Christen und Muslimen

In einer Kleinstadt wandte sich vor einigen Jahren eine Gruppe Bosnier Hilfe suchend an den Kirchenvorstand: Ob sie nicht im Gemeindehaus das islamische Opferfest feiern könnten? Nach anfänglicher Unsicherheit willigte der Kirchenvorstand ein. Parallel wuchs in der Gemeinde spürbar die Bereitschaft, sich mehr über den Glauben der Muslime zu informieren. Das Gute war: Man redete nicht über den Glauben der anderen, sondern mit ihnen!

*Szenenwechsel*, knapp 20 Kilometer davon entfernt, ebenfalls eine kleinstädtische Situation: Ein auswärtiger türkischer Imam hält am Sonntag auf der Kanzel einer lutherischen Kirche eine Predigt. Die Wogen der Empörung schlagen hoch. Auch die Kirchenleitung schaltet sich ein. So geht es nicht!

*Dritte Szene*: Ein Gesprächskreis von Pastoren, Pastorinnen und türkischen Imamen aus dem Raum Hannover hat sich etabliert. Als Thema des nächsten Treffens schlagen die Christen vor: Bewahrung der Schöpfung. Bereitwillig stimmen die Muslime zu und präzisieren: „Dann sollten wir uns zunächst über den Erhalt von Ehe und Familie unterhalten!" Die christliche Seite, auf ökologische Problematik getrimmt, zeigt sich irritiert!

*Gelingendes, Misslingendes, Irritierendes* – die Palette der Erfahrungen in der Begegnung von Christen und Muslimen ist auch in unserer Landeskirche breit. Patentrezepte für den immer noch ungewohnten und darum spannenden Umgang miteinander gibt es nicht. (...) Aber wir dürfen getrost auf Hoffnung setzen. Schließlich ist sie eine Christen wie Muslimen gemeinsame Tugend!

*Ralf Geisler*

André Gaidies, 2001

# Kenntlich sein

Man muss daran erinnern, dass die Partner eines jeden Dialogs erkennbar sein müssen. Man will und man kann keinen Dialog mit jemandem führen, der unkenntlich ist und der sich seiner Eigentümlichkeit enteignet hat. Zum Dialog gehören Partner, die voneinander verschieden sind, die Eigentümlichkeiten haben und deren Grenzen erkennbar sind. Dialog setzt voraus, dass Menschen sich ihrer selbst halbwegs gewiss sind; dass sie in vorläufiger Sicherheit sagen können, wer sie sind, was ihre Geschichte ist und was zu ihnen gehört. Sie müssen sagen können, was ihre Haupttexte und was ihre Hauptlieder sind, was sie lieben und was sie verachten. Der symbiotische Wunsch, alle Grenzen niederzureißen und ineinander zu fließen unter Verleugnung aller Unterschiedenheit, zerstört die Sprachfähigkeit. Eine Grenze muss nicht feindlich sein. Sie unterscheidet. In der Unterschiedenheit werde ich erkennbar und deutlich, mir selbst und den anderen.

Kenntlich sein heißt, ein Verhältnis zu den eigenen Traditionen zu haben. Ein Dialog mit einem Buddhisten, der zur Vorbereitung auf unseren Dialog seinen Buddhismus abgestreift hätte, würde mich nicht interessieren. Ja, ich könnte ihm nicht einmal glauben. Wie aber kann man uns glauben und wie kann man mit uns reden wollen, wenn andere uns als immer schon geschleifte Burgen erleben? In dieser neuen Selbstlosigkeit können andere uns nicht entdecken und nicht stärker werden an uns. Denn das Ziel eines Dialogs ist ja nicht, dass man sich etwa in der Mitte zwischen zwei Lagern trifft. Das Ziel ist, dass jedem zu seiner geläuterten Eigentümlichkeit verholfen wird.

Ein zentraler Glaube unserer Tradition ist die Lehre von der Gnade. Dieser Gedanke heißt nicht, dass Gott groß ist, der Mensch aber klein, und dass dieser Höhenunterschied durch die Gnade ausgeglichen wird. Diese Tradition heißt vielmehr: Das, wovon wir eigentlich leben, können wir nicht selber herstellen, nicht die Liebe, nicht die Freundschaft, nicht die Vergebung. Wir sind davon befreit, unsere eigenen Autoren zu sein. Wir sind davon befreit, uns in der eigenen Hand zu bergen.

In einer Anwendung dieses Gedankens kann ich mir zum eigenen Trost und zur eigenen Entlastung sagen: Ich muss nicht besser sein, ich muss nicht siegen. Ich habe einen Namen, ich muss mich nicht dauernd durch Siegen namhaft machen. Ich darf die Tradition schätzen, die hinter meinem Namen steht; ich kann zu dieser Tradition stehen, ohne andere Traditionen niedermachen zu müssen. Und ich muss auch nicht meine eigene Tradition niedermachen, damit ich die anderen schätzen kann. Nicht siegen müssen und nicht sich selbst verleugnen müssen – welche Freiheit und welche Schönheit!

*Fulbert Steffensky*

# Aufgaben

- S. 5: Beschreiben Sie, wie das Zusammentreffen von Menschen in dem Bild dargestellt wird.
- S. 6 (Bild): Erläutern Sie die Aussage der Karikatur. – Setzen Sie sich mit der Frage auseinander, wie ein Lehrer/eine Lehrerin in einer solchen Situation reagieren könnte bzw. sollte.
- S. 6 (Text): Arbeiten Sie heraus, welche Formen des Umgangs mit der Vielfalt der Religionen in dem Text angesprochen werden. – Gestalten Sie in einem Stegreifspiel verschiedene „Fortsetzungen" des Textes.
- S. 7: Prüfen Sie, ob die Beobachtungen der Kinder stimmen. – Erörtern Sie die Frage, wie ein Lehrer/eine Lehrerin das Gespräch weiterführen sollte.
- S. 8: Erläutern Sie, was Helmut Klar am Glauben der Tibeter fasziniert. – Entwerfen Sie einen Antwortbrief an Helmut Klar, in dem Sie sich mit seiner Einstellung auseinandersetzen.
- S. 9: Beschreiben Sie, welche Wirkung das Bild des Dalai Lama ausübt. – Informieren Sie sich (Internet, Lexika, Religionsbücher) über Leben und Werk des Dalai Lama. – Untersuchen Sie, welche Einstellung gegenüber dem Buddhismus im Text vertreten wird. – Vergleichen Sie den vorliegenden Text mit den Aussagen des Dalai Lama auf S. 99.
- S. 10/11: Arbeiten Sie die charakteristischen Merkmale der drei religionstheologischen Modelle heraus. Untersuchen Sie dabei auch, welche Chancen und welche Gefahren die Modelle beinhalten. – Entwerfen Sie eigene Grafiken zu den Modellen.
- S. 12: Gestalten Sie die zentralen Aussagen der Weltethos-Erklärung in einem Plakat. – Überlegen Sie Aktionen, durch die auf das „Projekt Weltethos" in der Öffentlichkeit aufmerksam gemacht werden könnte.
- S. 13: Erörtern Sie unter Bezugnahme auf den Text, was die Religionen konkret dazu beitragen können, um zu Frieden und Gewaltfreiheit zu erziehen. Informieren Sie sich über Ziele und Vorgehensweisen der „Weltkonferenz der Religionen für den Frieden" (WCRP/Deutschland, Staffelseeweg 37, 70184 Stuttgart, und www.wcrp.de).
- S. 14/15: Erläutern Sie die Dialogregeln. Formulieren Sie eigene „Spielregeln" des interreligiösen Dialogs. – Erläutern Sie die drei Formen des Dialogs, die im Text von Martin Buber angesprochen werden. Entwerfen Sie ein Bild oder einen Dialog, in dem diese Dialogformen erkennbar werden. – Diskutieren Sie die „Fallbeispiele" und erläutern Sie, welche Lehren daraus zu ziehen wären.

▪ S. 16: Geben Sie die Aussagen des Textes wieder. Überprüfen Sie, welchen religionstheologischen Ansatz der Autor des Textes vertritt.

## Projekte

▪ Eine Internetexpedition in die Welt der Religionen unternehmen, z.B. www.hagalil.de / www.islam.de / www.buddhanetz.net, und Gottesbild – Menschenbild – Friedensverständnis – Umgang mit der Natur – Verhältnis zu anderen Religionen o. Ä. untersuchen
▪ Schulbücher vergleichen: Wie werden fremde Religionen in deutschen Schulbüchern dargestellt?
▪ Eine Ausstellung organisieren: Materialien zum Thema „Religionen in unserer Region" zusammentragen und präsentieren

## Entdeckt, verstanden, gestaltet

**Ich kann** begründen, warum es wichtig ist, zu einer verständnisvollen, offenen Haltung gegenüber Andersglaubenden zu finden.

**Ich kann** zwischen drei *religionstheologischen Grundmodellen* unterscheiden und erklären, wie jeweils der Weg zum Heil und die Rolle der fremden Religionen beschrieben werden.

**Ich kann** die Merkmale eines *echten Dialogs* nennen und erklären, inwiefern „Kenntlichkeit" in diesem Zusammenhang ein wichtiger Gesichtspunkt ist.

**Ich kann** die wesentlichen Aussagen der *Erklärung zum Weltethos* und den Beitrag der *Weltkonferenz der Religionen für den Frieden* beschreiben.

# Religion wahrnehmen und deuten

Ernst Steiner, 1983–85

# „Religion": Warum und wozu?

Religionen bringen in Erinnerung, dass das menschliche Dasein weit über das Leben des Einzelnen hinausreicht: Zum einen wurzelt das individuelle Leben tief in der Evolution der menschlichen Gattung, zum anderen hat das Leben des Einzelnen teil an einem nach vorne greifenden geistigen Lebens- und Sinnzusammenhang. Folgende Motive finden sich bei den verschiedensten Völkern und in den verschiedensten Zeiten und bestimmen das individuelle wie das kollektive Verhalten:

- die Sehnsucht nach dem Paradies
- die Hoffnung auf das erlösende Wort oder auf eine Erlösergestalt
- die Suche nach dem vollkommenen Menschen
- das Verlangen nach Lebenssteigerung, das durch keine Güter der Welt zu befriedigen ist, nach Lebenserfüllung, nach völliger Freiheit oder nach dem Einswerden mit allem
- die Ahnung von einer Urbeziehung der menschlichen Seele mit dem Wesen des Alls
- die Vorstellung von einer völligen Neuwerdung nach dem Tod.

Diese Motive sind Hinweise darauf, dass religiöse Bilder und Vorstellungen mit dem Menschsein eng verbunden sind. Jeder Mensch ist in einem weiten Sinne religiös, insofern er etwas sucht und braucht, worauf letztlich Verlass ist.

Religion versucht eine Deutung der Welt und des Menschseins. Dabei handelt es sich nicht bloß um eine intellektuelle Interpretation des Daseins, vielmehr bezieht sich diese Deutung auf die gesamte Einstellung zum Leben und hat konkrete Konsequenzen für Recht, Moral und Gemeinschaftsformen. Dabei wird die in der Religion erfasste Sinndeutung der Welt nicht als Werk menschlichen Nachdenkens aufgefasst, die Menschen finden vielmehr im Unfassbaren gerade deshalb Sicherheit, weil es mit den Mitteln menschlicher Vernunft nicht hinterfragt oder gar widerlegt werden kann.

Bis dahin hat Religion vieles gemeinsam mit einer dichterischen Weltauffassung oder mit Philosophie. Ihre Besonderheit besteht aber darin, dass sie Überirdisches und Irdisches verknüpft, indem sie Unanschauliches anschaulich macht und Unfassbares fassbar werden lässt. So kommt es, dass eine Religion gemeinschaftliche Ausdrucksformen ausbildet: Gebräuche, Riten, Feste, Lieder, Bilder und Kunstwerke, Gebäude, Mythen, Legenden, Lehren und Ämter. Darin wird sie überliefert und gelebt.

*Evangelischer Erwachsenenkatechismus*

# Was ist Religion?

## Definitionen

Religion ist Sinn und Geschmack für das Unendliche.

*Friedrich Schleiermacher, 1768-1834*

Die Religion ist der Seufzer der bedrängten Kreatur, das Gemüt einer herzlosen Welt. Sie ist das Opium des Volkes. Die Aufhebung der Religion als des illusorischen Glücks des Volkes ist die Forderung seines wirklichen Glücks. Die Kritik der Religion ist also im Keim die Kritik des Jammertales, dessen Heiligenschein die Religion ist.

*Karl Marx, 1818-1883*

Religion ist im weitesten und tiefsten Sinne des Wortes das, was uns unbedingt angeht.

*Paul Tillich, 1886-1965*

Religion ist die erlebnishafte Begegnung mit dem Heiligen und antwortendes Handeln des vom Heiligen bestimmten Menschen.

*Gustav Mensching, 1901-1978*

Religion ist jedes System des Denkens und Tuns, das von einer Gruppe geteilt wird und dem Individuum einen Orientierungsmaßstab und einen Gegenstand der Hingabe bietet.

*Erich Fromm, 1900-1980*

Religion ist die Kultur des rationalen Verhaltens zum Unverfügbaren.

*Hermann Lübbe, 2001*

# Gelebte Religion

## Religiöse Spurensuche in der Alltagswelt

Spuren gelebter Religion begegnen vielfach in unserer urbanen Alltagskultur. Religiöse Zeichen liegen für mich überall dort vor, wo Werte propagiert, Verhaltensweisen empfohlen, Stimmungen erzeugt und Versprechungen gemacht werden, mit denen es um unser Grundverhältnis zum Leben geht. Zeichen für Religion liegen dann vor, wenn wir uns auf unsere tiefsten Wünsche und Ängste sowie auf die Möglichkeiten ihrer Erfüllung bzw. Abwehr auf wirksame Weise angesprochen finden. An einem Sonntagnachmittag – es war zufällig Altstadtfest – habe ich nach solchen Zeichen in einer mittelgroßen Stadt in Südniedersachsen gesucht. Ich bin auf Werbeplakate gestoßen, auf Jugend- und Musikszenen, auf Kinopaläste, auf Kirchenportale. In dem allem – und anderem mehr – konnte und kann ich Religion erkennen, religiöse Botschaften, religiöse Erlebnisweisen, religiöse Sinnwelten. Um die Religion in dem allem zu erkennen, braucht es freilich auch die entsprechende Interpretation. Diese Interpretation will ich im Folgenden geben.

*„Einschalten – Hören – Staunen":* Werbeplakat des Radiosenders ffn. Ein Versprechen der wirksamen Unterbrechung des Alltäglichen, Gewöhnlichen, Ereignislosen, des Alltagstrotts. Zugleich der Weg, auf dem dieses Wunder geschehen kann. Einschalten, das Radio und den Fernseher natürlich. Hören, Sehen, Dabeisein. Wer einschaltet, ist nicht abgeschaltet, gehört dazu, bekommt mit, was in der Welt geschieht, erfährt von Außergewöhnlichem, Erschreckendem, manchmal auch Erfreulichem. Da ist Ängstigendes und Faszinierendes, eine Welt zum Staunen, ein Geschmack für das Geheimnis der Welt und des Lebens.

*„Innenhof mit Fangemeinde":* Szene auf einem Altstadtfest. Die Dinge geraten in Fluss. Die Inszenierung auf der Bühne nimmt gefangen, wird zum Drama für die versammelte Menge, weckt Gefühle von Stimmigkeit, versetzt in Gestimmtheit. Einander fremde Menschen werden zur andächtig versammelten Gemeinde.

*„Das Kino der großen Gefühle":* Blick auf die Außenfassade eines modernen Großkinos. Das Kino, der Filmpalast, dem modernen Kirchenbau nachempfunden. Ein sakraler Gesamteindruck schon in der Außenansicht. Und drinnen, die Welt der laufenden Bilder, welche die Vorstellungen und Einstellungen zur Darstellung bringen, die uns in unserem realen Weltverhältnis am stärksten prägen. Wer dieses Eingangsportal durchschreitet, geht für zwei Stunden hinüber in eine andere Welt. Die Story, die jetzt erzählt wird, entführt in eine fiktionale Realität. In ihr werden all jene Erfahrungen von Gewalt und Liebe,

von Hass und Versöhnung, von Lebensangst und Lebenslust, von Schicksal und Fügung vor Augen geführt, die nur durch die reale Realität überboten werden. Dort aber finden sie zumeist keine Sprache und keine Bilder. Wo keine Sprache und keine Bilder, dort auch keine Selbstbewusstheit menschlichen Lebens. Dort auch keine reflexive Einsicht in dessen Grundverfassung. Dort auch keine Religion.

*„Armaggedon":* Werbeplakat für einen Action-Film. Das biblische Motiv für die apokalyptischen Visionen der Angst. Phantasien vom drohenden Weltuntergang locken in den Filmpalast. Wer sich locken lässt, findet spannende Unterhaltung und hört die tröstliche Botschaft: „Wo Gefahr ist, wächst das Rettende auch."

*„Kirchenportal":* Eingang zu einer spätgotischen Innenstadtkirche. Wird, wer hier hindurchgeht, auch spannend unterhalten, hört er sogar eine tröstliche Botschaft? Wird es dort zu einer tieferen Selbstverständigung über unser Grundverhältnis zum Leben kommen? Finden unsere Ängste und unsere Hoffnungen Sprache und ansprechende Bilder? Dann ist auch hier Religion zu finden. Vielleicht sogar eine besonders lebensdienliche.

Wenn wir im Blick auf Werbung und Kino, Technoparty und Fußballfestival von religiösen Phänomenen sprechen, müssen wir uns dessen bewusst sein, dass sie es nicht als solche sind. Sie können zu religiösen Phänomenen werden, aber sie müssen es nicht. Zu religiösen Phänomenen werden sie dann, wenn Menschen sich durch sie in ihrem Grundverhältnis zu Welt und Leben angesprochen finden, ihre ganze Lebens- und Weltansicht durch sie in eine bestimmte Form gebracht wird. Religiös werden sie, sofern in der Begegnung mit ihnen bzw. in der Teilnahme an ihnen es zur Erfahrung von Lebenssteigerung kommt, zur unmittelbar gefühlten, dann auch reflexiv bedachten, sprachlich artikulierbaren Bewusstheit dessen, was dem eigenen Leben Halt gewährt, was trägt, auch und gerade an den Grenzen der Verstehbarkeit der Welt, im Zusammenbruch ethischer Sicherheit, an den Grenzen der eigenen Leidensfähigkeit. Die Religion liegt nicht in den Dingen, die wir sehen und erfahren, nicht in den Botschaften, die wir hören und lesen, und seien sie noch so erschreckend oder verlockend. Die Religion liegt in unserem unmittelbaren, in der Tiefe angehenden Selbstverhältnis zu dem allem. Etwas wird dadurch zu einem religiösen Phänomen, dass Menschen sich im Kern des eigenen Selbst erschlossen finden, betroffen, angegangen, letztinstanzlich bestimmt.

*Wilhelm Gräb*

# Religion in

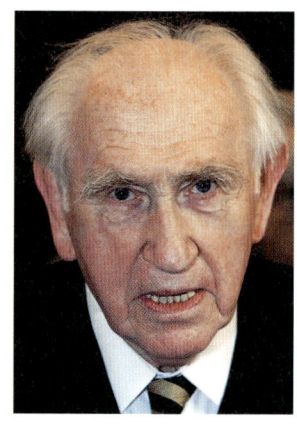

Mein Glaube ist ein Erzeugnis der christlich-kirchlichen Tradition. Gleich anderen Millionen Europäern bin ich in das Christentum hineingeboren. Von vielem in meinem Leben weiß ich den Anfang zu nennen, aber wodurch ich den ersten Anstoß zum Glauben empfangen habe, bei welcher Gelegenheit ich zum ersten Mal so etwas wie ein religiöses Gefühl verspürte, dafür vermag ich keinen bestimmten Zeitpunkt anzugeben. Ich habe auch später keine „augenblickliche" Bekehrung erlebt. Vielmehr habe ich im Maße meines Erwachsenwerdens, ohne Bruch und Sprung, in allmählicher Entwicklung und durch menschliche Vermittlung meinen zufälligen religiösen Geburtsstand bewusst als eigene Glaubensentscheidung übernommen. Die entscheidende Mittlerrolle auf meinem Weg zum Glauben kommt meiner Mutter zu. Sie hat mir das „Christentum" vor allem dadurch nahe gebracht, dass sie mir den Glauben an Gott als eine reale Lebensmöglichkeit leibhaft vor Augen stellte. Den tragenden Grund ihrer Frömmigkeit bildete eine innige, unerschütterliche Gottesgewissheit. *„Befiehl dem Herrn deine Wege und hoffe auf ihn – er wird's wohl machen"* – das war für sie die Richtschnur, an die sie sich in allen Lebenslagen hielt. In meiner Erinnerung hat sich das Vertrauen meiner Mutter auf Gott allzeit mit ihrer Zuwendung zu mir verbunden. Mag sein, dass sich darin unbewusst eine Art „Übertragung" ihres Glaubens auf mich vollzogen hat – als habe sich ihr Vertrauen auf Gott in meinem Gottvertrauen fortgesetzt. Dass ich als Kind getauft worden bin, hat mir in meinem Leben wenig bedeutet. Von daher ist mir in Zeiten der Bedrängnis und des Zweifels kein Trost gekommen. Aber als ein Zeichen dafür, dass am Anfang eines Menschenlebens Empfangen und Vertrauen stehen und allem Handeln und Leisten vorangehen, halte ich die Kindertaufe für einen sinnfälligen Ausdruck der Gottesverkündigung Jesu und darum nach wie vor für einen guten kirchlichen Brauch. Darum habe ich auch unsere vier Söhne getauft und bin allzeit für die Beibehaltung der Kindertaufe eingetreten. Sie erscheint mir als ein sichtbares Zeichen dafür, dass die Religion in erster Linie eine geöffnete Hand ist, Gaben entgegenzunehmen, und erst in zweiter Linie eine tätige Hand, die empfangenen Gaben auszuteilen, und markiert so von vornherein den Unterschied zwischen Religion und Moral: dass Christsein noch etwas anderes bedeutet als anständig sein.

*Heinz Zahrnt*

## der Lebensgeschichte

Lieber Gott, ich rede dich mal an, obwohl ich nicht weiß, ob es dich überhaupt gibt. Aber wenn du existierst, müsstest du lieb sein. Denn wie hätte ich mich sonst mein ganzes Leben lang nach dir sehnen können? Meine Eltern haben es mir freigestellt, an dich zu glauben, aber sie haben mir nicht dabei geholfen. Ich sollte das einmal selbst entscheiden, wenn ich groß bin, haben sie gesagt. So wurde ich nicht getauft. Ich musste auch nicht in den Kindergottesdienst gehen, obwohl ich das gern einmal gemacht hätte, denn meine Freundinnen erzählten, es werde dort gemalt und gesungen. Ich traute mich aber nicht allein dorthin. Die anderen Kinder wurden von ihren Müttern über die Straße zur Kirche gebracht.

In der Schule musste ich nicht am Religionsunterricht teilnehmen, das war manchmal lustig, weil wir während der Religionsstunden auf dem Schulhof spielen durften. Aber manchmal – besonders bei schlechtem Wetter – hätte ich gern mitgemacht. Das ging aber nicht. „Entweder – oder", sagte die Lehrerin. Und das war mein Problem. Als ich aufs Gymnasium kam, wurden die anderen alle nach und nach zum Konfirmandenunterricht angemeldet, meine beste Freundin auch. Die machte mir Mut und so ging ich zu meinen Eltern und sagte, ich wolle auch mitmachen. Sie lehnten das nicht ab, aber guckten sich so seltsam an, dass es mir ganz peinlich wurde. Irgendetwas mache ich falsch, dachte ich, ging aber trotzdem ein Jahr lang hin. Dass ich nicht getauft war, störte niemanden. Das könne man kurz vor der Konfirmation nachholen,

sagte der Pastor. Es war ganz nett im Konfirmandenunterricht, aber längst nicht so aufregend, wie ich mir das vorher ausgemalt hatte. Von Gott war nicht die Rede, dafür aber von Drogen, Asyl und verschiedenen Evangelienschriften, die sich widersprechen. Dann kam das Thema Konfirmation dran. Der Pastor erklärte uns, als Konfirmierte seien wir dann für unseren Glauben an Gott selbst verantwortlich. Ich traute mich nicht zu fragen, wie ich das „Glauben an Gott" lernen könnte. Ich blieb einfach weg, wurde nicht getauft und nicht konfirmiert. Meine Eltern erschienen mir erleichtert. Doch meine Sehnsucht blieb, ich weiß nur nicht genau, wonach ich mich eigentlich sehne. Manchmal stelle ich mir vor, es müsste einen großen Knall geben, und dann bist du da, lieber Gott.

*Stephanie B. (17 Jahre)*

# Christliche Grundlegung

## Worauf kann ich bauen?

Lukas Cranach d. Ä., 1547

### 1. Frage
### Was ist dein einziger Trost im Leben und im Sterben?

**Antwort**

Dass ich mit Leib und Seel, beide im Leben und im Sterben, nicht mein, sondern meines getreuen Heilands Jesu Christi eigen bin, der mit seinem teuren Blut für alle meine Sünden vollkömmlich bezahlet und mich aus aller Gewalt des Teufels erlöset hat und also bewahret, dass ohne den Willen meines Vaters im Himmel kein Haar von meinem Haupt kann fallen, ja auch mir alles zu meiner Seligkeit dienen muss. Darum er mich auch durch seinen heiligen Geist des ewigen Lebens versichert und ihm forthin zu leben von Herzen willig und bereit macht.

*Heidelberger Katechismus*

# Religionslos-weltlich christlich?

Was mich unablässig bewegt, ist die Frage, was das Christentum oder auch wer Christus heute für uns eigentlich ist. Die Zeit, in der man alles den Menschen durch Worte – seien es theologische oder fromme Worte – sagen könnte, ist vorüber, und das heißt eben die Zeit der Religion überhaupt. Wir gehen einer völlig religionslosen Zeit entgegen; die Menschen können einfach, so wie sie nun einmal sind, nicht mehr religiös sein. Auch diejenigen, die sich ehrlich als „religiös" bezeichnen, praktizieren das in keiner Weise; sie meinen also vermutlich mit „religiös" etwas ganz anderes. Gibt es religionslose Christen? Wenn die Religion nur ein Gewand des Christentums ist, was ist dann ein religionsloses Christentum?

Die zu beantwortenden Fragen wären doch: Was bedeutet eine Kirche, eine Gemeinde, eine Predigt, eine Liturgie, ein christliches Leben in einer religionslosen Welt? Wie sprechen wir von Gott – ohne Religion, d. h. eben ohne die zeitbedingten Voraussetzungen der Metaphysik, der Innerlichkeit etc. etc.? Wie sprechen wir „weltlich" von „Gott", wie sind wir „religionslos-weltlich" Christen? Christus ist dann nicht mehr Gegenstand der Religion, sondern etwas ganz anderes, wirklich Herr der Welt. Aber was heißt das? Was bedeuten in der Religionslosigkeit der Kultus und das Gebet? Bekommt hier die Unterscheidung von Vorletztem und Letztem neue Wichtigkeit?

Die paulinische Frage, ob die Beschneidung Bedingung der Rechtfertigung sei, heißt m. E. heute, ob Religion Bedingung des Heils sei. Die Freiheit von der Beschneidung ist auch die Freiheit von der Religion. Wie dieses religionslose Christentum aussieht, welche Gestalt es annimmt, darüber denke ich nun viel nach und ich schreibe dir bald darüber mehr. Lies übrigens gelegentlich Sprüche 22,11.12. Hier ist der Riegel gegen jede fromm getarnte Flucht.

*Dietrich Bonhoeffer*

## Von guten Mächten

Von guten Mächten treu und still umgeben,
behütet und getröstet wunderbar,
so will ich diese Tage mit euch leben
und mit euch gehen in ein neues Jahr.

Noch will das alte unsre Herzen quälen,
noch drückt uns böser Tage schwere Last,
ach, Herr, gib unsern aufgescheuchten Seelen
das Heil, für das Du uns bereitet hast.

Und reichst Du uns den schweren Kelch, den bittern
des Leids, gefüllt bis an den höchsten Rand,
so nehmen wir ihn dankbar ohne Zittern
aus Deiner guten und geliebten Hand.

Doch willst Du uns noch einmal Freude schenken
an dieser Welt und ihrer Sonne Glanz,
dann wolln wir des Vergangenen gedenken,
und dann gehört Dir unser Leben ganz.

Lass warm und still die Kerzen heute flammen,
die Du in unsre Dunkelheit gebracht,
führ, wenn es sein kann, wieder uns zusammen.
Wir wissen es, Dein Licht scheint in der Nacht.

Wenn sich die Stille nun tief um uns breitet,
so lass uns hören jenen vollen Klang
der Welt, die unsichtbar sich um uns weitet,
all Deiner Kinder hohen Lobgesang.

Von guten Mächten wunderbar geborgen,
erwarten wir getrost, was kommen mag.
Gott ist mit uns am Abend und am Morgen
und ganz gewiss an jedem neuen Tag.

*Dietrich Bonhoeffer, 1944*

## Aufgaben

- S. 19: Aus einer Sammlung von Fotos wählten Schüler solche aus, die für sie mit „Religion" zu tun hatten: Legen Sie dar, weshalb diese beiden Fotos gewählt wurden. – Erklären Sie Mitschülern, was Sie unter „Religion" verstehen; sammeln Sie unterschiedliche Definitionen.
- S. 20: Notieren Sie Gedanken, die die Figur links unten im Bild haben könnte. – Stellen Sie sich vor, Sie kommen hinzu: Entwerfen Sie einen Dialog mit der Figur links unten im Bild. – In einem Buch zu den Bildern Ernst Steiners heißt es: „Bilder können verdichtete Erfahrung sein." Welche Erfahrungen könnten sich in diesem Bild verdichtet haben?
- S. 21: Setzen Sie Ihre zum Bild von Ernst Steiner formulierten Gedanken bzw. Aussagen des Dialogs in Beziehung zu Aussagen aus dem Text. – Erläutern Sie die genannten Motive für Religion, indem Sie beschreiben, welche Funktion die Religion jeweils übernimmt.
- S. 22: Wählen Sie eine Definition von Religion aus und erläutern Sie sie. – Vergleichen Sie die Definitionen miteinander. – Arbeiten Sie heraus, welche Wertung von Religion die Definitionen erkennen lassen.
- S. 23: Zu zweit: Nennen Sie Einzelheiten des einen Fotos, Ihr Partner sucht Entsprechendes auf dem zweiten Foto. – Erörtern Sie, ob auf beiden Fotos ein religiöses Ritual dargestellt ist. – Diskutieren Sie: Ist Fußball eine Religion?
- S. 24/25: Charakterisieren Sie das Religionsverständnis Wilhelm Gräbs. – Nehmen Sie den Text als Anleitung zur eigenen Suche nach religiösen Spuren in Ihrem Umfeld. Dokumentieren Sie Ihre Ergebnisse in einer Collage oder Reportage „Religionen heute".
- S. 26/27: Stellen Sie der religiösen Sozialisation Heinz Zahrnts Ihre eigene/die von Stephanie B. gegenüber. – Charakterisieren Sie das in Zahrnts Text zum Ausdruck kommende Gottesbild. Messen Sie es am Kriterium der Lebensdienlichkeit (Gräb). – Erörtern Sie die Rolle von Eltern bei der religiösen Entwicklung: „Helfen" oder „Freistellen"?
- S. 28: Formulieren Sie Gedanken der Predigt Luthers. – Übersetzen Sie die Antwort des Katechismus in eine Ihrem jüngeren Bruder/Ihrer jüngeren Schwester verständliche Sprache. – Erörtern Sie die Lebensdienlichkeit (Gräb) der Antwort.
- S. 29: Beurteilen Sie aus Ihrer Gegenwart heraus Bonhoeffers Voraussage einer „religionslosen Zeit". – „Wie dieses religionslose Christentum aussieht ... darüber denke ich nun viel nach und ich schreibe dir bald darüber mehr": Schreiben Sie den Folgebrief, den Bonhoeffer hier ankündigt.

■ S. 30: Dieses Gedicht wurde in einer Vertonung ins Evangelische Gesangbuch aufgenommen – begründen oder problematisieren Sie das. – Überprüfen Sie, ob der Inhalt des Textes der Marx'schen Definition von Religion als „Opium" entspricht. – Suchen Sie andere Vertrauenslieder (im EG und in der populären Musik) und vergleichen Sie sie mit „Von guten Mächten". – Verfassen Sie den Text eines eigenen Vertrauensliedes.

## Projekte

■ Einen Gottesdienst besuchen und protokollieren: Religiöse Handlungen, Zeichen, Lebensdienlichkeit?
■ Interviews durchführen und auswerten: Welche Kindheitserfahrungen haben Menschen mit Religion/mit Gott?

## Entdeckt, verstanden, gestaltet

| | |
|---|---|
| Ich kann | den substantialen und den funktionalen Religionsbegriff erklären und beide voneinander unterscheiden. |
| Ich kenne | atheistisch und theologisch begründete Religionskritik und kann ihre Argumentationsmuster erläutern. |
| Ich habe erfahren, | dass soziokulturelle Ereignisse leicht zu religiösen Phänomenen werden können, und bin vorsichtig mit einem allzu engen Religionsbegriff. |
| Ich kenne | das Kriterium der Lebensdienlichkeit von Religion und übe, es anzuwenden. |
| Ich reflektiere | meine eigene religiöse Sozialisation und prüfe die Relevanz christlich-religiöser Glaubenspraxis für andere und mich. |

# Glaube und Naturwissenschaft

Eines Tages sah sich ein Mann an das Ufer einer fremden Welt verschlagen. Es gefiel ihm hier und er wollte sich dort niederlassen. Er sah drei Greise mit langen Bärten und fragte sie: „Könnten Sie mir, bitte, sagen, wo ich mich befinde und wem dieses Land gehört?" Einer der Greise gab zur Antwort: „Sie befinden sich in den Ländern des wohltätigen Geistes, der das gegenüberliegende Ufer bewohnt. Sie sind an diesen Strand gespült worden gegen Ihren Willen und auf seinen Befehl. Er hat die Eigenart, Menschen glücklich zu machen, und in dieser Absicht lässt er die Fremden Schiffbruch erleiden. Die nicht ertrinken, nimmt er unter seinen Schutz und schließt sie eine bestimmte Zeit in diesem Lande ein. Diese Herren und ich sind seine Minister und von ihm beauftragt, seinen Untertanen seinen Willen kundzutun, seinen Gesetzen Achtung zu verschaffen und Strafe und Lohn zu versprechen."

Während sie sprachen, hörten sie einen großen Lärm, Schreie, teils voll Schmerz, teils voll Lust und Freude. Als der Fremde nach dem Grund fragte, antwortete der dritte Greis: „Der Geist gestattet von Zeit zu Zeit, um die Geduld seiner Untertanen und ihr Vertrauen zu ihm auf die Probe zu stellen, dass sie erschlagen werden, während sie seine Güte loben. Denn sie haben sich „im Schlaf" durch einen Schwur verpflichtet, an seine Vollkommenheit zu glauben, genauso wie Sie selbst, als Sie an dieses Ufer gespült wurden." Auf seine erstaunte Rückfrage „Ich hätte einen Schwur getan? Ich will sterben, wenn ich etwas davon weiß", gibt der Minister die Antwort: „Sie sind darum nicht weniger gebunden." Auf die neugierige Frage des Fremden, wozu er sich im Einzelnen während dieses Schlafes „verpflichtet" hätte, antwortet man ihm: „Unter anderem zu glauben, dass der Geist drei Köpfe hat, dass er voller Gerechtigkeit und Güte ist; denn er liebt seine Untertanen und macht sie nur unglücklich zu ihrem eigenen Wohl."

Der Ernst, mit dem man ihm diese Sinnlosigkeiten zum besten gab, ließ ihn einen Augenblick schwanken, ob der Verstand der Greise oder sein eigener krank sei. Die Unmöglichkeit, die Insel zu verlassen, brachte ihn zu dem Entschluss, im Großen und Ganzen so zu handeln wie die anderen, obgleich er sich im Grunde nicht entschließen konnte, ein Wort von all dem zu glauben. Eines Tages setzte er sich ermüdet auf ein Brett am Strand und versank in träumerisches Nachdenken. Er bemerkte nicht, dass es ihn an das gegenüberliegende Ufer entführte. „Ach", sagte er, „so werde ich denn endlich den merkwürdigen Geist zu Gesicht bekommen." Nachdem er alle Winkel der Insel durchsucht hatte, fand er ihn endlich oder besser, fand ihn nicht.

*Denis Diderot*

# Verhältnisbestimmungen

Wenn Rationalität gründlich analysiert wird, werden sich die Naturwissenschaften und die Theologie als Partner in einer gemeinsamen Suche nach Verstehen erweisen.

*John Polkinghorne*

Die Naturwissenschaft hat freien Raum jenseits dessen, was die Theologie als das Werk des Schöpfers zu beschreiben hat. Und die Theologie darf und muss sich da frei bewegen, wo eine Naturwissenschaft, die nur das und nicht heimlich eine Religionslehre ist, ihre gegebene Grenze hat.

*Karl Barth*

Das Bekenntnis zu dem Gott der christlichen Botschaft als dem Schöpfer von Himmel und Erde bleibt leer, bleibt ein bloßes Lippenbekenntnis, solange nicht mit guten Gründen behauptet werden kann, dass die Natur, mit der sich die Naturwissenschaft befasst, etwas mit diesem Gott zu tun habe.

*Wolfhart Pannenberg*

Die Schrift, ganz und gar wörtlich von Gott gegeben, ist in allem, was sie lehrt, ohne Irrtum und Fehler, und zwar sowohl im Blick auf ihre Aussagen über Gottes Handeln in der Schöpfung und in den Ereignissen der Weltgeschichte, als auch (in ihren Aussagen) über ihre literarischen Ursprünge unter Gott, wie in ihrem Zeugnis von Gottes Heilshandeln im Leben von einzelnen. Die Autorität der Schrift wird unweigerlich beeinträchtigt, wenn diese völlige göttliche Irrtumslosigkeit auf irgendeine Weise eingeschränkt, außer Acht gelassen oder im Blick auf eine der Bibel entgegengesetzte Wahrheitsauffassung relativiert wird.

*Lutz von Padberg*

# Vom Beginn der Welt

Lobe den Herren, meine Seele!
Herr, mein Gott, du bist sehr herrlich;
der du das Erdreich gegründet hast auf festen Boden,
dass es bleibt immer und ewiglich.
Mit Fluten decktest du es wie mit einem Kleide,
und die Wasser standen über den Bergen.
Aber vor deinem Schelten flohen sie,
vor deinem Donner fuhren sie dahin.
Du hast eine Grenze gesetzt, darüber kommen sie nicht
und dürfen nicht wieder das Erdreich bedecken.
Darüber sitzen die Vögel des Himmels
und singen unter den Zweigen.

Du lässest Gras wachsen für das Vieh
und Saat zu Nutz den Menschen,
dass du Brot aus der Erde hervorbringst,
dass der Wein erfreue des Menschen Herz.
Du hast den Mond gemacht, das Jahr danach zu teilen;
die Sonne weiß ihren Niedergang.
Du machst Finsternis, dass es Nacht wird;
da regen sich alle wilden Tiere, die jungen Löwen,
die da brüllen nach Raub und ihre Speise suchen von Gott.
Wenn aber die Sonne aufgeht, heben sie sich davon
und legen sich in ihre Höhlen.
So geht dann der Mensch aus an seine Arbeit
und an sein Werk bis an den Abend.

Herr, wie sind deine Werke so groß und viel!
Du hast sie alle weise geordnet,
und die Erde ist voll deiner Güter.

*Ps 104,1–12.14–24*

Das Weltall entstand durch Explosion eines in seiner Ausdehnung unendlich kleinen, in seinen Druck- und Temperaturverhältnissen aber unendlich großen Punktes vor etwa 15 Mrd. Jahren. Man nimmt an, dass durch den „big bang" verursachte Druck- und Stoßwellen zahlreiche Turbulenzen erzeugten, wobei sich einzelne Gasnebel verdichteten und in Drehbewegungen versetzten. In den komprimierten Nebelwolken ballten Gravitationskräfte einen Kern zusammen und steigerten die Rotation. So entwickelten sich spiralförmige Galaxien, etwa unsere Milchstraße mit unserem Sonnensystem. Die bei der Geburt der Sterne aus den verdichteten Gasnebeln (Protosternen) entstehende Wärme setzte schließlich die Kernfusion bei der ungeheuren Hitze von ca. 10 Mio. K in Gang. Dabei verschmelzen Wasser- zu Heliumkernen, wobei sich auch schwerere chemische Elemente bilden. Mit diesem „Staub" reichern die Sterne bei ihrem Tod den galaktischen Raum an.

Im Zentrum einer solchen rotierenden Staub- und Gaswolke bildete sich vor ca. 5 Mrd. Jahren gravitativ die Ursonne. Gleichzeitig mit dem Entstehen der Ursonne auftretende Zentrifugalkräfte flachten diesen Urnebel zu einer Scheibe ab, in der die schwereren Masseanteile näher am Zentrum blieben. Durch Kondensationsvorgänge, Wirbel und Turbulenzen entstanden kleine Körper (Planitesimale), die den Drehimpuls der Sonne übernahmen. Diese kollidierten miteinander, wurden dabei entweder ganz zerstört oder sammelten immer mehr Materie und wuchsen so zu Planeten heran. Der Planet Erde entstand, indem sich durch gravitative Kondensation und durch Kollision mit anderen Himmelskörpern ständig Masse anlagerte. Mit zunehmender Abkühlung und dem weitgehenden Ende des kosmischen Bombardements erstarrte die äußerste Schicht zur Erdkruste. Beim Abregnen infolge von Kondensation und Abkühlung wurden an der noch heißen Erde Stick- und Kohlenstoffoxide herausgelöst. Nach und nach entstand dann im Zusammenhang mit der Entwicklung des Lebens unsere heutige Atmosphäre mit ihrem höheren Sauerstoffanteil.

*Schulbuchtext*

# Schöpfungsmythen

(Tafel I) Als droben die Himmel nicht genannt waren.
Als unten die Erde keinen Namen hatte, ihre Wasser in eins vermischten,
als noch kein Gott erschienen, mit Namen nicht benannt,
da wurden die Götter aus dem Schoß von Apsu und Tiamat geboren.
Im Schoß des reinen Apsu wurde Marduk geboren.
Prächtig war seine Gestalt, funkelnd der Blick seiner Augen.
Erwachsen bei seiner Geburt, besaß er von Anbeginn all seine Macht.
Vierfach war sein Blick, vierfach sein Gehör.
Wenn seine Lippen sich bewegten, erglühte Feuer.
Da traten zusammen Tiamat und Marduk und begegneten sich im Kampf.
Es breitete der Herr sein Netz aus, fing sie darin,
er ließ vor ihr los den schlimmen Wind, den er aufbewahrt hatte,
als Tiamat das Maul auftat, um ihn zu verschlingen,
warf er den Sturm hinein.
Ihr Leib blähte sich auf, und ihr Maul blieb offen.
Er schoss einen Pfeil ab, zerriss ihr den Bauch.
Ihren Leichnam warf er zu Boden und stellte sich darauf.
Mit seinem Dolch spaltete er ihren Schädel, durchschnitt ihre Adern.
Aus dem geteilten Ungeheuer wollte er Kunstvolles schaffen.
Er schnitt es also entzwei wie einen getrockneten Fisch;
der einen Hälfte bediente er sich, das Himmelsgewölbe zu machen.
Er ersann Standorte für die großen Götter.
In Sternbildern ordnete er ihre Entsprechungen, die Sterne.
Er bestimmte das Jahr, teilte Abschnitte ab,
für jeden der zwölf Monate bestimmte er drei Sterne.
Er sammelte die Wasser und ließ sie in Wolken dahinziehen.
Er gab ihrem Kopf einen Platz; darüber häufte er ein Gebirge.

(Tafel VI) „Ein Gewebe von Blut will ich machen,
Gebein will ich bilden,
um ein Wesen entstehen zu lassen: Mensch sei sein Name.
Ihm auferlegt sei der Dienst der Götter zu ihrer Erleichterung."
Einer von ihren Brüdern soll ausgeliefert werden.
Dieser soll sterben, damit die Menschheit entsteht.
Kingu war's, der den Krieg erregt,
Tiamat zur Revolte aufgereizt, den Kampf begonnen hat.
Als sie ihn gebunden hatten, brachten sie ihn vor Ea.
Sie ließen ihn seine Strafe erleiden, seine Adern durchschnitten sie.
Aus seinem Blute schuf er die Menschheit.
Er schrieb ihr den Dienst der Götter vor,
um diese davon zu befreien.

*Enuma Elisch*

Wandteppich aus Girona, um 1100

# Weltbild im Wandel

## Leben des Galilei

*Der kleine Mönch:* Herr Galilei, mir ist es gelungen, in die Weisheit des Dekrets einzudringen. Es hat mir die Gefahren aufgedeckt, die ein allzu hemmungsloses Forschen für die Menschheit in sich birgt, und ich habe beschlossen, der Astronomie zu entsagen. (...)

*Galilei:* Ich darf sagen, dass mir solche Beweggründe bekannt sind.
Der kleine Mönch: Ich verstehe Ihre Bitterkeit. Sie denken an die gewissen außerordentlichen Machtmittel der Kirche.

*Galilei:* Sagen Sie ruhig Folterinstrumente.

*Der kleine Mönch:* Aber ich möchte andere Gründe nennen. Ich bin als Sohn von Bauern in der Campagna aufgewachsen. Es sind einfache Leute. Es geht ihnen nicht gut, aber selbst in ihrem Unglück liegt eine gewisse Ordnung verborgen. Da sind diese verschiedenen Kreisläufe, von dem des Bodenaufwischens über den der Jahreszeiten zu dem der Steuerzahlung. Sie schöpfen die Kraft, ihre Körbe schweißtriefend den steinigen Pfad hinaufzuschleppen, Kinder zu gebären, ja zu essen aus dem Gefühl der Stetigkeit und Notwendigkeit, das der Anblick des Bodens, der jedes Jahr von neuem grünenden Bäume, der kleinen Kirche und das Anhören der sonntäglichen Bibeltexte ihnen verleihen können. Es ist ihnen versichert worden, dass das Auge der Gottheit auf ihnen liegt, dass das ganze Welttheater um sie aufgebaut ist, damit sie, die Agierenden, in ihren großen und kleinen Rollen sich bewähren können. Was würden meine Leute sagen, wenn sie von mir erführen, dass sie sich auf einem kleinen Steinklumpen befinden, der sich unaufhörlich drehend im leeren Raum um ein anderes Gestirn bewegt? Wozu ist die Heilige Schrift noch gut, die alles erklärt und als notwendig begründet hat, den Schweiß, die Geduld, den Hunger, die Unterwerfung, und die jetzt voll von Irrtümern befunden wird? Verstehen Sie da, dass ich aus dem Dekret der Heiligen Kongregation ein edles mütterliches Mitleid, eine große Seelengüte herauslese?

*Bertolt Brecht*

Es war kein säkularisierter Naturwissenschaftler, sondern ein katholischer Domherr, der den genialen Entwurf eines neuen, wahrhaft revolutionären Weltmodells vorlegte: Nikolaus Kopernikus (1473–1543). Er schlug statt des traditionellen, geschlossenen, geozentrischen Weltmodells des Ptolemäus, welches sich besonders für die Berechnung der Planetenpositionen immer mehr als ungeeignet erwiesen hatte, das offene heliozentrische Weltmodell vor. (…)

Das neue Weltmodell erscheint erst in dem Moment für das traditionelle biblische Weltbild höchst bedrohlich, als der italienische Mathematiker, Physiker und Philosoph Galileo Galilei (1564–1642) die Phasen der Venus, vier Monde des Jupiter und die Saturnringe entdeckt und herausfindet, dass Sternhaufen in der Milchstraße aus Einzelsternen bestehen. Durch diese unwiderlegbare Bestätigung des kopernikanischen Modells wird Galilei zum Begründer der modernen Naturwissenschaft. Das Aufzeigen der Naturgesetze und die grenzenlose Erforschung der Natur sind jetzt grundgelegt. In einem Brief legt er 1613 seine Auffassung über das Verhältnis der Bibel zur Naturerkenntnis dar: Wenn die naturwissenschaftlichen Erkenntnisse feststehen und den Aussagen der Bibel widersprechen, ist eine Neuinterpretation der Bibel fällig!

## Wie aber reagierte die Kirche auf dieses neue Weltbild?

1632 wird Galilei vor die römische Inquisition zitiert und aufgrund der Übertretung eines schon 1616 ausgesprochenen Verbots seiner heliozentrischen Lehre verurteilt. Der vielzitierte Satz über die Erde „Und sie bewegt sich doch" stammt vermutlich nicht von ihm. Auch wird er nicht, wie oft behauptet, der Folter unterworfen. In jedem Fall aber ist der Druck so groß, dass der Gelehrte am 22. Juni 1633 als treuer Katholik seinem „Irrtum" abschwört.

War Galileis Konflikt mit der Kirche ein unglücklicher Einzelfall? Nein, er war ein symptomatischer Präzedenzfall, der das Verhältnis der aufstrebenden Naturwissenschaft zu Kirche und Religion vergiftete. Nach dem Fall Galilei kam es zur beinahe lautlosen Emigration der Naturwissenschaft aus der katholischen Kirche. Doch – kirchliche Repression setzte sich nicht durch gegen naturwissenschaftliche Evidenz.

*Hans Küng*

# Evolution oder ...

Der Kampf ums Dasein ist die notwendige Folge des stark entwickelten Strebens aller Lebewesen, sich zu vermehren. Jedes Wesen, das während seiner natürlichen Lebensdauer mehrere Eier oder Samen hervorbringt, muss in einer gewissen Zeit seines Lebens oder in einer bestimmten Jahreszeit vernichtet werden, weil sonst seine Zahl so groß werden würde, dass kein Land das Erzeugte zu ernähren imstande wäre.

Wir werden den wahrscheinlichen Hergang der natürlichen Zuchtwahl am besten verstehen, wenn wir annehmen, eine Gegend unterliege irgendeiner physikalischen Veränderung, z.B. im Klima. Das Zahlenverhältnis seiner Bewohner wird sich dann sofort verschieben und einzelne Arten werden wahrscheinlich aussterben. Man kann im bildlichen Sinne sagen, die natürliche Zuchtwahl sei täglich und stündlich dabei, allüberall in der Welt die geringsten Veränderungen aufzuspüren und sie zu verwerfen, sobald sie schlecht sind, zu erhalten und zu vermehren, sobald sie gut sind.

In einer fernen Zukunft sehe ich ein weites Feld für noch bedeutsamere Forschungen. Licht wird auch fallen auf den Menschen und seine Geschichte. Da alle lebenden Formen die unmittelbaren Nachkommen derjenigen sind, die lange vor der kambrischen Epoche lebten, so können wir sicher sein, dass die regelmäßige Aufeinanderfolge der Geschlechter nie unterbrochen war und dass keine Sintflut die Erde verwüstete. Wir dürfen deshalb auch vertrauensvoll eine Zukunft von riesiger Dauer erhoffen. Und da die natürliche Zuchtwahl nur durch und für den Vorteil der Geschöpfe wirkt, so werden alle körperlichen Fähigkeiten und geistigen Gaben immer mehr nach Vervollkommnung streben.

*Charles Darwin*

Der Mensch ist nicht die Schöpfung Gottes, sondern ein weiterentwickelter Affe.

# Schöpfung?

Unter Schöpfung verstehen wir das Hervorbringen von Grundarten von Pflanzen und Tieren durch eine plötzliche, d.h. eine „Es-werde-Schöpfung", wie sie in den ersten beiden Kapiteln der Genesis beschrieben wird. Hier finden wir die Schöpfung der Pflanzen und Tiere durch Gott in wesensmäßig momentan ablaufenden Vorgängen, wobei jedes den Befehl bekommt, sich nach seiner Art fortzupflanzen. Wir wissen nicht, wie Gott schuf, d.h. welche Vorgänge ER gebrauchte, denn Gott bediente sich solcher Prozesse, wie es sie heute im ganzen Universum nicht mehr gibt. Deshalb sprechen wir bei der göttlichen Schöpfung von spezieller Schöpfung. Wir können durch wissenschaftliche Forschung nichts über die schöpferischen Prozesse, deren Gott sich bediente, in Erfahrung bringen.
Während der Schöpfungswoche schuf Gott sämtliche dieser Grundarten von Tieren und Pflanzen, und seither sind keine neuen Arten mehr hinzugekommen, denn die Bibel spricht von einer vollendeten Schöpfung (1 Mose 2,2). Abweichungen, die seit dem Ende des Schöpfungswerkes stattgefunden haben, beschränken sich auf Veränderungen innerhalb der Arten.
Evolutionsanhänger führen die Tatsache ins Feld, dass viele verschiedenen Tierarten sehr ähnliche Körperteile und Organe sowie einen ähnlichen Stoffwechsel aufweisen. Solche Ähnlichkeiten sind in Wirklichkeit auf die Tatsache zurückzuführen, dass eine Schöpfung von einem meisterhaften Grundbauplan eines meisterhaften Planers aus aufgebaut ist, wobei ER diese Strukturen und Stoffwechselabläufe lediglich abänderte, um sie den individuellen Bedürfnissen der verschiedenen Organismen anzupassen

*Duane T. Gish*

"Ich finde, hier könnten Sie etwas genauer sein!"

Sieger Köder, 1996

## Aufgaben

- S. 31: Beschreiben und deuten Sie das Bild unter Berücksichtigung des Kapiteltitels. – Nehmen Sie persönlich Stellung: Glaube *und / statt / trotz / aufgrund von* Naturwissenschaft!?
- S. 32: Versuchen Sie eine Deutung der Parabel anhand der einzelnen inhaltlichen Aspekte. – Verfassen Sie eine Fortsetzung der Parabel.
- S. 33: Charakterisieren Sie das jeweilige Verhältnis zwischen Glaube und Naturwissenschaft in einer Überschrift. – Entwickeln Sie eine grafische Darstellung verschiedener Verhältnisbestimmungen.
- S. 34: Vergleichen Sie den Psalm mit Gen 1,1–2,4a mit Blick auf Gemeinsamkeiten, Unterschiede sowie Intentionen. – Wählen Sie einen Vers/einen inhaltlichen Aspekt aus und verfassen Sie dazu einen eigenen Text.
- S. 35: Notieren Sie stichwortartig die Genese des Kosmos. – Erarbeiten Sie das jeweilige Grundprinzip, die Methoden und die Zielsetzungen des Textes sowie des Psalms. – Diskutieren Sie, in welcher Hinsicht die Schöpfungsgeschichte durch wissenschaftliche Erkenntnisse widerlegt ist.
- S. 36: Vergleichen Sie die babylonische mit der priesterschriftlichen Schöpfungstradition in Bezug auf: Handlungsträger, Handlungsmotive, Handlungsweisen, Erzählhaltung, Erzählabsicht.
- S. 37: Erklären Sie die Schöpfungsdarstellung in einer Skizze.
- S. 40: Erarbeiten Sie die Beweggründe des kleinen Mönches. – Verfassen Sie eine Antwort Galileis.
- S. 41: Erläutern Sie den Vollzug „revolutionärer Wenden". – Diskutieren Sie den Satz, es sei, wenn die naturwissenschaftlichen Erkenntnisse feststünden, eine Neuinterpretation der Bibel fällig.
- S. 42: Erstellen Sie zu Darwins Lehre ein Schema. – Umschreiben Sie die Pointe der Karikatur: Wer wird eigentlich „aufgespießt"? – Stellen Sie Überlegungen zu möglichen Kritikpunkten an Darwins Lehre aus christlicher Perspektive an.
- S. 43: Stellen Sie die zentralen Aussagen des Textes zur Schöpfung thesenartig zusammen. Überprüfen Sie die Plausibilität der Argumentation. – Recherchieren Sie im Internet Formen des Kreationismus (Intelligent Design) sowie die aktuelle Debatte.
- S. 44: Beschreiben und deuten Sie das Bild mit Blick auf schöpfungstheologische *und* naturwissenschaftliche Aspekte. – Verfassen Sie eine eigene Schöpfungsgeschichte zum Bild.

## Projekte

- Eine Recherche durchführen: Standpunkte Prominenter (oder Lehrer oder Geistlicher) zum Verhältnis von Glaube und Naturwissenschaft
- Eine Ausstellung vorbereiten: Schöpfungsmythen verschiedener Völker und Kulturen
- Die Kurzgeschichte „Was war das für ein Fest?" von Marie Luise Kaschnitz vortragen und deuten

## Entdeckt, verstanden, gestaltet

**Ich kann** das Verhältnis von Glaube und Naturwissenschaft problematisieren.

**Ich kann** die unterschiedlichen Funktionen beschreiben, die der Glaube einerseits, die Naturwissenschaft andererseits für die Orientierung des Menschen in der Welt bereitstellen.

**Ich kann** die beiden Schöpfungsgeschichten der Bibel nacherzählen und ihre Erzählschwerpunkte erläutern.

**Ich kenne** den Zusammenhang zwischen dankbarer Weltsicht und Gotteslob. Ich kann Verse des 104. Psalms zitieren.

**Ich kann** den babylonischen Schöpfungsmythos nacherzählen und seine Handlungsmomente beschreiben.

**Ich weiß** von historischen und aktuellen Ängsten kirchlicher bzw. frommer Kreise gegenüber der säkularen Naturwissenschaft.

**Ich weiß** auch von Vorurteilen moderner Naturwissenschaftler gegenüber Glaube und Theologie.

**Ich kann** folgende Begriffe erklären und einordnen: Glaube, Wissenschaft, Mythos, Logos, geozentrisch, heliozentrisch, Evolutionstheorie, Kreationismus.

# Atheismus und Gotteserfahrung

# Abschied vom himmlischen Vater

Im Himmel ist es still geworden,
durch das Schweigen dringt kein Wort.
Der dort war, ist er gestorben
oder ging er heimlich fort?
Irgendwann war er verschwunden,
alle Räume stehen leer.
Hab ihn lange nicht gefunden,
suche ihn nicht mehr.

Ist kein Richter, dessen Wille
Strafe mir und Lohn verhängt.
Kein Allmächtiger, der in Stille
unsrer Welt Geschicke lenkt.
Kein Allwissender, der alles
längst geplant und vorgesehn,
der im Falle eines Falles
eingreift ins Geschehn.

Ist kein Vater mehr dort oben,
der mein Schrein und Flehn erhört.
Auch kein Finger, streng erhoben,
und kein Arm, der Schutz gewährt.
Eine Mutter nie gewesen,
die mich tröstet, sanft und zart.
Keine Hand, die vor dem Bösen
meinen Schritt bewahrt.

Keiner, der Gesetze gäbe,
was ich lasse, was ich tu.
Muss entscheiden, wie ich lebe,
und kein Auge sieht mir zu.
Nur der Wind fährt durch die Räume
eines Himmels, leer und still,
fegt hinweg die Kindheitsträume
und weht, wo er will.

*Claudia Mitscha-Eibl*

# Positionen zur Gottesfrage

Am Anfang der Welt war Gott.
Das war der Name.
Ich vergaß ihn
wie den Regenschirm in der Bar und nahm ihn
nicht mit zur Geliebten. Wir fütterten
Vögel im Winter, für ihn gab es nichts zu fressen.
Kein Freund, kein Feind,
er ließ sich zu nichts gebrauchen.
Falls er noch lebte in welcher Baracke,
in welchem Abfluss ging er zugrund.
Wer war das.

*Christoph Meckel*

# Der ontologische Gottesbeweis

So gib mir nun, o Herr, der Du dem Glauben auch die Einsicht verleihst, gib mir, so weit Du es als zuträglich weißt, die Erkenntnis des Verstandes, dass Du bist, wie wir glauben, und dass Du das bist, was wir glauben. Wir glauben aber von Dir, dass über Dich hinaus Größeres nicht gedacht werden kann. Oder gibt es etwa kein solches Wesen, weil der Tor in seinem Herzen spricht: Es ist kein Gott?

Aber selbst dieser Tor versteht meine Worte, wenn ich sage: Etwas, worüber hinaus Größeres nicht gedacht werden kann, und was er versteht, ist in seinem Erkennen, auch wenn er nicht versteht, dass es dieses Etwas wirklich gibt. Es ist zweierlei, ob eine Sache im Erkennen sei oder ob erkannt werde, dass die Sache (in Wirklichkeit da) sei. Wenn ein Maler sich ein Bild ausdenkt, so hat er dieses in seinem Denken, aber er kann es nicht als da seiend erkennen, da er es noch nicht gemacht hat. Hat er es aber gemalt, so hat er es sowohl in seinem Denken als auch erkennt er, dass das von ihm Gemachte (wirklich da) sei.

Also wird auch der Tor davon überzeugt sein, dass es wenigstens in seinem Denken etwas gebe, worüber hinaus Größeres nicht gedacht werden kann; denn er versteht, was er hört, und alles, was verstanden wird, ist im Verstande. Aber das, worüber hinaus Größeres nicht gedacht werden kann, kann nicht nur im Denken sein. Ist es nämlich nur in unserem Denken, so kann man sich es auch als wirklich seiend vorstellen; das aber ist mehr (als bloß in Gedanken wirklich sein). Wenn also das, worüber hinaus Größeres nicht gedacht werden kann, nur im Denken ist, so ist eben das, worüber hinaus Größeres nicht gedacht werden kann, etwas, über das hinaus etwas Größeres denkbar ist. Dies ist aber offenbar unmöglich. Daher ist zweifellos etwas, worüber hinaus Größeres nicht gedacht werden kann, sowohl dem Denken als der Sache nach wirklich.

*Anselm von Canterbury*

# Gott beweisen?

Wenn nun aber alle diese Gottesbeweise logisch zwingend sein sollen, warum wird dann doch kein einziger von ihnen allgemein angenommen? Gegen die Übertreibungen einer Natürlichen Theologie, die meint, Gottes Existenz und sogar die Eigenschaften seines Wesens rein rational beweisen zu können, sind die Einwände gewaltig angeschwollen:

a. Kann ein *Beweis* Gott beweisen? Kann man in eigentlichen „Lebensproblemen" operieren wie in technischen oder wissenschaftlichen Fragen? Lässt sich durch logisch schlussfolgernde Denkschritte gerade die Existenz Gottes anbeweisen, sodass am Ende die nicht nur wahrscheinliche, sondern unbedingt gewisse Einsicht in die Existenz Gottes steht? Wird ein solcher Beweis nicht bestenfalls eine ingeniöse zerebrale Gedankenkonstruktion für philosophische und theologische Fachleute, die aber für den Durchschnittsmenschen abstrakt bleibt, undurchschaubar und unkontrollierbar, ohne Überzeugungskraft und Verbindlichkeit? Lässt sich schließlich nicht zu jedem Beweis für Gott ein gleichwertiger Gegenbeweis erstellen?

b. Kann in einem Beweis Gott noch *Gott* sein? Behandelt man Gott so nicht wie einen physikalischen oder mathematischen Gegenstand? So wie einen fernen Stern, dessen Dasein objektiv neutral errechnet werden kann, ohne dass man ihn je gesehen hätte? Wird Gott durch ein solches Schlussverfahren nicht zu einem beliebigen Ding erniedrigt, das mit menschlichem Scharfsinn er-schlossen, entdeckt werden könnte? Ist ein derart verobjektivierter, bewiesener Gott überhaupt noch Gott?

c. Kann die *Vernunft des Menschen* so weit reichen? Hat sich seit Kants Kritik der reinen Vernunft die Erkenntnis nicht durchgesetzt, dass die Reichweite unserer theoretischen Vernunft beschränkt ist? Kann die reine Vernunft überhaupt über die Phänomene, den Bereich der Erscheinungen, hinaus zu den „Dingen an sich" vorstoßen? Bleibt sie nicht an den menschlichen Erfahrungshorizont gebunden, sodass sie nur unrechtmäßigerweise über die Grenzen der möglichen Erfahrung hinausgreifen kann?

Man kann sich diesen Einwänden kaum ganz verschließen. Trotzdem: Man mache es sich nicht zu leicht mit den Gottesbeweisen. Bei allen legitimen philosophischen Bedenken sind sie noch immer eine Herausforderung des Denkens, die nicht vernachlässigt werden darf. (…) Kein Zweifel: Der *Beweischarakter der Gottesbeweise ist heute erledigt. Nicht aber ihr Gehalt:* Und gerade um den nicht beweisbaren Gehalt der Gottesbeweise geht es!

*Hans Küng*

# Gott als Widerspruch des Lebens?

Der christliche Gottesbegriff ist einer der korruptesten Gottesbegriffe, die auf Erden erreicht worden sind; er stellt vielleicht selbst den Pegel des Tiefstands in der absteigenden Entwicklung des Götter-Typus dar. Gott zum *Widerspruch des Lebens* abgeartet, stattdessen Verklärung und ewiges *Ja* zu sein! In Gott dem Leben, der Natur, dem Willen zum Leben die Feindschaft angesagt! Gott die Formel für jede Verleumdung des „Diesseits", für jede Lüge vom „Jenseits"! In Gott das Nichts vergöttlicht, der Wille zum Nichts heilig gesprochen!

Im Christentum kommen die Instinkte Unterworfner und Unterdrückter in den Vordergrund: Es sind die niedersten Stände, die in ihm ihr Heil suchen. Hier wird als *Beschäftigung*, als Mittel gegen die Langeweile, die Kasuistik der Sünde, die Selbstkritik, die Gewissens-Inquisition geübt; hier wird der Affekt gegen einen *Mächtigen*, „Gott" genannt, beständig aufrecht erhalten (durch das Gebet); hier gilt das Höchste als unerreichbar, als Geschenk, als „Gnade". Hier fehlt auch die Öffentlichkeit; der Versteck, der dunkle Raum ist christlich. Hier wird der Leib verachtet, die Hygiene als Sinnlichkeit abgelehnt. Christlich ist ein gewisser Sinn der Grausamkeit, gegen sich und andere; der Hass gegen die Andersdenkenden; der Wille, zu verfolgen. Christlich ist der Hass gegen den *Geist*, gegen Stolz, Mut, Freiheit, Libertinage des Geistes; christlich ist der Hass gegen die *Sinne*, gegen die Freuden der Sinne, gegen die Freude überhaupt (…)

Gegen das Vergangne bin ich, gleich allen Erkennenden, von einer großen Toleranz, das heißt *großmütigen* Selbstbezwingung: Ich gehe durch die Irrenhaus-Welt ganzer Jahrtausende (…) – ich hüte mich, die Menschheit für ihre Geisteskrankheiten verantwortlich zu machen. Aber mein Gefühl schlägt um, bricht heraus, sobald ich in die neuere Zeit, in *unsre* Zeit eintrete. Unsre Zeit ist *wissend* (…) Was ehemals bloß krank war, heute ward es unanständig, – es ist unanständig, heute Christ zu sein. *Und hier beginnt mein Ekel.*

*Friedrich Nietzsche*

# Gott als erhöhter Vater?

Welches ist also die psychologische Bedeutung der religiösen Vorstellungen, als was können wir sie klassifizieren? Es sind Lehrsätze, Aussagen über Tatsachen und Verhältnisse der äußeren (oder inneren) Realität, die etwas mitteilen, was man selbst nicht gefunden hat, und die beanspruchen, dass man ihnen Glauben schenkt. Man muss fragen, worin besteht die innere Kraft dieser Lehren, welchem Umstand verdanken sie ihre von der vernünftigen Anerkennung unabhängige Wirksamkeit? Ich meine, wir haben die Antwort auf beide Fragen genügend vorbereitet. Sie ergibt sich, wenn wir die psychische Genese der religiösen Vorstellungen ins Auge fassen. Diese, die sich als Lehrsätze ausgeben, sind nicht Niederschläge der Erfahrung oder Endresultate des Denkens, es sind Illusionen, Erfüllungen der ältesten, stärksten, dringendsten Wünsche der Menschheit; das Geheimnis ihrer Stärke ist die Stärke ihrer Wünsche.

Die Psychoanalyse hat uns den intimen Zusammenhang zwischen dem Vaterkomplex und der Gottesgläubigkeit kennen gelehrt, hat uns gezeigt, dass der persönliche Gott psychologisch nichts anderes ist als ein erhöhter Vater, und führt uns täglich vor Augen, wie jugendliche Personen den religiösen Glauben verlieren, sobald die Autorität des Vaters bei ihnen zusammenbricht. Im Elternkomplex erkennen wir so die Wurzel des religiösen Bedürfnisses; der allmächtige, gerechte Gott und die gütige Natur erscheinen uns als großartige Sublimierungen von Vater und Mutter, vielmehr als Erneuerungen und Wiederherstellungen der frühkindlichen Vorstellungen von beiden. Die Religiosität führt sich biologisch auf die lang anhaltende Hilflosigkeit und Hilfsbedürftigkeit des kleinen Menschenkindes zurück, welches, wenn es später seine wirkliche Verlassenheit und Schwäche gegen die großen Mächte des Lebens erkannt hat, seine Lage ähnlich wie in der Kindheit empfindet und deren Trostlosigkeit durch die regressive Erneuerung der infantilen Schutzmächte zu verleugnen sucht. Der Schutz gegen neurotische Erkrankung, den die Religion ihren Gläubigen gewährt, erklärt sich leicht daraus, dass sie ihnen den Elternkomplex abnimmt, an dem das Schuldbewusstsein des einzelnen wie der ganzen Menschheit hängt, und ihn für sie erledigt, während der Ungläubige mit dieser Aufgabe allein fertig werden muss.

*Sigmund Freud*

# Hiob

**O du Windrose** der Qualen!
Von Urzeitstürmen
in immer andere Richtungen der Unwetter gerissen;
noch dein Süden heißt Einsamkeit.
Wo du stehst, ist der Nabel der Schmerzen.

Deine Augen sind tief in deinen Schädel gesunken
wie Höhlentauben in der Nacht
die der Jäger blind herausholt.
Deine Stimme ist stumm geworden,
denn sie hat zuviel *Warum* gefragt.

Zu den Würmern und Fischen ist deine Stimme eingegangen.
Hiob, du hast alle Nachtwachen durchweint,
aber einmal wird das Sternbild deines Blutes
alle aufgehenden Sonnen erbleichen lassen.

*Nelly Sachs*

Oswaldo Guayasamin, 1963-1965

# Gott – machtlos angesichts des Leids?

Es wäre ein überzeugenderer Hinweis auf einen gütigen Schöpfer, wenn das Leben besser wäre, als wir es erwarten können. Mein Leben war bemerkenswert glücklich und liegt wahrscheinlich bei 99,99 in einer 100er-Skala menschlichen Glücks. Doch ich musste zuschauen, wie meine Mutter unter Schmerzen an Krebs starb, die Persönlichkeit meines Vaters durch die Alzheimer-Krankheit zerfiel und zahlreiche entferntere Verwandte im Holocaust ermordet wurden. Die Anzeichen eines gütigen Schöpfers sind ziemlich gut versteckt. Das Böse und das Leid haben schon immer jene beschäftigt, die an einen gütigen und allmächtigen Gott glauben. Manchmal wird Gott durch die Notwendigkeit des freien Willens der Menschen entschuldigt. Aber es erscheint für meine Verwandten etwas unfair, ermordet zu werden, damit Deutsche eine Gelegenheit für ihren freien Willen hatten. Davon abgesehen: Wie erklärt der freie Wille den Krebs? Braucht ein Tumor ebenfalls einen Spielraum für seinen freien Willen? Ich halte es hier nicht für nötig zu begründen, warum das Böse in der Welt beweist, dass das Universum nicht geschaffen wurde, sondern nur, dass es keine Anzeichen von Güte gibt, die die Handschrift eines Schöpfers zeigen.

Die Sichtweise, Gott könne nicht gütig sein, ist schon alt. Die antiken Tragödien machen klar, dass die Götter selbstsüchtig und brutal sind, obwohl sie ein besseres Verhalten von Menschen erwarten. Der Gott des Alten Testaments fordert, dass wir das Leben unserer Kinder auf Sein Geheiß hin opfern, und der Gott des traditionellen Christentums verdammt uns in alle Ewigkeit, wenn wir Ihn nicht in der rechten Weise verehren. Ist dies eine nette Art, sich zu benehmen? Ich weiß ja, wir dürfen Gott nicht nach menschlichen Maßstäben messen. Aber welche anderen Maßstäbe können wir denn anlegen, wenn wir nicht bereits von Seiner Existenz überzeugt sind und nach Anzeichen Seiner Güte suchen?

Religion hat manches Gute in der Welt bewirkt, aber insgesamt sind ihre Folgen furchtbar. Meine persönliche Ansicht ist: Mit oder ohne Religion werden sich gute Menschen gut verhalten und schlechte Menschen werden Böses tun. Doch der Beitrag der Religion in der Geschichte war, es guten Menschen zu erlauben, Böses zu tun. Eine der größten Errungenschaften der Wissenschaft ist nicht, es intelligenten Leuten unmöglich zu machen, religiös zu sein, sondern es ihnen zumindest zu ermöglichen, nicht religiös zu sein. Dahinter sollten wir nicht zurückfallen.

*Sven Weinberg*

# Ein Briefwechsel

Wenn ich Gott nicht erfahre, so ziehe ich nicht den Schluss, dass es ihn nicht gibt, aber den, dass er sich nicht um mich kümmert; und somit lasse ich dieses geheimnisvolle Etwas in den Köpfen der Gläubigen, halte es aber aus dem meinen heraus. In dieser Stummheit oder Abwesenheit berühren sich unsere Erfahrungen, auch wenn wir verschieden darauf reagieren. Das Warten auf Gott habe ich aufgegeben und versuche nun ohne diese Konstruktion auszukommen, auch wenn ich dann manche Frage nicht beantworten kann. Aber ist das so schlimm, sind uns nicht manche dieser Fragen auch schon in die Wiege der frühen Kindheit gelegt worden, um uns schön brav an die Kette ihrer unterschwelligen und nie zu befriedigenden Ansprüche zu legen?

Noch eine Frage als PS: Wie kannst Du einer kommenden Generation einen Glauben überliefern, den DU selbst nicht besitzt? Wirst Du da nicht unfreiwillig zu einem Schauspieler?

*Jacques Wirion*

In der Tat kann ich meinen Glauben der kommenden Generation nicht überliefern. Meine eigenen Kinder übernehmen von mir nicht den Glauben, sondern die Ironie. Meine Tochter fragte mich, sie war ungefähr acht, ob es Gott wirklich gebe. Ich gab meiner Stimme Festigkeit und sagte: Selbstverständlich. Der Grund für die Festigkeit war ein pädagogischer: Weil ich sie nicht verunsichern wollte, weil ich ihr Kraft geben wollte in einer Welt, in der sie von anderen Kindern ausgelacht zu werden droht, wenn sie an Gott glaubt. Insofern war ich auch da ein Schauspieler. Meine Kinder haben wie ich kulturelle Achtung vor der Religion, meiden aber religiöse Aktionen und fühlen sich in Gottesdiensten meistens fremd.

Der heutige Generalangriff auf den christlichen Glauben erscheint auch mir manchmal endgültig, wie ein Todesstoß. Der Glaube wird nicht mehr weitergegeben. Es scheint die Väter nicht mehr zu geben, von denen jene selbstverständliche und unhinterfragbare Gewissheit ausgeht, die meine Jugend geprägt hat. Ich konnte meinen Kindern nur noch meine Gebrochenheit vorleben. Sie kennen nicht die zerreißende Wehmut, die mich oft ergreift, wenn ich Kirchenglocken höre. Komm heim, rufen die Glocken mit süßer Sirenenstimme, der Verstand mag einwenden, was er will. Es wäre intellektuell so viel leichter, Atheist zu sein! Aber das Gemüt macht nicht mit.

Gottlos sein ist für mein Gemüt wie Winter in einem ungeheizten, zugigen Haus. Und doch ist auch das Gemüt nicht produktiv, ist wie gelähmt von den Einwänden des Verstands und des Geschmacks, die fast alles verbieten. Wie gern würde ich beten – so wie Mendel Singer (in Joseph Roths *Hiob*), wiegend, mit dem ganzen Körper, gedankenlos und automatisch. Wenn ich bete, ist immer zu viel Kopf dabei. In der Regel geht es mir wie Lord Chandos, die Worte zerfallen mir wie modrige Pilze. Wie gern streckte ich meine Hand aus, damit Gott sie ergriffe!

Aber er ergreift sie nicht. Die naive Gabe, das Gute der Welt gläubig Gott zuzuschreiben, ohne ihn dann auch für das Böse verantwortlich zu machen, ist mir entschwunden. Wie war das schön, als man Gott danken durfte für das Gute und Gelingende, und alles Hässliche und Misslungene als Seine Mahnung und Seinen fürsorglichen Korrekturhinweis zu lesen vermochte!

Zwei Seelen, wohnen, ach … Die eine will dem Ruf der Glocken folgen und sich rückhaltlos in die Arme der Mutter stürzen. Die andere aber warnt mit scharfer und trauriger Stimme: Bleib! Nur Lüge und Enttäuschung warten dort auf dich. Dabei sind die Religionen weltweit im Aufwind, auch die katholische, und die Depressivität ist vorwiegend ein begrenztes Phänomen der gesättigten Länder Westeuropas. Aber was hilft mir das?

*Hermann Kurzke*

1. Ich möch-te Glau-ben ha-ben, der ü-ber Zwei-fel siegt, der Ant-wort weiß auf Fra-gen und Halt im Le-ben gibt.

Ich möchte Hoffnung haben für mich und meine Welt,
die auch in dunklen Tagen die Zukunft offen hält.

Ich möchte Liebe haben, die mir die Freiheit gibt,
zu andern ja zu sagen, die vorbehaltlos liebt.

Herr, du kannst alles geben: dass Glauben in mir reift,
dass Hoffnung wächst zum Leben und Liebe mich ergreift.

*Eberhard Borrmann*

# Ein Antwortversuch

Viele Zeitgenossen beklagen die Abwesenheit Gottes. Mir hat schon mancher gesagt: „Gott kommt in meinem Leben nicht vor. Er weint meine Tränen nicht mit, freut sich nicht über das, was mir gelingt, bleibt stumm, greift in mein Leben nicht ein. Mag sein, dass er irgendwo in einer Hinterwelt auf Wolke 7 thront – aber ich lebe hier auf dieser Erde und will kein frömmelnder Hinterwäldler sein. Ein Gott, der apathisch und desinteressiert auf diese krisengeschüttelte Erde herabsieht, ohne sich einzumischen, ist entbehrlich für meinen Lebenskampf. Von einem abwesenden, weltabgewandten Gott habe ich nichts. Auf ihn kann ich gut und gern verzichten."
Die Bibel kennt keinen abwesenden Gott. Sie erzählt von der ersten bis zur letzten Seite von einem Gott, der da ist, für uns da ist, mit seiner lebendigen Gegenwart uns nah – näher als wir uns selber sind. Der Gott der Bibel ist dieser Welt zugewandt. Nicht Apathie, sondern Empathie, nicht Teilnahmslosigkeit, sondern Kommunikation ist sein Wesen. Dieser Gott ist leidenschaftlich an seinen Geschöpfen interessiert, hat Sehnsucht nach seinen Menschen, weint mit, wenn sie weinen, freut sich an allem gelingenden Leben. Er hält sich nicht aus allem raus, sondern mischt sich kräftig ein. Er ergreift Partei für seine Geschöpfe, befreit sein Volk Israel aus der Sklaverei, wandert mit ihm durch die Wüste, führt es ins verheißene Land. Er hüllt sich nicht in vornehmes Schweigen. Er meldet sich zu Wort, spricht uns an, redet tröstlich, kritisch, befreiend in unser Leben hinein – und wartet auf unsere Antwort. Weil er seinen Menschen nahe sein will, verzichtet er auf alle göttlichen Privilegien. Der Gott der Bibel sitzt nicht auf „Wolke 7". Er erdet sich. Er wird Mensch, einer von uns. Gott ist kein Hinterwäldler, sondern mitten in dieser Welt gegenwärtig und erfahrbar.
Aber – so werden Sie jetzt einwenden – wenn das so ist, warum erfahre ich diesen Gott dann nicht auch in meinem Leben? Ein Hinweis dazu: Der Gott der Bibel ist zwar nicht abwesend – aber verborgen. Wenn wir als Kinder „Verstecken" spielten und ich mit dem Suchen dran war, wusste ich natürlich, dass die anderen sich nicht in Luft aufgelöst hatten. Sie waren ganz ihn meiner Nähe. Ich musste ihr Versteck nur finden. Gott ist nicht abwesend – aber verborgen. Er ist da, aber er will entdeckt werden. Gott ist mitten in unserer Welt „jenseitig". (...) Seine Anwesenheit in unserem Leben liegt nicht offen zutage. Sie muss sich uns immer wieder neu erschließen. Gott wird erfahrbar, indem er aus seiner Verborgenheit hervortritt und sich uns zeigt. Man nennt diesen Vorgang „Offenbarung". Sie ist und bleibt ein Akt der Freiheit Gottes, auf den wir keinen religiösen Anspruch haben.

*Burghard Krause*

# Aufgaben

- S. 47: Tauschen Sie sich über Ihre Gedanken und Assoziationen zu diesem Foto aus. – Diskutieren Sie: Wie „tot" ist Gott?
- S. 48: Erläutern Sie, welche Erfahrung mit Gott im Text zum Ausdruck kommt. – Erzählen Sie sich gegenseitig von Ihren Erfahrungen mit dem Thema „Gott".
- S. 49 (Text): Untersuchen Sie, welche Einstellung gegenüber der Gottesfrage sich in dem Gedicht widerspiegelt. – Befragen Sie Menschen in Ihrer Umgebung danach, welche Rolle Gott in ihrem Leben spielt.
- S. 49 (Bild): Der Betrachter in der Wolke sieht sehr betroffen aus. – Füllen Sie für ihn eine Denkblase aus.
- S. 50: Verdeutlichen Sie den Gedankengang des Textes. Arbeiten Sie heraus, wie der Autor das Verhältnis zwischen Glauben und Denken bestimmt. – Nehmen Sie Stellung zum Text.
- S. 51: Erläutern Sie die Aussagen des Textes. Worin besteht nach Küng die bleibende Bedeutung der Gottesbeweise?
- S. 52: Arbeiten Sie heraus, welche Vorwürfe Nietzsche gegen den Gottesglauben erhebt. – Setzen Sie sich mit den Aussagen und dem Stil des Textes auseinander.
- S. 53: Fassen Sie die Textauszüge zusammen. Untersuchen Sie, welche Funktion der Glaube nach Freud für den Menschen und für die Gesellschaft erfüllt.
- S. 54: Informieren Sie sich über Aufbau und Inhalt des Hiobbuches. – Interpretieren Sie im Anschluss daran das Gedicht: Wie unterscheiden sich der biblische Hiob und der Hiob im Gedicht?
- S. 54 (Bild): Erläutern und deuten Sie das Bild vor dem Hintergrund der biblischen Hiobüberlieferung.
- S. 55: Erläutern Sie, welche Ansicht Weinberg vom Gott des Alten Testaments bzw. vom Gott des traditionellen Christentums hat. – Nehmen Sie Stellung zu der persönlichen Ansicht, die er am Ende des Textes formuliert.
- S. 56/57: Verdeutlichen Sie die Einstellung der beiden Autoren zur Gottesfrage in einem Schaubild. – Inszenieren Sie, ausgehend von den vorliegenden Textaussagen, ein Gespräch zwischen Jacques Wirion und Hermann Kurzke. – Schreiben Sie eine E-mail an die beiden Autoren, in der Sie Stellung zu dem Inhalt des Briefwechsels nehmen.
- S. 57: Erläutern Sie die Aussagen des Liedtextes. – Gestalten Sie das Lied als Klangcollage.
- S. 58: Erläutern Sie, wie der Autor des Textes den Gott der Bibel darstellt. – Welche biblischen Geschichten fallen Ihnen dazu ein?

## Projekte

- Interviews mit Zeitgenossen führen: Welche Einstellung zum Gott haben Sie? Hat sich diese Einstellung im Laufe Ihres Lebens verändert?
- Untersuchen, wie sich Künstler, Schriftsteller u.a. zur Gottesfrage äußern
- Das biblische Buch Hiob lesen und sich mit dem Problem „Gott und das Leid" auseinandersetzen
- Schulbücher vergleichen: Wie wird das Thema „Gott" in verschiedenen Religionslehrbüchern dargestellt? Welche Bildmaterialien werden eingesetzt?
- Gottesbilder in der Kunst suchen und in der Gruppe vorstellen
- Untersuchen, welche Gottesvorstellungen in anderen Religionen vertreten werden
- Klären, was eine „Thomasmesse" ist, und ggf. eine solche Thomasmesse vorbereiten
- Ein Gespräch entwerfen: Ein Atheist begegnet einem Christen und fragt …

## Entdeckt, verstanden, gestaltet

Ich kann  kritische Einstellungen zur Gottesfrage, die heute verbreitet sind (Atheismus, Gleichgültigkeit, Gottvergessenheit), beschreiben und mit meinem eigenen Gottesverständnis vergleichen.

Ich kann  einen traditionellen Gottesbeweis (Anselm von Canterbury) darstellen und sowohl die Problematik als auch die Bedeutung von Gottesbeweisen nachvollziehen.

Ich kann  die Einwände gegen den Gottesglauben, wie sie von Friedrich Nietzsche und Sigmund Freud formuliert wurden, wiedergeben und mich sachgerecht mit ihnen auseinandersetzen.

Ich kann  unter Bezugnahme auf das biblische Hiobbuch darlegen und erörtern, inwiefern durch das Leid in der Welt der traditionelle Gottesglaube in Frage gestellt wird.

Ich kann  erläutern, wie sich die moderne Theologie den Herausforderungen durch atheistische Positionen stellt.

Ich kann  zu diesen theologischen Antwortversuchen begründet Stellung nehmen.

# Gott in Lebensgeschichten

Sieger Köder, 1999

Begegnungen mit Gott

## Barfuß gehen

Neulich sprach ich noch mit dir, Gott.
Ich saß auf deinem Regenbogen
und wusste, du bist.
Mit meinen Träumen von dir
webte ich mir Wirklichkeit.

Nun hast du meine Tage umgestülpt.
Absturz vom Regenbogen.
Nichts sieht mehr so aus wie immer.
Ins Innere vorgedrungen
verbrennt im Schmerz die Zuversicht.
Ich starre die Zeit an
und sie starrt zurück.

Mit blutender Seele
bin ich jetzt barfuß
über deine Worte gegangen.
Hinter dem Schmerz
spüre ich dich lebendig und echter und frei.
Das Neue an dir
ist nicht, dass du bist,
sondern dass du bleibst,
ein Geheimnis, Regenbogen.

*Heike Kriegbaum*

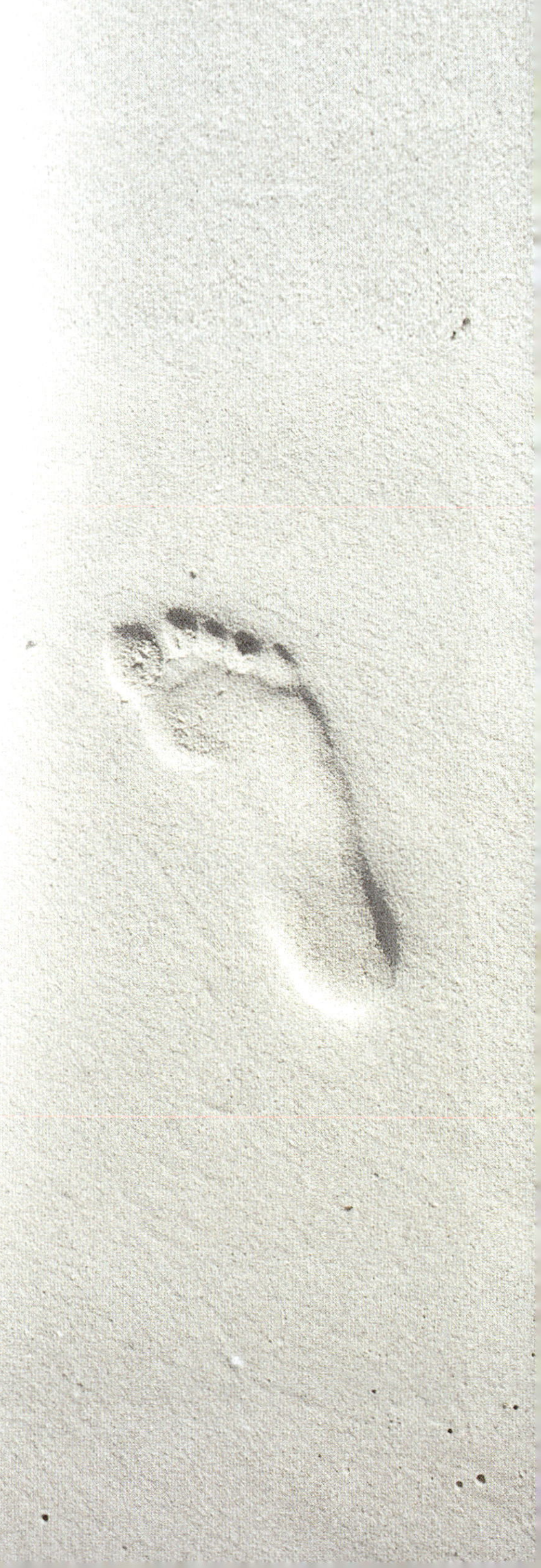

*L*obe den Herrn, meine Seele,
   und vergiss nicht, was er dir Gutes getan hat:
   der dir alle deine Sünde vergibt
   und heilet alle deine Gebrechen,
   der dein Leben vom Verderben erlöst,
   der dich krönet mit Gnade und Barmherzigkeit.   *Ps 103,2-4*

   *H*err, wie lange willst du mich so ganz vergessen?
      Wie lange verbirgst du dein Antlitz vor mir?   *Ps 13,2*

*D*er Herr ist der rechte Kriegsmann, Herr ist sein Name.
   Des Pharao Wagen und seine Macht warf er ins Meer,
   seine auserwählten Streiter versanken im Schilfmeer.
   Die Tiefe hat sie bedeckt, sie sanken auf den Grund wie die Steine.
   Herr, deine rechte Hand tut große Wunder;
   Herr, deine rechte Hand hat die Feinde zerschlagen.   *Ex 15,3-6*

      *A*ber sei nur stille zu Gott, meine Seele;
         denn er ist meine Hoffnung.
         Er ist mein Fels, meine Hilfe und mein Schutz,
         dass ich nicht fallen werde.   *Ps 62,6-7*

*I*ch schreie zu dir, aber du antwortest mir nicht;
   ich stehe da, aber du achtest nicht auf mich.
   Du hast dich mir verwandelt in einen Grausamen
   und streitest gegen mich mit der Stärke deiner Hand.   *Hi 30,20-21*

   *D*enn ich bin gewiss, dass weder Tod noch Leben,
      weder Engel noch Mächte noch Gewalten,
      weder Gegenwärtiges noch Zukünftiges,
      weder Hohes noch Tiefes noch eine andere Kreatur
      uns scheiden kann von der Liebe Gottes,
      die in Christus Jesus ist, unserm Herrn.   *Röm 8,38-39*

# Gott in der Kindheit

## Nachtgebet

Müde bin ich, geh' zur Ruh,
schließe beide Äuglein zu;
Vater, lass die Augen dein
über meinem Bette sein!

Hab' ich Unrecht heut' getan,
sieh es, lieber Gott, nicht an!
Deine Gnad' und Jesu Blut
macht ja allen Schaden gut.

*Luise Hensel*

Alle, die mir sind verwandt,
Gott, lass ruhn in deiner Hand.
Alle Menschen, groß und klein,
sollen dir befohlen sein.

Kranken Herzen sende Ruh,
nasse Augen schließe zu;
lass den Mond am Himmel stehn
und die stille Welt besehn!

## Postskript zu einem Kinderlied

Müde bin ich, geh' zur Ruh;
alle Wege wachsen zu,
nur die Sterne wandern wach
über mein verwunschnes Dach.

Unrecht hab ich viel getan,
nehm mein Urteil endlich an.
Jung im Schoß der alten Schuld
blüht die göttliche Geduld.

Alle, die mir sind verwandt,
schlafen fremd und unerkannt,
auch die Kinder, groß und klein,
liegen in der Nacht allein.

*Christine Busta*

# Zurück nach Uskow

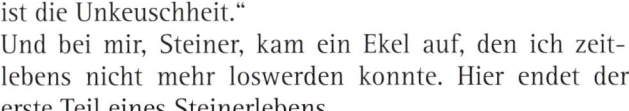

Als ich zur Schule kam, liebte ich Traudi. Es kam übermächtig über mich. Sie ging in die Mädchenschule, katholisch getrennt, die Geschlechter getrennt. Also sah ich Traudi nur hinter dem Zaun. Sie war sechs. Meine Liebe zu ihr war himmlisch. Aber Traudi war ein Weib, natürlich war sie ein Weib und deswegen des Teufels Werkzeug. Die Verwirrung nahm ihren Anfang. Die Gebote waren auswendig zu lernen, vorerst zehn. Die Übertretung bedeutete die Hölle, denn Gott hatte den Teufel geschaffen, um den Sünder zu strafen. „Die schwerste Sünde, Kinder, aber ist die Unkeuschheit."
Und bei mir, Steiner, kam ein Ekel auf, den ich zeitlebens nicht mehr loswerden konnte. Hier endet der erste Teil eines Steinerlebens.
– Ich brachte die Furcht vor Gott aus meinem Kopf nicht raus – „der Geist muss den Leib besiegen. Der Leib muss unterworfen werden ..." Ich dachte, durch harte Arbeit würde die Lust abgeschwächt – nichts davon. Ich dachte nur an nackte Weiber. Tag und Nacht und NACHT UND TAG. Könnte heute noch beschwören, dass der Mensch keinen freien Willen hat, denn denkt doch mal weg davon, Leute, wenn die Brunft euch überfällt! Keiner kann sagen, er könnte es. Erst im Alter geht das. Und der Gedanke bohrte in meinem Schädel, drückte in der Hose und ich soff. Und soff, was die Gedanken aber nicht ausblies – doch es half gegen die Furcht. Vor Gott, vor dem Gespenst über den Wolken, das dich beobachtet und dich strafen wird – ich war immer noch vierzehn, im Kopf offensichtlich das Gehirn einer Fliege. Da wagte ich eines Tages einen kühnen Gedanken. Und was ist, wenn es gar keinen Gott gibt? – Und es keinen gibt, der dich überwacht? – In Ordnung, Sie haben Recht, der Gedanke bedarf der Verfeinerung, aber als Grundlage – für einen Anfangsmenschen ist er groß, nicht wahr? Ich war ja immer auf der Suche nach einer einzigen Spur von Gott in dieser Welt. Ich meine: die Spur eines guten Gottes. Zwar ist die Welt voller Spuren, nur Güte ist da nicht zu erkennen. Wenn der Mensch sein Ebenbild sein soll, der Mensch aber eine Bestie ist – Doch dann würde ja alles wieder stimmen. Der Mensch eine Bestie, die sich nicht vermehren soll, die Vermehrung also eine Sünde – aber hören Sie mir einfach nicht zu, wenn Ihnen das nicht gefällt. Einfach schlafen ... Nur – ich bringe es aus dem Kopf nicht raus.  *Janosch*

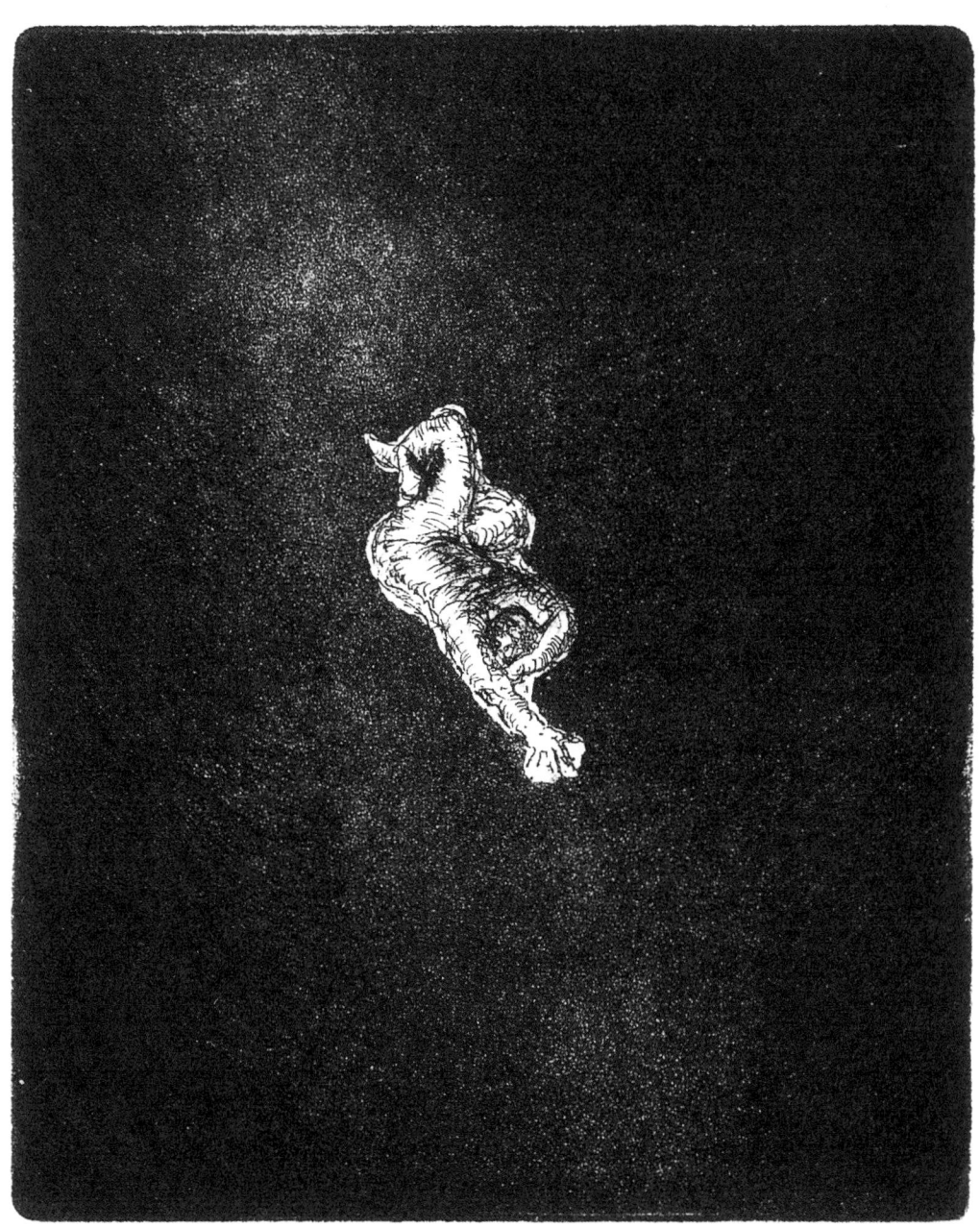

Thomas Zacharias

# Ringen mit Gott

## Der Prozess von Schamgorod

*In dem russischen Dorf Schamgorod trifft eine Schauspieltruppe in einem Gasthof ein. Der Wirt Berisch fordert die Schauspieler unter dem Eindruck der grausamen Pogrome des 17. Jh. auf, einen Prozess gegen Gott aufzuführen. Berisch übernimmt die Anklage, Sam, ein hinsichtlich seiner Herkunft nicht näher bekannter Intellektueller, die Verteidigung Gottes.*

*Mendel:* Herr Ankläger, Sie haben das Wort. Haben Sie die Liebenswürdigkeit, so klar wie möglich zu sagen, was Sie dem Angeklagten vorwerfen. Welche Beschuldigungen haben Sie gegen ihn vorzubringen?

*Berisch (wirft sich in die Brust):* Ich, Berisch, jüdischer Gastwirt, klage den Herrn des Universums der Feindseligkeit, der Grausamkeit und der Gleichgültigkeit an. Entweder liebt er sein auserwähltes Volk nicht oder er verspottet es. So viel scheint sicher: Unser Schicksal lässt ihn kalt. Warum hat er uns also auserwählt? Warum ausgerechnet uns und kein anderes Volk? Zusammengefasst: Entweder er weiß, was uns erwartet, oder er weiß es nicht. In beiden Fällen, ehm, in beiden Fällen ist er schuldig.

*Sam:* Schuldig! Nichts Geringeres als das! Sind Sie ganz allein zu diesem Schluss gekommen? Seien wir doch ernsthaft, Herr Ankläger, Sie sind nichts weiter als eine Person, mein Klient dagegen – wie soll ich sagen? – ist etwas anderes. Sie beschuldigen ihn? Nur zu! Aber geben Sie mir Beweise, nennen Sie mir Tatsachen: Wissen Sie, Ihr Zorn allein genügt nicht.

*Berisch:* Die erste Tatsache haben Sie vor sich, um sich herum: Schamgorod war eine jüdische Gemeinde, erfüllt von jüdischer Wärme, jüdischem Leben. Jüdisch waren die Lieder in jeder Straße, jedem Winkel. Gehen Sie jetzt einmal suchen. Schamgorod schweigt. Sein Schweigen ist eine Tatsache, oder nicht? Drei Lehrhäuser sind verwüstet und ausgeplündert! Die große Synagoge angezündet, die heiligen Rollen entweiht! Sind Ruinen keine Tatsache für Sie? Ist Asche nichts? Dieses Dorf zählte hundert jüdische Familien, die hier verwurzelt und miteinander verbunden waren. Heute ist nur noch eine Familie übrig geblieben und diese einzige Familie ist geschunden, in Trauer gehüllt, ohne Hoffnung, ohne Freude und ohne Illusion. Was bedeutet das alles für Sie und für ihn? *(Er packt Sam bei den Schultern und schüttelt ihn.)* Ich frage Sie, was das bedeutet!

*Sam:* Traurig.

*Berisch: (geht einen Schritt zurück):* Was? Sie sagten..?

*Sam:* Ich habe gesagt: traurig. Das ist alles traurig.

*Berisch:* Aber Tatsachen …

*Sam:* ... Ja, traurige Tatsachen. Aber sie betreffen uns nicht.
*Berisch:* Ach so? Sie betreffen uns nicht? Der Tod eines Dorfes, die Ermordung einer Gemeinde machen Sie nicht betroffen ...
*Sam:* Hören Sie auf. Ich stelle nicht in Abrede, dass die Vorfälle in sich einen tragischen Aspekt haben. Aber ich gebe zu bedenken, dass sie in keinem Zusammenhang mit dem laufenden Prozess zu sehen sind. Ich sage nicht, dass kein Blut geflossen ist, noch, dass keine Verbrechen stattgefunden haben. Aber ich stelle eine Frage: Warum erheben Sie den Vorwurf gegen meinen erhabenen Klienten? Nach allem handelt es sich um eine sehr einfache Angelegenheit: Menschen wurden durch andere Menschen niedergemetzelt. Warum beschuldigen Sie Gott?

*Berisch:* Was bleibt mir anderes übrig? Sie tun so, als ob er mit all dem nichts zu tun hätte! Er wäre nichts weiter als ein einfacher Beobachter, neutral und unschuldig? Kann ein Vater ruhig mit ansehen, wie seine Kinder geschlachtet werden?
*Sam:* Geschlachtet von wem? Von seinen anderen Kindern! Das ist zu einfach, meine Herren! Mit welchem Recht spricht der Ankläger im Namen der Toten?
*Berisch:* Ich habe sie als Lebende gekannt. Ich war zugegen bei ihrem Ende.
*Sam:* Und danach? Was weiß er von dem, was sie dachten, was sie träumten und heraufbeschworen in der Stunde des Todes? Er benutzt sie als Zeugen der Anklage, und wenn das falsch wäre? Wenn sie, im Gegenteil, bußfertig und erleuchtet waren? Wenn sie glücklich waren, die hässliche und blutdurchtränkte Erde zu verlassen, um in die Welt des ewigen Friedens einzugehen?
*Berisch:* Bodenlose Unverschämtheit! Er geht zu weit! Denken Sie wirklich, dass die Opfer glücklich waren zu ertrinken, verbrannt oder zerstückelt zu werden? Sie sind herzlos, ohne Vorstellungskraft. Wehe Gott, wenn Sie sein Verteidiger sind!
*Sam (lacht schallend.):* Wenn Gott, gelobt sei er, nicht antworten will, so hat er seine Gründe. Gott ist Gott und sein Wille ist nicht von unserem abhängig.
*Mendel (beugt sich vor):* Was bleibt uns dann zu tun übrig?
Sam: Uns zu unterwerfen, zu akzeptieren.

*Berisch:* Niemals! Haben Sie mich alle gehört? Niemals. Wenn er mein Leben will, soll er es nehmen. Aber er hat Schamgorod vernichtet. Wie können die Toten glücklich sein, wenn ich, der Überlebende, es nicht bin? Sie verharren im Schweigen. Sie schreien ihren Zorn nicht heraus. Aber ich werde nicht schweigen, ich werde schreien.
*Sam:* Das ist verständlich. Die Toten haben Gottes Barmherzigkeit gesehen und seine Gnade empfunden. Sie dagegen haben sich gewehrt, zu sehen und zu empfinden.
*Berisch:* Wie können Sie nach einem Pogrom von Gnade und Barmherzigkeit sprechen?
*Sam:* Gibt es eine günstigere Zeit, darüber zu sprechen? Sie leben, Wirt, ist das kein Zeichen seiner Gnade?
*Berisch:* Und wenn ich Ihnen sage, dass er mich nicht aus Barmherzigkeit verschont hat, sondern aus Grausamkeit? ... Er hat die blühende Gemeinde von Schamgorod vernichtet. Er hat den Tod gesät. Wenn er darauf besteht, auf seinen Wegen zu beharren, desto schlimmer, dass er darauf beharrt. Aber ich werde nicht mit Amen antworten. Mit dem letzten Tropfen meiner Kraft werde ich protestieren. Ob ich lebe oder sterbe, ich werde ihm nicht mehr gehorchen.
*Sam:* Was wissen Sie von Gott, um mit solcher Sicherheit über ihn zu sprechen? Sie drehen ihm den Rücken zu, dann beschreiben Sie ihn. Warum wenden Sie sich ab? ... Wer sind Sie, um Vergleiche anzustellen und daraus Schlüsse zu ziehen? Wer sind Sie denn, den Schöpfer des Universums zu beschuldigen oder zu verhören? Nichts als Staub. Sie sind nur ein Körnchen Staub.
*Berisch:* Wenn er mich als Staubkorn wollte, hätte er mich nur beim Staub zu lassen brauchen. Ich gehe vorwärts. Ich denke nach. Ich träume. Ich rege mich auf. Ich schreie: Ich bin ein menschliches Wesen, verdammt noch mal! ... Ich schreie mit allen meinen Kräften, wie ich jetzt schreie: Richter, erfüllt eure Pflicht! Befehlt ihm, der Gewalttätigkeit und den Blutbädern ein Ende zu setzen! Erfüllt eure Pflicht, Richter. Erfüllt sie ohne Furcht.
*Mendel:* Wir werden unserer Pflicht nachkommen, Wirt, aber nicht furchtlos.

*Elie Wiesel*

# Auf(er)stehen

Und er lehrte in einer Synagoge am Sabbat. Und siehe, eine Frau war da, die hatte seit achtzehn Jahren einen Geist, der sie krank machte; und sie war verkrümmt und konnte sich nicht mehr aufrichten. Als aber Jesus sie sah, rief er sie zu sich und sprach zu ihr: Frau, sei frei von deiner Krankheit! Und legte die Hände auf sie; und sogleich richtete sie sich auf und pries Gott.
Da antwortete der Vorsteher der Synagoge, denn er war unwillig, dass Jesus am Sabbat heilte, und sprach zu dem Volk: Es sind sechs Tage, an denen man arbeiten soll; an denen kommt und lasst euch heilen, aber nicht am Sabbattag.
Da antwortete ihm der Herr und sprach: Ihr Heuchler! Bindet nicht jeder von euch seinen Esel von der Krippe los und führt ihn zur Tränke? Sollte dann nicht diese, die doch Abrahams Tochter ist, die der Satan schon achtzehn Jahre gebunden hatte, am Sabbat von dieser Fessel gelöst werden?
Und als er das sagte, mussten sich schämen alle, die gegen ihn gewesen waren. Und alles Volk freute sich über alle herrlichen Taten, die durch ihn geschahen.

*Lk 13,10-17*

SÄULENTRÄGERIN, 13. JH.

# „Ich bin" – Gottes Lebenslauf

*D*as Leben Gottes ereignet sich in der Lebensgeschichte von Menschen – allein vom Menschen ist Gott in der Welt erfahrbar. Wie in einem Kraftfeld sind Schöpfer und Geschöpf im Glauben zusammengeschlossen und die Veränderung des einen Punktes zieht stets die des anderen nach sich. Wie jemand sich zu Gott stellt, so findet er ihn. Martin Luther hat für die Gotteserkenntnis des Menschen daher als Regel aufgestellt: „Glaubst du, so hast du; glaubst du nicht, so hast du nicht."

Dem entspricht der biblische Befund. Die so genannte „Heilige Schrift" ist stets beides in eins: sowohl ein Dokument göttlicher Selbstoffenbarung als auch ein Zeugnis für die Art und Weise, wie Menschen die Offenbarung angenommen haben. Es geht dabei stets „gemäß dem Menschen" zu – das heißt, hineingebunden in die jeweilige geschichtliche und biografische Situation, geprägt vom Geist der Zeit und eingefärbt in menschliche Vorstellungen, Bilder und Begriffe. So vollzieht sich im Fortgang der Geschichte, unter dem Eindruck der erfahrenen Enttäuschungen und Erfüllungen und im kritischen Disput zwischen Tradition und Situation, ein ständiger Prozess religiöser Produktion und Progression. Aus diesem Grund ist dieselbe Bibel, die das strengste Bilderverbot enthält, zugleich randvoll von menschenförmigen Bildern: Gott wird Vater und Mutter, Hirte und Richter, Retter und Rächer genannt; sein Auge schaut nach den Menschenkindern auf Erden; er führt in die Tiefe und wieder herauf; sein Mund spricht Worte des Zorns und der Liebe; Licht ist sein Kleid, das er anhat, und das Blut der Gerichteten besudelt sein Gewand. Sinnlicher und vielfarbiger, ja widersprüchlicher, als die Bibel es tut, kann man von Gott nicht sprechen. Es gibt in ihr keinen durchgehenden einheitlichen „Gottesgedanken": Wir haben Gott immer nur in Bildern und in den Bildern haben wir ihn wirklich – aber in keinem Bild geht er ganz auf. Nicht, dass der Gott der Bibel, wie etwa Odysseus, Hamlet oder Faust, eine erdichtete Figur wäre oder sich erst allmählich entfaltete – Gott ist von Ewigkeit her seiner selbst voll bewusst da. Aber er „zwingt" den Menschen nicht, sondern „zieht" ihn, sodass eine wechselseitige Beziehung entsteht und Gott sich für den Menschen wandelt.

Auf diese Weise ergibt sich, in einer unauflöslichen Verflechtung von göttlicher Reflektion und menschlicher Projektion, der *Lebenslauf Gottes* in der Weltgeschichte – und dies keineswegs nur in einem ständigen Aufstieg zu immer höherer Vollkommenheit, sondern in stetem Auf und Ab und mit immer offenem Ausgang.

*Heinz Zahrnt*

Reinhard Zimmermann, 1999

# Aufgaben

- S. 61: Stellen Sie einen Bezug zwischen Bild und Kapitelüberschrift her. – Denken Sie sich in eine Person Ihrer Wahl hinein und entwerfen Sie eine zu ihr passende Lebenssituation.
- S. 62: Beschreiben Sie, wie sich die Beziehung der Verfasserin zu Gott verändert hat. Erklären Sie den Titel des Gedichtes. – Stellen Sie eigene Erfahrungen mit Gott in einem Text dar, in dem Sie Gott mit „du" anreden.
- S. 63: Setzen Sie die jeweils zum Ausdruck kommende Beziehung zu Gott gestalterisch (z.B. in einem Standbild) um. – Entwickeln Sie heutige Situationen, in denen die Bibelworte bedeutsam sein könnten. – Untersuchen Sie Gottesvorstellungen anderer Religionen.
- S. 64: Vergleichen Sie das Gebet mit EG 443 und 486. – Erläutern Sie die Veränderung der Vorlage im Text von Christine Busta. –
- S. 65: Beschreiben Sie Steiners Gotteserfahrungen und ihre Wirkungen. – Verfassen Sie eine Entgegnung an Steiner, in der Sie ihm evtl. Impulse für eine versöhnlichere Sichtweise Gottes geben.
- S. 66: Deuten Sie das Bild und geben Sie ihm einen Titel. – Stellen Sie Verbindungen zu bereits gelesenen Texten her.
- S. 67–69: Stellen Sie Sams und Berischs Argumente einander gegenüber. – Fällen Sie in der Rolle des Richters ein Urteil; begründen Sie es ausführlich.
- S. 70: Stellen Sie die Geschichte szenisch dar. – Überlegen Sie aktuelle Situationen, in denen Menschen „kleingemacht" und „gekrümmt" werden; stellen Sie ein Beispiel anschaulich dar. – Verfassen Sie einen inneren Monolog der „Säulenträgerin", in dem sie ihren Umgang mit der Last reflektiert. – Interpretieren Sie die Figur in ihrer Funktion als Konsolfigur am Fuße des Tragpfeilers einer Kirche. Beziehen Sie in Ihre Interpretation auch Gal 6,2 und Mt 11,28–30 ein.
- S. 71: Erklären Sie, wie Zahrnt den Widerspruch zwischen Bilderverbot und „menschenförmiger Rede" von Gott auflöst. – Veranschaulichen Sie anhand der Begriffe im Text die wechselseitige Gott-Mensch-Beziehung in einer Skizze.
- S. 72: Beschreiben und deuten Sie das Bild vor dem Hintergrund seines Titels „erloschen, Leuchtspuren". – Rekapitulieren Sie mithilfe des Bildes den Ertrag des Kapitels „Gott in Lebensgeschichten".

## Projekte

- Kinderlieder und -gebete sammeln und auf die sich darin ausdrückenden Gottesvorstellungen hin untersuchen
- Gottesvorstellungen in literarischen Texten untersuchen; z.B. Vellguth, Klaus (Hg.): Gott sei Dank bin ich Atheist. Gott als Thema in der Literatur des 20. Jahrhunderts. Stuttgart 2001
- Personen vorstellen, die ihr Leben in den Dienst Gottes stellen; Anregungen in: Storck, Matthias: Wegbereiter. Gegen die Gleichgültigkeit. Hamburg 2002

## Entdeckt, verstanden, gestaltet

Ich kann einen Zusammenhang herstellen zwischen der Biografie eines Menschen und seiner Gottesvorstellung.

Ich kann in Psalmversen verschiedene Gotteserfahrungen entdecken und deuten.

Ich kenne Kindergebete und kann sie im Hinblick auf das in ihnen vermittelte Gottesbild bewerten.

Ich weiß, dass das Gottesbild sich im Laufe des Lebens verändern kann, bzw. dass der Gottesglaube verloren gehen kann.

Ich kann Fragen nennen und erläutern, die sich im Hinblick auf Gott und das Leid in der Welt stellen (Theodizee).

Ich kann erläutern, inwiefern Gottes Wesen in Bildern, die Menschen sich machen, nicht hinlänglich fassbar ist / sein darf.

# Die Bibel – bekannt und fremd

# Erfahrungen mit der Bibel

Ich wurde in meinem bisherigen Leben nur am Rande mit der Bibel konfrontiert. Dennoch bin ich davon überzeugt, dass sie einen unschätzbaren Wert für jeden hat, egal ob Christ oder nicht. Die Inhalte der Bibel wurden über Jahrhunderte hinweg überliefert und besitzen eine Menge Weisheit. Meiner Meinung nach werden die Bibeltexte heute nur noch von einem Teil der Menschen verstanden. Viele wissen nicht, wie sie damit umzugehen haben, und daraus resultiert wohl eine große Unzufriedenheit, wenn sie damit konfrontiert werden.

*Angela, 17 Jahre*

Die Bibel hat für mich keine Bedeutung und ich habe eigentlich keinen Bezug zu ihr. Mit meinem Glauben hat sie nichts zu tun. Alleine die moralischen Werte, die sie vermittelt, haben für mich noch Gültigkeit. Sie lassen sich oft in die heutige Zeit übertragen und beschreiben gewissermaßen die Spielregeln menschlichen Zusammenlebens.

*Kai, 17 Jahre*

Ich habe die Bibel noch nie wirklich intensiv gelesen und kenne mich kaum mit ihr aus. Trotzdem mag ich die Texte, die ich kenne, sehr gern, vor allem die Psalmen und die Schöpfungsgeschichte. Allgemein finde ich gut, dass es sie gibt, weil sie einem Gottesnähe vermittelt.

*Franziska, 18 Jahre.*

Quint Buchholz, geb. 1954

# Meine Bibel

Ich ging, wenn ich mich recht entsinne, als Kind jeden Mittwoch zur Bibelstunde ins Pfarrhaus: Eine Stunde für mich allein vor dem Buch, das, da ich eintrat, stets aufgeschlagen dalag, schräg auf einem Lesepult, das stattlichste Buch, das ich je gesehen. Es lag da, wie ein Felsblock; ich hatte Scheu, es zu berühren, und nur der Pfarrer durfte die Blätter umschlagen, ein neues Bild erscheinen lassen, darin wieder auf die aufwühlendste Weise mein Alltag mit Kanaan verschmolz. Die Sermone des Pfarrers hörte ich kaum; ich nahm sie als eine Fortsetzung der frommen Legenden, wie sie mir meine Mutter erzählte, Legenden, die Ur-Vertrautes sagten: Geborgensein in Sinn und Ordnung, Gerechtigkeit von Lohn und Strafe, das Vernünftig-Schöne des Guten und die Abscheulichkeit des Bösen, das immer von irgendwo außen kam. – In diesen Legenden fand ich mein Dasein bestätigt; ich war mit ihnen aufgewachsen, sie flossen mit meiner Erfahrung zusammen, und sie bauten, Welt spiegelnd, mein Bild der Welt mit: das eines herzensfrommen Kindes.

Merkwürdig, dass ich lange nicht Lust verspürte, auch die Texte nachzulesen; die Bilder füllten die Fantasie. Es waren, die mich dergestalt bannten, die Bücher des Alten Testamentes; die Evangelien überstiegen mein Dasein. Ihre Bilder sah ich in stummer Ehrfurcht: Die Gestalt, die statt des Heiligenscheins den Glanz der lebendigen Sonne ums Haupt trug, war nicht mehr das liebe Jesulein, mit dem zu spielen man sich vorstellen konnte; sie verwehrte jede Identifikation. – Der Herr. – Er war nah und doch gänzlich im Unnahbaren; zu seinem Bild die Augen aufzuschlagen, war das Äußerste, was mir mein Frommsein erlaubte, und doch waren gerade diese Bilder so prall von Alltag wie keine andren.

Die Mären waren eindeutig gewesen, eindeutig und eindimensional; doch als sie dann im Buch des Pfarrers betörend als Bilder leuchteten, begann diese Eindeutigkeit aufzubrechen: Ihr Erzähltes war jetzt nur der Vordergrund, hinter dem ein Anderes umging, ein Geheimnis, das mich bannte: Ich fühlte, dass es von jener Art war, die im eigenen Ich bedrohlich aufstand und, meine Naivität zerstörend, mich aus meinem Kindsein warf. Ich begann die Geschichten der Bibel zu lesen: Ein Riss; und der Abgrund Mensch klaffte auf. Ich las gierig wie nie. – Das Sensationelle der Wörter war bald verdampft; was blieb, war das Sensationelle der Seelen, das doch nichts als das Alltägliche war: So handelt der Mensch, und nun sieh du dich an! Die Gestalten der Bibel sind keine Heroen, sie sind Menschen in ihrem Widerspruch, in ihrer Verstricktheit in Schuld und Verfehlung. Ich möchte den Leser der Bibel ermutigen, ihre Gestalten sehen zu lernen; man wird nicht satt ihrer Widersprüche. – Von Abraham bis zu Johannes: Jeder findet die seinen heraus.

*Franz Fühmann*

# Ein Bibeltext – drei Zugänge

Als Jesus zurückkam, nahm ihn das Volk auf; denn sie warteten alle auf ihn. Und siehe, da kam ein Mann mit Namen Jairus, der ein Vorsteher der Synagoge war, und fiel Jesus zu Füßen und bat ihn in sein Haus zu kommen; denn er hatte eine einzige Tochter von etwa zwölf Jahren, die lag in den letzten Zügen. Und als er hinging, umdrängte ihn das Volk. ...
Als er noch redete, kam einer von den Leuten des Vorstehers der Synagoge und sprach: Deine Tochter ist gestorben; bemühe den Meister nicht mehr. Als aber Jesus das hörte, antwortete er ihm: Fürchte dich nicht; glaube nur, so wird sie gesund!
Als er aber in das Haus kam, ließ er niemanden mit hineingehen als Petrus und Johannes und Jakobus und den Vater und die Mutter des Kindes. Sie weinten aber alle und klagten um sie. Er aber sprach: Weint nicht! Sie ist nicht gestorben, sondern sie schläft. Und sie verlachten ihn, denn sie wussten, dass sie gestorben war. Er aber nahm sie bei der Hand und rief: Kind, steh auf! Und ihr Geist kam wieder und sie stand sogleich auf. Und er befahl, man solle ihr zu essen geben. Und ihre Eltern entsetzten sich. Er aber gebot ihnen niemandem zu sagen, was geschehen war.

*Lk 8,40-42.49-56*

Das Dilemma der Jairus-Tochter liegt darin, dass ihr Vater jeden Schritt zu dem Leben einer erwachsenen Frau mit seiner Überfürsorge verhindert. Gerade weil dieser Mann unter allen Umständen das Leben seiner Tochter sein und erhalten will, ist er ihr Tod und bringt er sie um. Eine „fürsorgende" Liebe erstickt, wo sie begleiten müsste, sie engt ein, wo sie das Leben zur Entfaltung bringen müsste, sie bevormundet, statt vertrauensvoll dem anderen das Fenster zum Licht und zur Freiheit zu öffnen. Um leben zu können, bedarf es einer Zuversicht und eines Mutes, der nicht jede Gefahr, jedes Risiko mit Todesangst meidet. „Fürchte nicht", heißt jetzt, im Angesicht des Todes: „Du brauchst, Jairus, ein für allemal dich nicht mehr um deine Tochter zu ängstigen, als wenn du selber der Herr über Leben und Tod zu sein hättest. Das Leben deiner Tochter ist nicht dein Eigentum, es folgt eigenen Bahnen und Gesetzen. Du kannst und musst die Sorge um deine Tochter endgültig aufgeben." Nur wenn Jairus lernt seine Tochter Gott zurückzugeben, der sie geschaffen hat, wird sie in Wahrheit leben können.

*Eugen Drewermann*

Die Zeichen des Todes, die man bis jetzt dafür gehalten hat, haben alle, zuweilen einmal, getäuscht. Man hat Menschen wieder aufstehen sehen, die viele Stunden lang alle Zeichen des Todes an sich gehabt haben. Was noch nie geschehen ist, muss ein vernünftiger Mensch auch nicht vermuten. Wahrheit ist nicht eher das, was sie mir sein soll, als bis sie die allerschärfste und eigensinnigste Prüfung ausgehalten hat. Wahrheit ist die Sache des Verstandes und des Herzens – nicht aber des Anstaunens und der Betäubung. Ihr Kennzeichen ist: dass sie begreiflich, der Vernunft gemäß und fürs menschliche Leben nutzbar sei.

*Carl Friedrich Bahrdt*

Die Tat am Kind des Jairus werden wir nie vergessen.
Seitdem ist der Tod nicht mehr wie zuvor.
Seitdem ist bei jedem, der stirbt,
ein Stück von der Botschaft eines Sieges,
ein Teil von dem Brot dieses Lebens,
ein Strahl dieser Sonne, die aufgeht,
ein Hauch dieses Windes vom Frühling her.
Wenn er nur glaubt, dann ist jeder, der stirbt,
wie ein Sieger in Fesseln – schon Sieger, noch in Fesseln.
Alles, was hier geschieht, ist Hinweis, Vorzeichen, Zeichen.
Zeichen für was?
Tropfen auf einen einzigen heißen Stein
Inmitten einer Steinwüste von Toten.
Aber du hast einen Bund geschlossen, dass du uns nimmer verlässt.
Dass diese Spuren nicht Täuschung sind,
sondern auf den Schatz weisen, der schon da liegt, nur noch
gehoben werden muss.

*Klaus Berger*

# Die lange Geschichte eines Buches

Ein Buch? Mehr noch: Eine Bücherei!
66 verschiedene Bücher
von nicht nur 66 verschiedenen Autoren,
denn manch eines enthält
(nach Art der hölzernen Babuschkas)
in sich wiederum
drei, vier kleinere Bücher verschiedener Autoren.

Nicht zu vergessen die namenlosen Scharen
Späterer Bearbeiter, Ergänzer, Verknüpfer,
der fromme Fleiß ihrer minutiösen Text-Finissage
während rund eines Jahrtausends jüdisch-urchristlicher Geschichte.

Allmählich entstand so: Ein Bücherbuch vieler Stimmen,
die nacheinander, nebeneinander,
durcheinander, gegeneinander, miteinander,
reden, singen, murmeln, beten.

Dissonanzen? Jede Menge. Widersprüche? Noch und noch.
Kein ausgeklügelt Buch. Hundert Stimmen Strom
(selbst Schriftgelehrte ermessen ihn nicht) –
wohin will er tragen?
Über Schwellen, Klippen, Katarakte
Heimzu, heilzu (hoff ich).

Merklich oder unmerklich nämlich
Strömen die verschiedenartigen Stimmen
Denn doch und stets wieder
zu EINER Stimme zusammen:
„Das Wunder dieses
Zusammenfließens
ist größer als das Wunder
eines einzigen Autors."
(Emanuel Levinas)

Viel-Stimmen-Buch also,
geselliges Buch
(geselligstes der Weltliteratur):
in ihm wird
die EINE,
die verlässliche Stimme
der geselligen Gottheit laut.

*Kurt Marti*

Michael Mathias Prechtl, 1979

BETENDE AN DER KA'ABA

# qur'an karim – ein edler Koran

Im Namen des barmherzigen und gütigen Gottes. Es ist als Offenbarung herabgesandt vom barmherzigen und gütigen Gott: eine Schrift, deren Verse im Einzelnen auseinander gesetzt sind; – herabgesandt als ein arabischer Koran, für Leute, die Bescheid wissen. Wir haben dich mit dieser Offenbarungsschrift als Verkünder froher Botschaft und als Warner zu deinen Landsleuten gesandt.

*Sure 41,1–4*

Er ist es, der die Schrift auf dich herabgesandt hat. Darin gibt es eindeutige, bestimmte Verse – sie sind die Urschrift – und andere, mehrdeutige. Diejenigen nun, die in ihrem Herzen vom rechten Weg abschweifen, folgen dem, was darin mehrdeutig ist, wobei sie darauf aus sind, die Leute unsicher zu machen und es nach ihrer Weise zudeuten. Aber niemand weiß es wirklich zu deuten außer Gott. Und diejenigen, die ein gründliches Wissen haben, sagen: ‚Wir glauben daran. Alles, was in der Schrift steht, stammt von unserem Herrn und ist wahre Offenbarung, ob wir es deuten können oder nicht.' Aber nur diejenigen, die Verstand haben, lassen sich mahnen.

*Sure 3,7*

Wir haben doch seinerzeit dem Mose die Schrift gegeben und nach ihm die weiteren Gesandten folgen lassen. Und wir haben Jesus, dem Sohn der Maria, die klaren Beweise gegeben und ihn mit dem heiligen Geist gestärkt. Und als nun von Gott seine Schrift zu ihnen kam, die das bestätigte, was ihnen an Offenbarung bereits vorlag, da glaubten sie nicht daran.

*Sure 2,87.89*

Sag: Gesetzt den Fall, die Menschen tun sich alle zusammen, um etwas beizubringen, was diesem Koran gleichwertig ist, so werden sie das nicht können. Auch nicht, wenn sie sich gegenseitig dabei helfen würden.

*Sure 17,88*

# „Richtiger" Umgang mit der Bibel?

Gerade zur Frage der Grundlagen des Glaubens hat die historische Kritik einen lebenswichtigen Beitrag zu leisten, weil sie erst einmal herausarbeitet, was die ersten Christen eigentlich geglaubt haben. Dabei bleibt es Aufgabe auch der historischen Wissenschaft die Welt zu entzaubern, um den Frieden zwischen Menschen verschiedenen Glaubens anzubahnen. Wer innerhalb von Theologie und Kirche dieser Aufgabe nicht unter Einsatz aller Kräfte nachgeht, sollte lieber gleich offen einen Standpunkt beziehen, für den historische Tatsachen keine Bedeutung haben. Eine solche Position führt aber unausweichlich zu einem religiösen Fundamentalismus, dem es an Dialogbereitschaft, Kritikfähigkeit und Offenheit gebricht.

In der Kirche wird ein Glaube bekannt, dessen Hauptbestandteile historisch ein für allemal widerlegt worden sind, von der Geburt Jesu aus der Jungfrau angefangen bis hin zu seiner angeblichen Auferstehung aus dem Grabe. Es ist für die Gläubigen auf die Dauer ein unerträglicher Zustand, wenn sie ihrer historischen Fundamente beraubt sind und alles eigentlich nur in übertragenem Sinne verstehen dürfen. Hier ist eine gründliche Remedur vonnöten, die den gegenwärtigen Zustand der Heuchelei überwindet und eine tragfähige Basis schafft. Voraussetzung für diese Remedur ist aber das eigene Eingeständnis, dass das Tote tot und alle Wiederbelebungsversuche der genannten Grundlagen des Glaubens vergeblich sind. Jede wissenschaftliche Verneinung ist dabei ein positiver Geistesakt, der die Bahn für das Neue bereitet.

*Gerd Lüdemann*

> Gerade zur Frage der Grundlagen des Glaubens hat die historische Kritik einen lebenswichtigen Beitrag zu leisten.

# Nicht das Historische macht selig, sondern der Glaube.

Die Geschichte des Christentums ist die Geschichte der allzeit strittigen Auslegung der Bibel. Auch meine eigene Glaubensgeschichte ist eine Lebensgeschichte mit der Bibel und war gleichfalls lebenslang vom Streit um die Bibel beherrscht. Aber eben dadurch bin ich in ein immer freieres Verhältnis zur Bibel und zu immer größerer Freude an ihrer weder theologisch noch kirchlich jemals zu bewältigenden Fülle gelangt. Zu dieser Freiheit und Freude hat mir die wissenschaftliche Bibelforschung verholfen. Indem sie die historisch-kritische Methode unbeirrt durchgehalten hat, ist sie zu der Erkenntnis gekommen, dass wir es in der Bibel mit Glaubensaussagen zu tun haben. Die Bibel ist nicht die Urkunde der Offenbarung Gottes selbst, sondern die Urkunde des Glaubens von Menschen an Gottes Offenbarung. In ihren Zeugnissen hat sich niedergeschlagen, was Menschen als Einzelne oder in Gemeinschaft mit Gott erfahren haben. Damit ist der Maßstab der Echtheit durch das Kriterium der religiösen Wahrheit relativiert. Ein Bibeltext kann historisch unecht und trotzdem religiös wahr sein, wie umgekehrt ein Text historisch echt sein und dennoch keine religiöse Wahrheit mehr für uns enthalten kann! Nicht das Historische macht selig, sondern der Glaube.

Inzwischen jedoch sind historisches Wissen und kritisches Forschen selbst zum Hemmschuh und Ballast für das Bibelverständnis geworden. Wir leiden gleichermaßen unter Historisierung, Dogmatisierung und Institutionalisierung des Christentums und schleppen uns müde an der Überlieferung seiner Wahrheiten. Wenn die biblischen Verfasser erlebten, wie ängstlich wir mit jedem ihrer Wörter, ja Buchstaben und Satzzeichen umgehen, sie würden sich in ihren Gräbern, wenn möglich, noch einmal totlachen.

Das Christentum ist keine Buchreligion und die Bibel kein Koran. Darum genügt zur Vergegenwärtigung nicht die Zitation, sondern es bedarf der „Reproduktion". Ständig muss sie „umgesprochen" und wie ein Brief, mit einer neuen Adresse versehen, den Zeitgenossen nachgesandt werden. Auslegung der biblischen Tradition und Deutung der zeitgenössischen Situation bilden einen Vorgang. Die Bibel ist kein Kursbuch des christlichen Glaubens, mit festgelegtem Heilsfahrplan auf unverrückbaren Schienen. Sie gleicht eher einer Seekarte, auf der zwar auch Routen und Positionen abgesteckt sind, aber mit mehr Raum zum eigenen Navigieren, je nach Gezeiten und Wind. Aber das in der Bibel aufbewahrte Leben teilt sich nur dem mit, der, selbst lebendig, nach dem Leben fragt. Die Bibel sättigt keine Satten.

*Heinz Zahrnt*

Tobias Kammerer, 1999

# Aufgaben

- S. 75: „Gestalten Sie eine Collage zum Jahr der Bibel" – so lautete die Aufgabe, die der Abbildung zugrunde lag. Beschreiben Sie, was die einzelnen Bilder mit dem Thema zu tun haben. – Wenn Sie selbst ein solches Plakat gestalten sollten: Welche Bilder würden Sie übernehmen, welche ersetzen? Wodurch?
- S. 76: Zeichnen Sie ein Schaubild: in der Mitte die Bibel, darum herum die drei zitierten Positionen – und weitere. Erläutern Sie Ihre Anordnung: Wer steht der Bibel eher fern? Eher nah? – Finden Sie für jede Position ein treffendes Stichwort. – Gestalten Sie Ihre eigene Bücherwaage.
- S. 77: Stellen Sie die Veränderungen in Fühmanns Verhältnis zur Bibel als Pfeildiagramm dar. – Verfassen Sie einen eigenen Text: „Meine Bibel".
- S. 78/79: Führen Sie in Kleingruppen ein Schreibgespräch zu dem Bibeltext. – Beschreiben Sie das Geschehen aus Sicht einer beteiligten Person. – Verteilen Sie die Auslegungsbeispiele auf Gruppen (6 oder 9); jede Gruppe bearbeitet folgende Aufgaben: Wie werden Tod und Auferweckung gedeutet? Welche Stimmung vermittelt der Text? Wählen Sie eine Bezeichnung für diese spezifische Art der Auslegung.
- S. 80: Beschreiben Sie unter Bezugnahme auf das Gedicht Aufbau und Entstehungsgeschichte der Bibel. – Erläutern Sie, in welchem Sinn Marti von der Bibel als dem „Wort Gottes" spricht.
- S. 81: Beschreiben und deuten Sie die Personen, ihre Umgebung und das Verhältnis, in dem sie zueinander stehen. – Entwickeln Sie eine Fortsetzung der Tischszene.
- S. 82: Deuten Sie die Abbildung mit Blick auf die Frage, welches Verhältnis der Menschen zu ihrer Religion sich darin ausdrückt.
- S. 83: Erarbeiten Sie anhand der Suren das Selbstverständnis des Korans sowie mögliche Konsequenzen für einen angemessenen Umgang mit ihm. – Vergleichen Sie auf dieser Grundlage den Koran und die Bibel.
- S. 84: Bringen Sie Lüdemanns Position zur Praxis kirchlicher Verkündigung sowie zur historisch-kritischen Arbeit auf zwei oder drei Thesen und Antithesen. – Schreiben Sie ihm dazu eine kurze Stellungnahme.
- S. 85: Erläutern Sie Zahrnts Bibelverständnis. – Entwerfen Sie ein fiktives Streitgespräch zwischen Zahrnt und Lüdemann.
- S. 86: Deuten Sie das Bild im Kontext des Themas Bibel.

## Projekte

- Ein Bibelmuseum/ein Bibelzentrum besuchen (Infos: Deutsche Bibelgesellschaft, Balinger Str. 31, 70567 Stuttgart, 0711/7181253)
- Biblische Motive in der Werbung aufspüren und analysieren; Ausgaben, Bücher und Medien zur Bibel sichten und vorstellen (www.bibelgesellschaft.de)

### Entdeckt, verstanden, gestaltet

**Ich kann** über die Bedeutung der Bibel für den Alltag reflektieren.

**Ich kann** die Bibel als Sammlung von Gotteserfahrungen beschreiben und Gotteserfahrungen mit der Bibel darstellen.

**Ich kenne** verschiedene Methoden, Bibeltexte zu lesen und zu deuten, kann sie benennen, erklären und anwenden.

**Ich kenne** insbesondere die historisch-kritische Methode und kann sie erklären und anwenden.

**Ich kann** den Prozess der Kanonbildung beschreiben.

**Ich kann** die Autorität von Bibel und Koran als heilige Schriften vergleichen und zueinander in Beziehung setzen.

# Jesus von Nazareth – der Christus

## Was bedeutet für Sie

Jesus Christus ist für mich eine von gläubigen Christen erdachte Person, von der ich nicht glaube, dass sie je existierte, was für alle biblischen Personen gilt. Jesus steht für menschliche Ideale, er ist ein Helfer, er opfert sich für andere und stellt andere Personen deutlich vor sich selbst. Durch ihn versucht man, sich Gott vorzustellen und ihm somit näher zu kommen. Jesus ist für mich kein Heiliger, sondern eher eine Person, der man positive Ideale zuschreibt, Ideale, die man selbst versucht anzustreben.

*Simone, 17*

Jesus Christus ist für mich eine interessante Figur. Ein Gott, der für die Menschen stirbt und diese nicht nur beherrschen will, ist eine gute Vorstellung. In anderen Religionen gibt es so etwas nicht. Wenn man also den friedlichen Gottessohn den auf ihr eigenes Wohl bedachten römischen Göttern gegenüberstellt, finde ich Jesus eindeutig den besseren Gott. Ich glaube, dass Jesus ein gutes Vorbild wäre, kann aber nicht wirklich daran glauben, dass er ein Gott ist.

*Jan, 16*

Angeblich soll Jesus Gottes Sohn sein, doch für mich hat er nicht viel Wert. Ich kenne Jesu Geschichte ein wenig, doch ich kann es nicht glauben, dass solche „Wunder" geschehen können, z. B.: Jesus wird von einer Jungfrau geboren. Ich glaube nicht so recht an Gott bzw. Jesus.

*Isabelle, 16*

Nach biblischer Sicht lautet die Bedeutung Jesu: Erlöser für die Sünden der Menschheit. Für mich spielt er jedoch in meinem Glauben keine große Rolle, mein Glaube ist stärker auf Gott selbst zentriert. Obwohl, so kann man es auch deuten: Durch seine Geburt ist Gott in Form eines Kindes zu den Menschen gekommen, um mit ihnen auf einer Ebene zu sein.

*Heiner, 17*

# Jesus Christus?

Mir liegt daran klarzustellen, dass der Mensch Jesus mit der Kunstfigur Christus, die es nur in der Bibel und im Glauben der Christen gibt, nichts zu tun hat. Dieser Aufstieg zur Weltreligion hat weniger mit dem Juden Jesus zu tun, der nicht über Israel hinaus wirken wollte, als mit einem anderen Juden, mit Paulus, der in die Welt hinaus wirken wollte und gewirkt hat. Nicht das steht im Bewusstsein der Welt, was sich einst wirklich ereignete, sondern das, was daraus in den Berichten geworden ist, im Fall Jesus also in den Evangelien. Wir stehen vor einem Triumph der Wirkungsgeschichte über die Geschichte.

*Rudolf Augstein*

Als aber die Zeit erfüllt war, sandte Gott seinen Sohn, geboren von einer Frau und unter das Gesetz getan, damit er die, die unter dem Gesetz waren, erlöste, damit wir die Kindschaft empfingen.

*Gal 4,4f.*

Er, der in göttlicher Gestalt war, entäußerte sich selbst und nahm Knechtsgestalt an, ward den Menschen gleich und der Erscheinung nach als Mensch erkannt. Er erniedrigte sich selbst und ward gehorsam bis zum Tode, ja zum Tode am Kreuz. Darum hat ihn auch Gott erhöht und hat ihm den Namen gegeben, der über alle Namen ist, dass in dem Namen Jesu sich beugen sollen aller derer Knie, die im Himmel und auf Erden und unter der Erde sind, und alle Zungen bekennen sollen, dass Jesus Christus der Herr ist, zur Ehre Gottes, des Vaters.

*Phil 2,6a.7–11*

*Paulus*

„Ich bin der Weg und die Wahrheit und das Leben; niemand kommt zum Vater denn durch mich." (Joh 14,6)
„Wahrlich, wahrlich ich sage euch: Wer nicht zur Tür hineingeht in den Schafstall, sondern steigt anderswo hinein, der ist ein Dieb und ein Mörder. Ich bin die Tür; so jemand durch mich eingeht, der wird selig werden." (Joh 10,1.9)
Jesus Christus, wie er uns in der Heiligen Schrift bezeugt wird, ist das eine Wort Gottes, das wir zu hören, dem wir im Leben und im Sterben zu vertrauen und zu gehorchen haben. Wir verwerfen die falsche Lehre, als könne und müsse die Kirche als Quelle ihrer Verkündigung außer und neben diesem einen Worte Gottes auch noch andere Ereignisse und Mächte, Gestalten und Wahrheiten als Gottes Offenbarung anerkennen.

*Barmer Theologische Erklärung (These 1)*

# Christus-

Unbekannter Künstler, 2. Hälfte 13. Jh.

Matthias Grünewald, 1512–1516

# Bilder

Rembrandt (Harmensz van Rijn), um 1655

Matthias Klemm, 1968

# Jesus

Ananos (der Hohepriester) berief eine Versammlung der Richter und ließ vorführen den Bruder Jesu, des so genannten Christus, Jakobus mit Namen, und einige andere, erhob gegen sie als Gesetzesübertreter eine Anklage und überantwortete sie zur Steinigung.

*Flavius Josephus*

Am Vorabend des Passahfestes hängte man Jesus. 40 Tage vorher hatte der Herold ausgerufen: Er wird zur Steinigung hinausgeführt, weil er Zauberei getrieben und Israel verführt und abtrünnig gemacht hat; wer etwas zu seiner Verteidigung zu sagen hat, der komme und sage es. Da aber nichts zu seiner Verteidigung vorgebracht wurde, so hängte man ihn am Vorabend des Passahfestes.

*Talmud Traktat Sanhedrin 43a*

Mir wurde eine anonyme Klageschrift mit zahlreichen Namen eingereicht. Diejenigen, die leugneten, Christen zu sein oder gewesen zu sein, glaubte ich freilassen zu müssen, da sie nach einer von mir vorgesprochenen Formel unsere Götter anriefen und vor Deinem Bild, das ich zu diesem Zweck zusammen mit den Statuen der Götter hatte bringen lassen, mit Weihrauch und Wein opferten, außerdem Christus fluchten. Andere, die der Denunziant genannt hatte, gaben zunächst zu, Christen zu sein, widerriefen es dann aber. Sie versicherten, ihre ganze Schuld oder ihr ganzer Irrtum habe darin bestanden, dass sie sich regelmäßig an einem bestimmten Tag vor Sonnenaufgang versammelt und Christus als ihrem Gott im Wechsel Lob gesungen hätten; durch ihr Gelübde hätten sie sich nicht etwa zu irgendwelchen Verbrechen verpflichtet, sondern dazu, keinen Diebstahl, Raubüberfall oder Ehebruch zu begehen, ein gegebenes Wort nicht zu brechen und eine angemahnte Schuld nicht abzuleugnen.

*C. Plinius an Kaiser Trajan*

Daher schob Nero, um dem Gerede ein Ende zu machen, andere als Schuldige vor und belegte die mit den ausgesuchtesten Strafen, die, wegen ihrer Schandtaten verhasst, vom Volk Chrestianer genannt wurden. Der Mann, von dem sich dieser Name herleitet, Christus, war unter der Herrschaft des Tiberius auf Veranlassung des Prokurators Pontius Pilatus hingerichtet worden.

*P. Cornelius Tacitus*

# Christus

Nachdem aber Johannes gefangen gesetzt war, kam Jesus nach Galiläa und predigte das Evangelium Gottes und sprach: Die Zeit ist erfüllt und das Reich Gottes ist herbeigekommen. Tut Buße und glaubt an das Evangelium!

Und nach einigen Tagen ging er wieder nach Kapernaum; und es wurde bekannt, dass er im Hause war. Und es versammelten sich viele, sodass sie nicht Raum hatten, auch nicht draußen vor der Tür; und er sagte ihnen das Wort. Und es kamen einige zu ihm, die brachten einen Gelähmten, von vieren getragen. Und da sie ihn nicht zu ihm bringen konnten wegen der Menge, deckten sie das Dach auf, wo er war, machten ein Loch und ließen das Bett herunter, auf dem der Gelähmte lag. Als nun Jesus ihren Glauben sah, sprach er zu dem Gelähmten: Mein Sohn, deine Sünden sind dir vergeben. Es saßen da aber einige Schriftgelehrte und dachten in ihren Herzen: Wie redet der so? Er lästert Gott! Wer kann Sünden vergeben als Gott allein? Und Jesus erkannte sogleich in seinem Geist, dass sie so bei sich selbst dachten, und sprach zu ihnen: Was denkt ihr solches in euren Herzen? Was ist leichter, zu dem Gelähmten zu sagen: Dir sind deine Sünden vergeben, oder zu sagen: Steh auf, nimm dein Bett und geh umher? Damit ihr aber wisst, dass der Menschensohn Vollmacht hat, Sünden zu vergeben auf Erden – sprach er zu dem Gelähmten: Ich sage dir, steh auf, nimm dein Bett und geh heim! Und er stand auf, nahm sein Bett und ging alsbald hinaus vor aller Augen, sodass sie sich alle entsetzten und Gott priesen und sprachen: Wir haben so etwas noch nie gesehen.

Und es begab sich, dass er am Sabbat durch ein Kornfeld ging, und seine Jünger fingen an, während sie gingen, Ähren auszuraufen. Und die Pharisäer sprachen zu ihm: Sieh doch! Warum tun deine Jünger am Sabbat, was nicht erlaubt ist? Und er sprach zu ihnen: Habt ihr nie gelesen, was David tat, als er in Not war und ihn hungerte, ihn und die bei ihm waren: wie er ging in das Haus Gottes zur Zeit Abjatars, des Hohenpriesters, und aß die Schaubrote, die niemand essen darf als die Priester, und gab sie auch denen, die bei ihm waren? Und er sprach zu ihnen: Der Sabbat ist um des Menschen willen gemacht und nicht der Mensch um des Sabbats willen. So ist der Menschensohn ein Herr auch über den Sabbat.

*Mk 1,14f. 2,1-12.23-28*

# Geboren von der Jungfrau Maria!?

Eugen Drewermann

*Wurde Jesus von einer Jungfrau geboren? Der Paderborner Erzbischof Degenhardt wirft Ihnen vor, diese Frage zu verneinen.*

Die Jungfrauengeburt ist nicht als historisches Ereignis aus den Texten des Neuen Testaments zu begründen, sie ist nicht als biologisches Ereignis zu verstehen.

*Jesus hat also einen leiblichen Vater gehabt?*

Ja. Jesus ist als Mensch gezeugt und geboren wie jeder andere Mensch auch. Ungewöhnlich war nicht seine Geburt, sondern sein Leben. Um dies zu deuten, haben die ersten Christen die Bilder von der Jungfrauengeburt benutzt, die auf altorientalische Königsvorstellungen zurückgehen. Die Geburtsgeschichten Jesu bei Matthäus und Lukas sind mythennahe Legenden, keine historischen Berichte. Die Vergleiche mit anderen Religionen zeigen, dass bestimmte Sehnsüchte, Verhaltensformen, Riten sich gleichen. Daraus schließe ich, dass es offensichtlich eine gemeinsame, allen Menschen verständliche Sprache im Unbewussten gibt. Ich nenne es eine Sprache der Bilder. Diese Sprache darf nicht dadurch abgeschafft werden, dass man die Bibel „entmythologisiert". Man muss in Bildern denken können, um die Botschaft Jesu zu begreifen. Wer die Bilder der Religion nicht mehr versteht, der versteht die Religion nicht mehr.

*Wie passt es zusammen, dass Geschichten im historischen Sinn falsch, aber trotzdem wahr sind?*

Ich will eine Antwort geben, die mit Theologie nichts zu tun hat. Picasso wurde mal gefragt, warum er Menschen so eigentümlich male, dass sie ganz anders aussehen als in Wirklichkeit. Seine Antwort war: Kein Mensch könne behaupten, dass Kunst Wahrheit sei. Die Kunst sei Lüge. Aber es sei eine Art von Lüge, die uns helfe, die Wahrheit zu verstehen.

*Soll heißen, die Religion ...*

... erschließt dem Menschen mit Hilfe ihrer Bilder eine Welt, die sich mit Worten allein nicht öffnen lässt.

*Eugen Drewermann* in einem Interview

# Brief an Jesus

Lieber Herr Jesus, so habe ich dich seit meiner Kindheit angeredet und es beim Tischgebet („Komm, Herr Jesus, sei unser Gast ...") jahrelang gesagt. Ein anderes Gebet („Herr Jesus, du Sohn des lebendigen Gottes, erbarme dich meiner!") habe ich am Abend wie eine magische Formel immer wieder gesprochen, obwohl ich gar nicht mehr wusste, was ich da eigentlich tat. Dieses Beten zu dir als dem Herrn Jesus hat sich aus Gründen der Gewohnheit, Gedankenlosigkeit und Angst auch noch in späteren Zeiten fortgesetzt, obwohl ich schon seit langem wusste, dass du ganz anders warst, als es mir von meinen Eltern, meinen Lehrern und meinem Pastor nahegebracht wurde. Du bist mir als Person, die ich anreden kann, nämlich ganz fremd geworden. Denn das allermeiste, was du der Bibel zufolge gesagt bzw. getan hast, hast du gar nicht gesagt und getan. Außerdem bist du gar nicht der, als den dich Bibel und kirchliche Tradition darstellen. Du warst nicht ohne Sünde und bist nicht Gottes Sohn. Du wolltest überhaupt nicht für die Sünden der Welt sterben. Du warst ganz anders. Du hast wie ein Magier Dämonen ausgetrieben und darin die Ankunft des Reiches Gottes geschaut. Du erwartetest in naher Zukunft den Zusammenbruch der ganzen Welt, die dem neuen Reich Gottes endgültig Platz machen sollte. Einstweilen führtest du mit deinen Anhängern ein unstetes Wanderleben im Dienste des Gottesreiches und lehrtest einen grandiosen Verhaltenskodex, der das mosaische Gesetz im Lichte der Liebe interpretiert und damit die besten Traditionen Israels verkörpert. Dazu gehören deine ethischen Maximen, die auch den Feind in die Liebe einschließen, und deine tollkühnen Gleichnisse. Du hast das zukünftige Reich Gottes verkündigt, gekommen aber ist die Kirche. Du hast dich getäuscht, und deine Botschaft ist von deinen Anhängern zu ihren eigenen Gunsten gegen die historische Wahrheit verfälscht worden. Deine Lehre war ein Irrtum, denn das messianische Reich ist ausgeblieben. So, Herr Jesus, Schluss mit all dem. Ich halte die total verfahrene Lage von Theologie, Kirche und Bibel nicht mehr aus. Bleibe du dort, wo du bist, im Galiläa des ersten Jahrhunderts. Dann bist du wieder viel glaubwürdiger als charismatischer Exorzist und Lehrer von Rang, und wir können dann wieder in ein normales Verhältnis zu dir treten, wie wir es zu anderen maßgeblichen Menschen der Antike, wie Buddha, Konfuzius und Sokrates, auch haben. Deine Überhöhung jenseits aller menschlichen Möglichkeiten war zu viel und entspringt maßlosen Unsterblichkeitsphantasien und Sehnsüchten, die nun auf den Boden der Realität zurückgebracht werden müssen.

Gerd Lüdemann

*Gerd Lüdemann*

# Jesus

Marc Chagall, 1942

# in anderen Religionen

*Eure Heiligkeit, für Christen ist Jesus der Messias, der von Gott Gesandte. Hat eine solche Aussage für Sie als Buddhist eine Bedeutung?*
Ja, auch Buddhisten glauben, dass bestimmte Lehrer zu einem bestimmten Zeitpunkt erscheinen, um allen fühlenden Wesen zu helfen. Buddha sehen wir als ein höheres Wesen an. So betrachten wir auch alle anderen Lehrer, wie Jesus Christus, als eine Art höheres Wesen.

*Wenn Sie Jesus und Buddha zueinander in Beziehung setzen, sehen Sie Ähnlichkeiten zwischen diesen zwei großen Figuren der Weltreligionen?*
Ja, sicher gibt es Ähnlichkeiten. Eine Gemeinsamkeit sehe ich persönlich darin, dass beide Leiden und große Mühen auf sich genommen haben, um anderen zu helfen. Die zentrale Botschaft von beiden ist Toleranz und Mitgefühl. Ferner waren sowohl Buddha als auch Jesus zu ihrer Zeit eine Art von Revolutionär. Sie haben neue Ideen entwickelt über die grundlegenden menschlichen Werte.

*Christen sagen: Jesus Christus, der Messias, ist Gottes Sohn. In ihm ist Gott Mensch geworden. Ist für Sie Siddharta Gautama Buddha, der rund 500 Jahre früher lebte, auch ein göttliches Wesen?*
Hier müssen wir etwas tiefer gehen, denn die Sache ist nicht ganz einfach. Ein Punkt ist der, dass es im Buddhismus die Idee von einem Schöpfer nicht gibt. Es gibt aber die Idee von Buddha, der auf Grund seines eigenen Strebens die Erleuchtung erlangt hat. Er gilt sowohl als ein höheres Wesen wie auch als vollständig erleuchtet. Als solcher besitzt er die Fähigkeit, anderen zu helfen, und hat in unbegrenztem Maß Weisheit und Mitgefühl. Im Allgemeinen glauben die Buddhisten, dass Buddha am Anfang nur ein gewöhnlicher Mensch war. Dann wurde er auf Grund seines eigenen Strebens erleuchtet.

*Jesus nannte Gott seinen „Vater" und verglich ihn mit einem Hirten, der die Menschen wie Schafe weidet. Können Sie als Buddhist mit einem solchen Gottesverständnis, das so persönlich und so menschlich ist, etwas anfangen?*
Aus buddhistischer Sicht betrachten wir den Buddha ja als Lehrer und nicht als Schöpfer. Zudem gibt es unzählige Buddhas. Was aber das persönliche Gottesverständnis angeht, das Sie angesprochen haben, gibt es die Möglichkeit einer engen persönlichen Beziehung zu einem ganz bestimmten unter den verschiedenen Buddhas, die auf Grund von karmischen Bedingungen entstanden sein kann.

Der *Dalai Lama* im Gespräch mit *Erwin Koller*

# Der unverzichtbare Jesus

Jeder Mensch macht Erfahrungen mit der Wirklichkeit, die wir Gott nennen. In der Regel sind das Erfahrungen des Schreckens oder der Rettung. In, mit und unter dem Geschick, das uns persönlich trifft, fällt uns die Frage an, was das zu bedeuten hat. Wir sind heute schnell bei den technischen Fragen. Überlegen, wodurch kam das so und nicht anders. Wir verdrängen in unserer Kultur die Frage nach Gott ständig. Wir müssen nach Gott, zumindest so etwas wie Gott fragen. Dabei stoßen wir freilich in unserer Natur und Geschichte auf unglaublich Staunenswertes und unglaublich Unverständliches. Luther sagt: Gott, wie wir ihn hier im Guten wie im Bösen erleben, ist immer der deus absconditus, der verborgene Gott. Wir können ihn kaum je entschlüsseln. Luther sagt auch: Wer den Gott, der uns durch Jesus vertraut geworden ist, nicht glaubt, der holt sich in jedem Falle einen Ersatzgott oder eine Ersatzreligiosität. Jeder Mensch lebt mit einer Vorstellung, wie der Grund seines Seins, wie Gott es mit ihm meint. Niemand kann mit dem verborgenen Gott leben. Jeder Mensch hat seinen deus revelatus, seinen offenbaren Gott, den er erhofft oder sich zurechtlegt. Das heißt, mein Geschick, das, was mir geschickt wird, das, was mir zustößt in dem Gemisch von eigenem Tun und Glück oder Unglück, hat eine Linie, ich erkenne darin, hoffe darin zu erkennen Gottes Absicht. Christen leben in der Erfahrung, die durch den Menschen Jesus von Nazareth in unserer Welt aufgetaucht ist. Er hat als einer, der aus dem Volk Israel herkommt, gegenüber der Erfahrung des verborgenen Gottes den offenbaren, den liebenden, den Menschen zugewandten Gott vertreten. Er hat den Elenden gegenüber, die sich von Gott verlassen vorkamen, den liebenden Gott gelebt. Er ist als Ereignung des wahren Gottes aufgetreten. Dann ist er selbst unter die Räder gekommen. Wird gekreuzigt. Schreit am Kreuz selbst: Mein Gott, mein Gott, warum hast du mich verlassen? Das war eine schwere Glaubenskrise für seine Anhänger. Sie haben ihn dann zu Ostern als von Gott her lebendigen Gekreuzigten in besonderen Visionen gesehen. Das hat ihnen klar gemacht: Gott hatte den Jesus am Kreuz nicht verlassen. Seither ist das Kreuz im österlichen Licht das Grundsymbol der Christenheit. Es besagt, selbst wenn du Gott nicht verstehst, dir von ihm verlassen vorkommst, er ist als der Liebende da. Was bringt das? Es bedeutet, dass die, die sich darauf verlassen können, weniger Angst um sich selbst haben müssen. Sie haben eine Hoffnung, die über den Tod hinausgeht. Sie haben den Kopf und die Hände freier für ihre Nächsten. Sie wissen, dass ihr Versagen, ihre Schuld, ihr Unglück, aber auch ihr Glück und ihre Erfolge in diesem Jesus von Nazareth ein für alle Mal aufgehoben sind.

*Horst Hirschler*

# Aufgaben

- S. 89: Beschreiben Sie Assoziationen, die das Buchcover bzw. hier das Einstiegsbild in das Jesus-Kapitel in Ihnen wecken. – Erörtern Sie, mit welcher Absicht das Bild so gestaltet sein könnte. – Recherchieren Sie Internet-Angebote zu „Jesus Christus"; stellen Sie eine besonders interessante Seite vor.
- S. 90/91: Wählen Sie eines der Statements aus und erläutern Sie es. Machen Sie deutlich, wie weit Sie sich anschließen oder worin Sie widersprechen würden. – Informieren Sie sich über den historischen Hintergrund der Barmer Theologischen Erklärung.
- S. 92/93: Wählen Sie ein Bild aus, das Sie besonders anspricht, beschreiben und deuten Sie es und geben Sie ihm einen entsprechenden Titel. Verfassen Sie dazu einen kurzen Text (Kommentar oder Anrede an Jesus). – In der Gesamtschau: Formulieren Sie einen zusammenfassenden Befund.
- S. 94: Formulieren Sie auf der Grundlage dieser Texte einen Artikel für ein Geschichtsbuch. – Ermitteln Sie die Haltung der Autoren gegenüber den Christen/dem Christentum.
- S. 95: Gestalten Sie die Wundererzählung Mk 2,1–12 als Standbild. – Sammeln Sie Informationen über Gruppen zur Zeit Jesu: Schriftgelehrte, Pharisäer, Sadduzäer, Zeloten, Essener. – Laut Markus hat Jesus sich als „Menschensohn" bezeichnet; recherchieren Sie die Verwendung dieses Würdenamens und anderer Hoheitstitel Jesu. – Informieren Sie sich über die Leben-Jesu-Forschung.
- S. 96: Verfassen Sie einen Zeitungsartikel: Drewermann über die Jungfrauengeburt. Formulieren Sie dazu eine zugkräftige Überschrift. – Stellen Sie den neutestamentlichen Befund zur Frage der Jungfrauengeburt dar und überprüfen Sie, ob sich von daher die Position Drewermanns stützen lässt. – Diskutieren Sie, ob heute noch ein „aufgeklärter" Christ die im Glaubensbekenntnis formulierte Aussage „geboren von der Jungfrau Maria" mitsprechen kann. – Charakterisieren Sie Drewermanns Umgang mit der Bibel.
- S. 97: Erläutern Sie, welche Erfahrungen den Verfasser zu diesem Brief veranlasst haben könnten und mit welcher Intention er diesen Brief veröffentlicht hat. – Formulieren Sie einen Brief an Lüdemann mit Ihrer Stellungnahme zu seinen Gedanken.
- S. 98: Vergleichen Sie das Bild mit den Christus-Darstellungen auf S. 92/93. – Formulieren Sie einen Text aus der Sicht des Künstlers, der seine Deutung Jesu beinhaltet.

- S. 98f.: Vergleichen Sie die Deutung Jesu des Dalai Lama mit der Marc Chagalls. – Zeigen Sie Konsequenzen auf, die die Gedanken des Dalai Lama für den Dialog zwischen Christen und Buddhisten haben könnten.
- S. 99: Der „unverzichtbare" Jesus – erläutern Sie, wie der Verfasser dieses Attribut versteht. – Setzen Sie die Aussagen Hirschlers in Beziehung zu den Materialien des Kapitels.

## Projekte

- Christus-Symbole sammeln und deuten
- Einen Jesus-Film vorstellen
- Einen Gottesdienst besuchen und analysieren, wie in Liturgie und Predigt von Jesus Christus gesprochen wird
- Für ein modernes Glaubensbekenntnis den Artikel über Jesus Christus formulieren (zu zweit und aus allen Ergebnissen eine Collage gestalten)

## Entdeckt, verstanden, gestaltet

Ich kenne außerbiblische Quellen zu Leben bzw. Tod Jesu und kann ihren historischen Wert beurteilen.

Ich kann die Textgattung „Evangelium" charakterisieren und Evangelientexte als Glaubenszeugnisse deuten.

Ich kann zwischen historischem Jesus und kerygmatischem Christus unterscheiden.

Ich kenne verschiedene Weisen, Jesus-Texte zu lesen und zu deuten, und kann ein wörtliches Bibelverständnis hinterfragen.

Ich kann mit Juden und Buddhisten über den Christus-Glauben sprechen und den christlichen Standpunkt erläutern.

Ich habe mich mit Jesus- und Christus-Deutungen auseinandergesetzt und suche meinen eigenen Zugang.

# Zur Freiheit befreit!?

Wolfgang Lettl, 1985

# Ich will dich

Freiheit
ich will dich
aufrauhen mit Schmirgelpapier
du geleckte

> (die ich meine
> meine
> unsere
> Freiheit von und zu)
> Modefratz

Du wirst geleckt
mit Zungenspitzen
bis du ganz rund bist
Kugel
auf allen Tüchern

> Freiheit Wort
> das ich aufrauhen will
> ich will dich mit Glassplittern spicken
> dass man dich schwer auf die Zunge nimmt
> und du niemandes Ball bist

Dich
und andere
Worte möchte ich mit Glassplittern spicken
wie Konfuzius befiehlt
der alte Chinese

> Die Eckenschale sagt er
> muss
> Ecken haben
> sagt er
> Oder der Staat geht zugrunde

Nichts weiter sagt er
ist vonnöten
Nennt
das Runde rund
und das Eckige eckig.

*Hilde Domin*

IFA Bilderteam

# Zur Freiheit geschaffen

Schon hatte der höchste Vater und Schöpfergott dieses Haus der Welt, das wir hier sehen, den hocherhabenen Tempel seiner Göttlichkeit nach den Gesetzen geheimer Weisheit kunstvoll errichtet. Die Gegend oberhalb des Himmels hatte er mit Geistern ausgestattet, des Himmels Sphären mit unsterblichen Seelen belebt und die schmutzigen und unreinen Bereiche der unteren Welt mit einer Schar von Lebewesen aller Art gefüllt. Doch als das Werk vollendet war, da wünschte sein Erbauer, es sollte jemanden geben, der imstande wäre, die Einrichtung des großen Werkes zu beurteilen, seine Schönheit zu lieben, seine Größe zu bewundern. Deswegen dachte er, als alles schon vollendet war (wie Moses und Timaios es bezeugen), zuletzt daran, den Menschen zu erschaffen. Doch gab es unter den Urbildern keines, wonach er den neuen Sprössling hätte formen können, auch fand sich in den Schatzkammern nichts, das er dem neuen Sohn als Erbgut hätte schenken können, und nirgends auf der ganzen Welt gab es noch einen Platz, auf dem dieser Betrachter des Universums sitzen konnte. Schon voll besetzt war alles und alles an die obersten, die mittleren und untersten Rangordnungen verteilt. Es hätte aber nicht für eines Vaters Schöpferkraft gesprochen, wenn diese bei ihrer letzten Zeugung gleichsam erschöpft versagte, es hätte auch der Weisheit nicht entsprochen, aus Mangel an Entschlusskraft bei etwas Notwendigem geschwankt zu haben, auch nicht wohltätiger Liebe, wenn der, der göttliche Freigebigkeit bei anderen loben sollte, gezwungen würde, sie bei sich selbst als unzulänglich zu verwerfen. (...) Also nahm er den Menschen hin als Schöpfung eines Gebildes ohne besondere Eigenart, stellte ihn in den Mittelpunkt der Welt und redete ihn so an: „Keinen Platz habe ich dir zugewiesen, auch keine bestimmte äußere Erscheinung und auch nicht irgendeine besondere Gabe habe ich dir verliehen, Adam, damit du den Platz, das Aussehen und alle die Gaben, die du dir selber wünscht, nach deinem eigenen Willen und Entschluss erhalten und besitzen kannst. Die fest umrissene Natur der übrigen Geschöpfe entfaltet sich nur innerhalb der von mir vorgeschriebenen Gesetze. Du wirst von allen Einschränkungen frei nach deinem eigenen freien Willen, dem ich dich überlassen habe, dir selbst deine Natur bestimmen. In die Mitte der Welt habe ich dich gestellt, damit du von da aus bequemer alles ringsum betrachten kannst, was es auf der Welt gibt. Weder als einen Himmlischen noch als einen Irdischen habe ich dich geschaffen und weder sterblich noch unsterblich dich gemacht, damit du wie ein Former und Bildner deiner selbst nach eigenem Belieben und aus eigener Macht zu der Gestalt dich ausbilden kannst, die du bevorzugst. Du kannst nach unten hin ins Tierische entarten, du kannst aus eigenem Willen wiedergeboren werden nach oben in das Göttliche."

*Giovanni Pico della Mirandola*

# Zur Freiheit befreit

```
              FREI
              HEIT
              FREI
              HEIT
              FREI
              HEIT
FREIFREIFREI        FREIFREIFREI
HEITHEITHEIT        HEITHEITHEIT
              FREI
              HEIT
              FREI
              HEIT
              FREI
              HEIT
              FREI
              HEIT
              FREI
              HEIT
```

Gnade sei mit euch und Friede von Gott, unserem Vater, und dem Herrn Jesus Christus. Mich wundert, dass ihr euch so bald abwenden lasst von dem, der euch berufen hat in die Gnade Christi, zu einem andern Evangelium, obwohl es doch kein andres gibt; nur dass einige da sind, die euch verwirren und wollen das Evangelium Christi verkehren. Wir wissen, dass der Mensch durch Werke des Gesetzes nicht gerecht wird, sondern durch den Glauben an Jesus Christus.

Ich lebe, doch nun nicht ich, sondern Christus lebt in mir. Denn was ich jetzt lebe im Fleisch, das lebe ich im Glauben an den Sohn Gottes, der mich geliebt hat und sich selbst für mich dahingegeben. Ich werfe nicht weg die Gnade Gottes; denn wenn die Gerechtigkeit durch das Gesetz kommt, so ist Christus vergeblich gestorben.

Zur Freiheit hat uns Christus befreit! So steht nun fest und lasst euch nicht wieder das Joch der Knechtschaft auflegen! Siehe, ich, Paulus, sage euch: Wenn ihr euch beschneiden lasst, so wird euch Christus nichts nützen. Ich bezeuge abermals einem jeden, der sich beschneiden lässt, dass er das ganze Gesetz zu tun schuldig ist. Ihr habt Christus verloren, die ihr durch das Gesetz gerecht werden wollt, und seid aus der Gnade gefallen. Denn wir warten im Geist durch den Glauben auf die Gerechtigkeit, auf die man hoffen muss. Denn in Christus Jesus gilt weder Beschneidung noch Unbeschnittensein etwas, sondern der Glaube, der durch die Liebe tätig ist. Ihr aber, liebe Brüder, seid zur Freiheit berufen. Allein seht zu, dass ihr durch die Freiheit nicht dem Fleisch Raum gebt; sondern durch die Liebe diene einer dem andern. Denn das ganze Gesetz ist in einem Wort erfüllt, in dem: „Liebe deinen Nächsten wie dich selbst!" Lebt im Geist, so werdet ihr die Begierden des Fleisches nicht vollbringen. Denn das Fleisch begehrt auf gegen den Geist und der Geist gegen das Fleisch; die sind gegeneinander, so dass ihr nicht tut, was ihr wollt. Regiert euch aber der Geist, so seid ihr nicht unter dem Gesetz.

Denn in Christus Jesus gilt weder Beschneidung noch Unbeschnittensein etwas, sondern eine neue Kreatur. Und alle, die sich nach diesem Maßstab richten – Friede und Barmherzigkeit über sie und über das Israel Gottes! Die Gnade unseres Herrn Jesus Christus sei mit eurem Geist, liebe Brüder! Amen.

*Paulus, Galaterbrief 1,3.6f.; 2,16.20f.; 5,1–6.13f.16–18; 6,15f.18*

## Der Christ – ein freier Mensch?

**Jhesus.**
**Zum erſten. Das wir grundlich**
múgen erkennen / was eyn Chriſten menſch ſey / vñ wie es gethā ſey / vmb die freyheyt / die yhm Chriſtus erworben vñ geben hatt / dauon S. Paulus viel ſchreybt / will ich ſetzen / dyße zween beſchluß.

Eyn Chriſten menſch iſt eyn freyer herr / über alle ding / vnd niemandt vnterthan.

Eyn Chriſten menſch iſt eyn dienſtpar knecht aller ding vnd yderman vnterthan.

Diße zween beſchlúß ſeynd klerlich ſanct Paulus. 1. Cor. 12. Ich byn frey yn allen dingen / vñ hab mich eynß ydermā knecht gemacht. Jtē Ro. 13. Jhr ſolt niemand ettwz vorpflichtet ſeyn / den dz yr euch vnternāder liebet. Lieb aber / die iſt / dienſtpar / uñ vnterthan dem das ſie lieb hatt. Alßo auch von Chriſto Gal. 4. Gott hatt ſeynen ßon außgeſandt / von eynem weyb geporen vnd dem geſetz vnterthan gemacht.

Martin Luther

# Befreiender Atheismus?

„Es gibt keinen Gott, und der Mensch ist sein Prophet!", entgegnete Niels bitter, doch zugleich traurig.

„Ja, nicht wahr?", spottete Hjerrild und sagte bald darauf: „Der Atheismus ist doch grenzenlos nüchtern und sein Ziel ist doch zu guter Letzt nichts anderes als eine Menschheit ohne alle Illusionen. Der Glaube an einen alles lenkenden, richtenden Gott ist der Menschheit letzte große Illusion, und wenn sie den verliert, was hat sie dann? Klüger ist sie geworden; aber ob reicher, glücklicher? Das sehe ich nicht ein."

Niels Lyhne unterbrach ihn: „Aber begreifen Sie denn nicht, dass an dem Tage, an dem die Menschheit frei aufjubeln kann: Es gibt keinen Gott! – wie mit einem Zauberschlage ein neuer Himmel und eine neue Erde entstehen würden? Erst dann wird der Himmel der freie, unendliche Raum, anstatt ein drohendes Späherauge zu sein. Erst dann wird die Erde unser und werden wir der Erde eigen sein, wenn jene dunkle Welt der Seligkeit und der Verdammnis wie eine Luftblase geplatzt sein wird. Die Erde wird unser wahres Vaterland, unseres Herzens Heimat sein, wo wir nicht wie fremde Gäste eine armselige Spanne Zeit, sondern alle unsere Zeit zubringen werden. Und welche Intensität wird es dem Leben verleihen, wenn alles darin Raum finden und nichts nach außen hin verlegt werden wird. Der ungeheure Liebesstrom, der jetzt zu jenem Gott emporsteigt, an den man glaubt, wird, wenn der Himmel leer ist, sich über die ganze Erde ergießen, wird alle die schönen, menschlichen Eigenschaften und Fähigkeiten liebend auslösen, die wir potenziert und mit denen wir die Gottheit geschmückt haben, um sie unserer Liebe würdig zu machen. Güte, Gerechtigkeit, Weisheit, wer vermag sie alle zu nennen? Begreifen Sie nicht, welchen Adel es der Menschheit verleihen wird, wenn sie in voller Freiheit ihr Leben leben und ihren Tod sterben kann, ohne Furcht vor der Hölle und ohne Hoffnung auf das Himmelreich, aber sich selber fürchtend und auf sich selber hoffend? Wie wird das Gewissen wachsen und welche Festigkeit wird es geben, wenn tatenlose Reue und Demut nichts mehr sühnen können und wenn keine andere Vergebung möglich ist, als das Böse, das man mit Bösem verbrochen hat, durch das Gute gut zu machen."

„Sie müssen einen wunderbaren Glauben an die Menschheit haben; der Atheismus wird ja noch größere Forderungen an sie stellen als das Christentum."

„Natürlich!"

„Natürlich; aber wo wollen Sie alle die starken Individuen hernehmen, deren Sie bedürfen, um Ihre atheistische Menschheit zusammenzusetzen?"

*Jens Peter Jacobsen*

# Wer bin ich?

Wer bin ich? Sie sagen mir oft,
ich träte aus meiner Zelle
gelassen und heiter und fest
wie ein Gutsherr aus seinem Schloss.

Wer bin ich? Sie sagen mir oft,
ich spräche mit meinen Bewachern
frei und freundlich und klar,
als hätte ich zu gebieten.

Wer bin ich? Sie sagen mir auch,
ich trüge die Tage des Unglücks
gleichmütig, lächelnd und stolz,
wie einer, der Siegen gewohnt ist.

Bin ich das wirklich, was andere von mir sagen?
Oder bin ich nur das, was ich selbst von mir weiß?
Unruhig, sehnsüchtig, krank, wie ein Vogel im Käfig,
ringend nach Lebensatem, als würgte mir einer die Kehle,
hungernd nach Farben, nach Blumen, nach Vogelstimmen,
dürstend nach guten Worten, nach menschlicher Nähe,
zitternd vor Zorn über Willkür und kleinlichste Kränkung,
umgetrieben vom Warten auf große Dinge,
ohnmächtig bangend um Freunde in endloser Ferne,
müde und leer zum Beten, zum Denken, zum Schaffen,
matt und bereit, von allem Abschied zu nehmen?

Wer bin ich? Der oder jener?
Bin ich denn heute dieser und morgen ein andrer?
Bin ich beides zugleich? Vor Menschen ein Heuchler
und vor mir selbst ein verächtlich wehleidiger Schwächling?
Oder gleicht, was in mir ist, dem geschlagenen Heer,
das in Unordnung weicht vor schon gewonnenem Sieg?
Wer bin ich? Einsames Fragen treibt mit mir Spott.
Wer ich auch bin, Du kennst mich, Dein bin ich, o Gott!

*Dietrich Bonhoeffer*

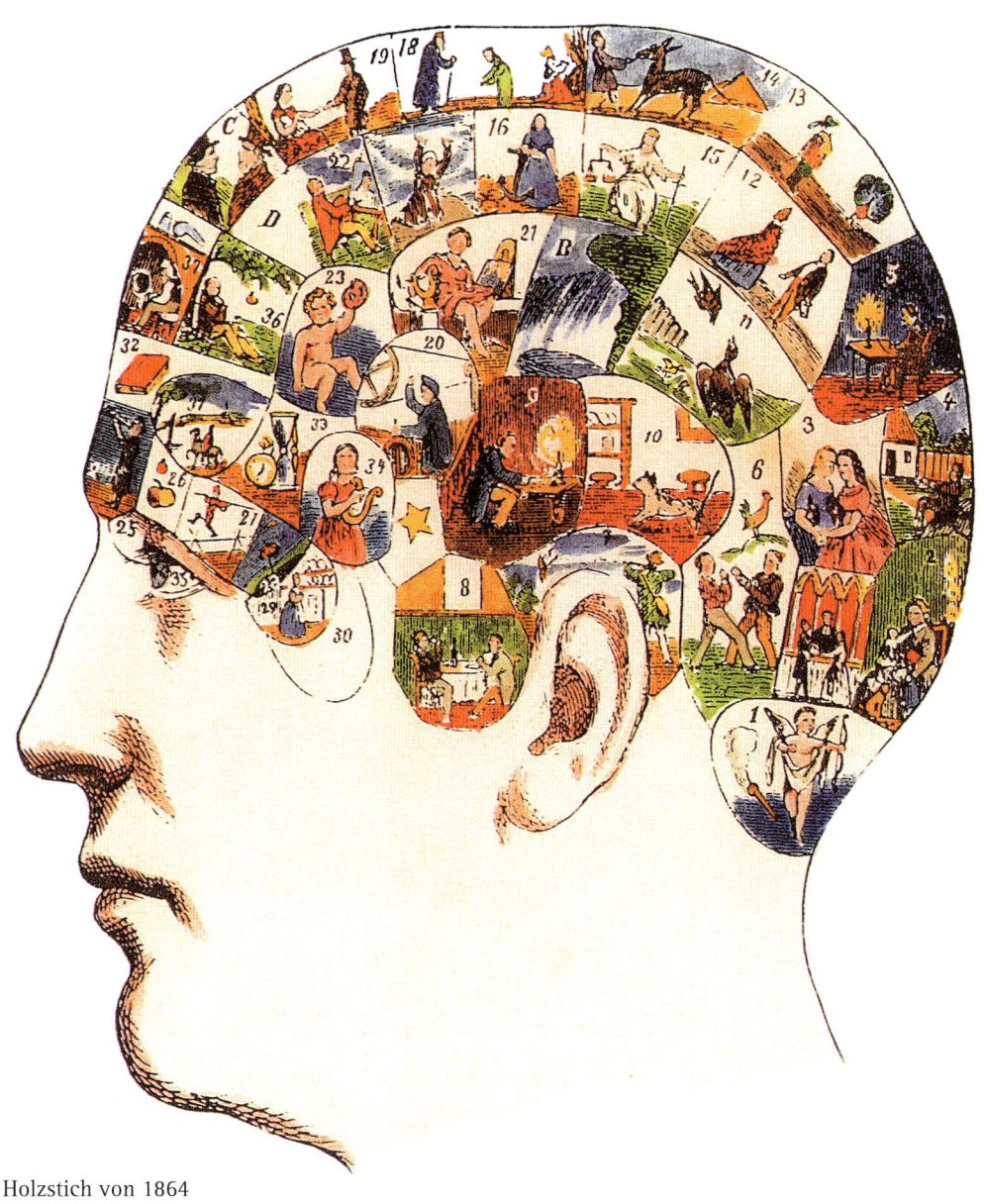

Holzstich von 1864

# Freiheit der Tat?

Wie kann jemand für seine Handlungen verantwortlich sein, da diese doch aus einem Charakter entspringen, der durch Faktoren geprägt, geformt und zu dem, was er ist, gemacht worden ist, durch Faktoren, die er nicht selbst gemacht und die er sich nicht selbst ausgesucht hat? Nehmen wir als Beispiel einen Kriminellen, der mehrere Menschen erwürgt hat und nun dazu verurteilt ist auf dem elektrischen Stuhl zu sterben. Doch nun erfahren wir, wie es zu allem gekommen ist: Wir erfahren von Eltern, die ihn vom Säuglingsalter an ablehnten, von einer Kindheit, die er in einem Heim nach dem andern verbrachte, in denen es ihm stets wieder klar wurde, dass er nicht erwünscht war: von dem stets wieder enttäuschten Wunsch geliebt zu werden, von der harten Schale von Gleichgültigkeit und Bitterkeit, die er sich zulegte, um die schmerzliche und demütigende Tatsache des Unerwünschtseins zu verbergen, und seinen späteren Versuchen, die Wunden seines zerbrochenen Ichs durch defensive Aggressivität zu heilen.

Der unglückliche Geschädigte ist sich der inneren Triebkräfte, die ihm diesen grausigen Tribut abverlangen, nicht bewusst; er wehrt sich, er schwelgt in Pseudo-Aggressivität, er fühlt sich elend, aber er weiß nicht, was sich in seinem Innern abspielt und die Katastrophe des Verbrechens vorbereitet. Seine aggressiven Taten sind das Zappeln eines Wurmes an der Angel.

Sobald uns Tatsachen wie diese bekannt sind, fühlen wir uns weniger versucht den Kriminellen für sein Verbrechen verantwortlich zu machen; und wir neigen dazu, ihn zu entlasten – nicht rechtlich (denn wir sperren ihn weiterhin ins Gefängnis), sondern moralisch; wir betrachten ihn nicht mehr als ein sittliches Monstrum und machen ihn für das, was er getan hat, nicht mehr persönlich verantwortlich. Es ist zu beobachten, dass wir desto eher geneigt sind, einen Menschen von Verantwortung freizusprechen, je gründlicher und genauer wir die Kausalfaktoren kennen, die ihn dazu bringen, sich so zu verhalten, wie er sich verhält.

Ebenso wenig wie das neurotische hat das normale Individuum den Charakter, der es zu dem macht, was es ist, selbst verursacht. Und wenn sich, anders als beim Neurotiker, sein Verhalten auch durch Überlegung und Einsicht ändern lässt, und wenn er genug Willenskraft besitzt, um die Effekte einer ungünstigen frühkindlichen Umwelt zu kompensieren, wenn er über Energien verfügt, die sich zu konstruktiven Zwecken mobilisieren lassen, dann ist das nicht sein Verdienst, denn auch dies ist ein Teil seines psychischen Erbes. Diejenigen, die die nötigen Voraussetzungen mitbringen, haben Glück gehabt.

*John Hospers*

# Die neue Freiheit

Bei all ihren negativen Aspekten beseitigte die industrielle Revolution jedoch unendlich mehr Leiden, als sie verursachte. Nicht anders bringt heute die Digitalisierung mit dem ökonomischen auch einen Humanisierungsschub. Zentral ist die Reindividualisierung des Alltags. Sie strebt nach Aufhebung der Vermassung, die bereits Goethe in den „Eisenbahnen, Schnellposten, Dampfschiffen und allen möglichen Facilitäten der Comunication" befürchtete. Denn die industriellen Großtechnologien stießen nicht nur standardisierte Massenwaren aus, sie waren auch einzig durch Unterdrückung individueller Eigenarten und Vorlieben in Gang zu halten. Zwangsläufig begann mit den Fabriken daher die Herrschaft der sozialen Apparate. Binnen weniger Jahrzehnte trat, wie Fürst von Pückler klagte, die „Bureaukratie an die Stelle der Aristokratie". Mit ihr triumphierten die endlos mahlenden Mühlen des industriellen Kollektivs über die Ansprüche und die begrenzte Lebenszeit des Individuums. Gleick rechnete aus, dass bis heute der durchschnittliche Amerikaner mehr Zeit auf das Ausfüllen von Regierungsformularen verwendet als auf Sex. Wem aber am Tag nur eine halbe Stunde geraubt wird, der verliert im Laufe eines 80-jährigen Lebens fast zwei Lebensjahre.

Wenn eine Verhaltensweise den Alltag der zu Ende gehenden industriellen Epoche kennzeichnete, war es das Anstehen: der Wechsel zwischen dem fremdbestimmten Warten des Einzelnen darauf, dass ein maschineller oder sozialer Apparat für ihn Zeit fand, und seiner dann möglichst geistesgegenwärtigen Reaktion - am Fabrikfließband, an den Haltestellen der öffentlichen Verkehrsmittel, vor den Schaltern von Ämtern oder an den Grenzen der Nationalstaaten. In der industriellen Organisation des Lebens diktier(t)en Apparate das Tempo.

Die für den digitalen Alltag charakteristische soziale Tätigkeit ist dagegen der Mausklick, die selbstbestimmte Bewegung, mit der jeder von uns gegenüber den maschinellen und sozialen Apparaten die eigenen Bedürfnisse und die eigene Zeit durchsetzen kann. Die von Computer und Internet geprägte Beschleunigung des sozialen Lebens lässt den Einzelnen haben, was er will, wann er es will. Die soziale Durchsetzung digitaler Echtzeiten verspricht damit nichts weniger als einen historischen Demokratisierungsschub: nie gekannte (Handlungs-) Freiheit und in Konsequenz eine qualitativ neue Souveränität des Individuums.

*Gundolf S. Freyermuth*

# Gelebte Freiheit

Was die paulinisch-reformatorische Rechtfertigungslehre sagen wollte, erschließt sich heute auf direktem Wege nicht mehr. Die Umgangssprache enthält jedoch bereits einen Hinweis, wo die Rechtfertigungslehre ihren neuen Sitz im Leben hat. Der gesellschaftlich dominante Zwang zur Selbstrechtfertigung und Selbstbehauptung, die oft verzweifelte Anstrengung, soziale Anerkennung zu finden, die harte Arbeit an der persönlichen Identität, denen die Einzelnen sich - gerade im Prozess des Erwachsenwerdens - unter den modernen Verhältnissen ausgesetzt sehen, rücken ihre grundlegende existenzielle Bedeutung in den Blick. Die alte Rechtfertigungslehre kann neu verstanden werden - als Angebot an das menschliche Selbstverhältnis und Selbstverständnis.

Es gibt eine gute Vorgabe, sie ist da, sagt die Rechtfertigungslehre. Nenne sie Gott, Liebe, Geschenk des Daseins. Sein Leben von einer guten Vorgabe her zu verstehen, heißt im christlichen Verständnis Glauben. Wer die Einsicht gewinnt, dass nicht alles machbar ist, ich mir das Wichtigste im Leben schenken lassen muss, dies gerade, dass ich bin und geliebt werde, der findet auch in eine andere Lebensform, in die der Freiheit. Dann kommt es zu Entlastungen angesichts der Zwänge zur Selbstrechtfertigung, denen wir uns ausgesetzt sehen. Glauben heißt, eine andere Einstellung zum Leben zu gewinnen. Die Lehre von der Rechtfertigung allein aus Glauben macht ein bestimmtes Sinnangebot. Sie lehrt, dass die Würde eines Menschen, der Grund dafür, dass er Anerkennung, Wertschätzung und Liebe verdient, nicht in dem besteht, was er hat, was er kann und wie er aussieht, sondern in dem, dass er ist. Vom Haben zum Sein. Vom Sinn, den ich mir selbst schaffe, zu dem, in dem ich mich vorfinde. *Du darfst sein, der du bist.* Mehr braucht es nicht. Dieser Glaube verschiebt die Perspektive in der Lebensdeutung. Er sagt mir, dass über den Wert meines Lebens in letzter Instanz nicht entscheidet, was ich daraus mache bzw. gemacht habe. Der Sinn, den mein Leben hat, kommt überhaupt nicht davon, dass gelingt, was ich mir vorgenommen habe, auch nicht davon, ob ich gebraucht werde, in meinem Beruf oder für andere Projekte, die gesellschaftlich wichtig sind. Das alles entscheidet in letzter Instanz nicht darüber, ob ich mein Leben als gelungen, als heil und glücklich empfinden kann, somit, ob ich zu mir stehen und freimütig ich selbst sein kann. Der Sinn, den mein Leben für mich hat, sagt der Glaube, der Glaube an die Rechtfertigung allein aus Gnade ist, ist schon da, wie mein Dasein insgesamt und alles andere für mein Leben Wesentliche, für das ich zunächst gar nichts tun und machen konnte. Ich musste es mir schenken lassen.

*Wilhelm Gräb*

## Aufgaben

- S. 103: Formulieren Sie Fragen zum Thema „Freiheit", die das Bild aufwirft. – Definieren Sie den Begriff „Freiheit".
- S. 104: Arbeiten Sie die Intention des Gedichtes heraus und erörtern Sie, ob bzw. inwiefern diese Intention aktuell ist.
- S. 105: Entwerfen Sie eine Skizze, die Sie selbst als Marionette darstellt: Wer zieht die Fäden in Ihrem Leben? Von welchen Fäden möchten Sie sich befreien? Wie könnte eine solche Befreiung gelingen? – Erörtern Sie, was passiert, wenn die Fäden zerschnitten werden.
- S. 106: Fassen Sie die Aussagen Pico della Mirandolas zusammen. – Vergleichen Sie die Gedanken des Verfassers mit den Aussagen über den Menschen in Gen 1 und 2 sowie Ps 8. – „Der Mensch ist Geschöpf Gottes" – Erörtern Sie, ob dieser Satz die Freiheit oder Abhängigkeit des Menschen definiert. – Setzen Sie sich mit der These auseinander, der Mensch sei „Bildhauer und Dichter" seiner selbst.
- S. 107: Arbeiten Sie den Anlass des Briefes und die Reaktion des Paulus heraus. – Erläutern Sie nach der Darstellung in Gen 17,1–5.9–14 die Funktion der Beschneidung und zeigen Sie auf, welche Konsequenzen die Ablehnung der Beschneidung aus der Sicht der traditionellen jüdischen Heilserwartung bzw. aus der Sicht des Paulus hat. – Fassen Sie das Freiheitsverständnis des Paulus zusammen. – Deuten Sie das Freiheitskreuz.
- S. 108: Erläutern Sie das Verhältnis der beiden zentralen Leitsätze Luthers zueinander. – Informieren Sie sich über die Entstehungshintergründe die Schrift „Von der Freiheit eines Christenmenschen".
- S. 109: Geben Sie den Inhalt des Gespräches wieder und skizzieren Sie die Positionen der beiden Gesprächspartner. – Formulieren Sie Ihre Position oder die Position eines evangelischen Theologen als Fortsetzung des Gesprächs.
- S. 110: Stellen Sie den Gedankengang des Gedichtes dar und arbeiten Sie die Antwort des Verfassers auf die Frage „Wer bin ich?" heraus. – Geben Sie einen knappen Überblick über die Biografie Bonhoeffers und stellen Sie dar, in welcher Situation das Gedicht entstand. – Erörtern Sie – unter Berücksichtigung von Leben und Werk Bonhoeffers – die Frage „Freiheit mit oder ohne Gott?"
- S. 111: Beschreiben und deuten Sie den Holzstich! – Informieren Sie sich über die im 19. Jh. verbreitete Phrenologie! – Zeigen Sie Konsequenzen Ihrer Deutung bzw. der Phrenologie hinsichtlich der Frage nach der Freiheit des Menschen auf! – Recherchieren Sie, wie in der gegenwärtigen Hirnforschung (z.B. bei Gerhard Roth, Wolf Singer) die Frage nach dem freien Willen beantwortet wird.

- S. 112: Arbeiten Sie die Antwort Hospers auf die in der Überschrift gestellte Frage „Freiheit der Tat?" heraus. – Gestalten Sie ein Schaubild, das die Aussagen Hospers zur Freiheit verdeutlicht. – Entwickeln Sie ein Beispiel aus Ihrem Lebensumfeld, an dem Sie das Freiheitsverständnis Hospers verdeutlichen und diskutieren.
- S. 113: Arbeiten Sie die zentralen Thesen Freyermuths heraus. – Beurteilen Sie sie vor dem Hintergrund Ihrer Erfahrungen mit Computern und Internet.
- S. 114: Arbeiten Sie die Charakteristika der von Gräb beschriebenen Freiheit heraus. – Überprüfen Sie, inwieweit sich Gräb auf die paulinisch-lutherische Rechtfertigungslehre bezieht. – Gräb meint, in unserer Gesellschaft einen „dominante[n] Zwang zur Selbstrechtigung" auszumachen: Erläutern und überprüfen Sie diese These. – Diskutieren Sie die Tragfähigkeit des von Gräb entworfenen Lebenskonzepts in unserer Gesellschaft.

## Projekte

- Freiheit als Thema der populären Musik untersuchen, z.B.: „Freiheit" von Marius Müller-Westernhagen
- Einen Kursreader zum Thema „Freiheit" zusammenstellen (Bilder, Texte)
- Einen Abiturgottesdienst: „Zur Freiheit befreit" gestalten

## Entdeckt, verstanden, gestaltet

**Ich kann** unterschiedliche Konzepte von Freiheit in ihrer jeweiligen Perspektive (Philosophie, Theologie, Humanmedizin) darstellen und einander gegenüberstellen.

**Ich kenne** den paulinischen Gegensatz zwischen Gesetz und Evangelium.

**Ich kann** die Besonderheit des biblisch-christlichen Freiheitsverständnisses darstellen und dieses auf seine gegenwärtige Relevanz hin überprüfen.

**Ich kann** die jeweiligen Konsequenzen für das Handeln des Menschen (Entscheidungs- und Handlungsfreiheit, Verhältnis von Freiheit und Verantwortung) entfalten.

**Ich kenne** Bonhoeffers Biografie und habe in ihm einen Menschen kennengelernt, der in der Gewissheit der Geborgenheit in Gott sein Leben in Freiheit und Verantwortung vor Gott führt.

# Himmel und Hölle

Richard Oelze, 1935/1936

# Himmel und Hölle im Leben

„Bei mir geht überhaupt nichts mehr, weil sich alles um dich dreht, seit der Himmel jeden Morgen deine Augenfarbe trägt."

*Sven Regener, Sänger der Gruppe „Element of crime"*

„Wer sich einen Himmel vorstellen kann, ist von allem Irdischen weniger abhängig. Ein Himmel bedeutet eine nie ermüdende Feder, die die Sehnsucht der Menschen nach oben spannt und sie von der niederdrückenden Angst um sich selbst, die sonst die Wurzel aller Unmenschlichkeit ist, befreit."

*Hermann Kurzke*

„Das Auge sieht den Himmel offen, es schwelgt das Herz in Seligkeit."

*Friedrich Schiller*

„Glauben Sie, dass es eine Hölle gibt?" – „Das glaube ich nicht, das sehe ich!"

*Unbekannt*

„Die Hölle, das sind die anderen."

*J.P. Sartre*

„Die Hölle, das bin ich."

*T.S. Eliot*

„Ich habe eine bestimmte Vorstellung von der Hölle ... Man sitzt ganz gottverlassen da und fühlt, dass man nicht mehr lieben kann, nie mehr, dass man nie mehr einem Menschen begegnen wird, in alle Ewigkeit nicht."

*Luise Rinser*

„Die Hölle, das ist der Verdammte selber; wo er ist, da ist sie."

*A. Winklhofer*

„Warten Sie nicht auf das Jüngste Gericht: Es findet alle Tage statt."

*A. Camus*

# Erlösung

Samuel Bak, 1971

Und dann
wird es Freudentränen regnen
aus weichen dampfenden Wolken
und der Himmel wird leuchten
am andern Tag
helles Licht
über dem offenen Land.

Und dann
wird es mild und strahlend
die Erde bedeckt
ein flammendes Blütenkleid
reiche Ernte
und sattes Genießen.

Und dann
wird es rufen und hallen
aus der tönenden reichen Welt
niemand wird vergessen
und die Schatten tanzen.

*Barbara Hoffmann-Gabel*

# Das Reich der Himmel

Und Jesus erzählte die Geschichte von einem Gutsherrn. Ja, sagte er, da war ein Gutsherr, der verließ früh am Morgen sein Haus, um Arbeiter für seinen Weinberg anzuwerben. Bald fand er einige, die bereit waren. Und nachdem er mit ihnen einen Denar als Tageslohn vereinbart hatte, wie es üblich war, schickte er sie zur Arbeit in seinen Weinberg. Um die dritte Stunde, das ist so viel wie 9 Uhr am Morgen, traf er auf dem Markt andere, die noch keine Arbeit gefunden hatten. „Geht auch ihr in meinen Weinberg", sagte er ihnen, „ich werde euch geben, was recht ist." Und sie gingen an die Arbeit. Um die sechste und neunte Stunde, also um 12 und um 3 Uhr, ging er wieder hinaus und wieder schickte er die Arbeit Suchenden in seinen Weinberg. Am späten Nachmittag, also um 5 Uhr, zur elften Stunde, begegnete er weiteren Männern, die am Marktplatz standen: „Was steht ihr untätig hier herum?", fragte er. „Niemand hat uns Arbeit gegeben", sagten sie. Da hieß er auch sie in seinen Weinberg gehen. Als nun der Abend kam, trug der Gutsherr seinem Verwalter auf: „Rufe jetzt die Leute zusammen, zahle ihnen den Lohn aus. Und bedenke wohl: Einige waren den ganzen Tag über fleißig, andere haben erst am Nachmittag angefangen und ein paar haben nur eine einzige Stunde gearbeitet. Rechne das genau aus und gib jedem den Lohn, der ihm zusteht, je nach der Leistung, die er erbracht hat!" Da erhielten die, die am Morgen schon im Weinberg angefangen hatten, den vereinbarten Denar, die anderen entsprechend weniger. Der Lohn wurde ganz gerecht ausbezahlt und so waren alle zufrieden. Freilich sprang für die, die nur eine einzige Stunde beschäftigt waren, so wenig heraus, dass sie davon nicht einmal ein Brot kaufen konnten, um ihrer Familie daheim ein karges Essen zu bereiten. Da sagte einer der Arbeiter, die für die Arbeit eines ganzen Tages mit einem Denar entlohnt worden waren: „Jetzt soll sich zeigen, was wir Arbeiter unter Solidarität verstehen und dass unserer Meinung nach nicht die Arbeitsleistung, sondern der Mensch gilt. Ich schlage deshalb vor: Wir legen alle zusammen. Und dann soll jeder von uns den gleichen Anteil erhalten!" Das fanden alle richtig. Und sie teilten, was sie hatten. Und jeder erhielt genau den gleichen Betrag. Das sprach sich alsbald herum in der kleinen Stadt. Natürlich gab es böses Blut und manche sagten: „So geht das nicht! Wo kommen wir denn hin, wenn die Letzten den Ersten gleichgestellt werden? Wenn die Leistung nichts mehr gilt?" Und da sprachen die Arbeiter: „Wir wollen, dass alle gleich viel haben, die Letzten genau so viel wie die Ersten. Oder dürfen wir mit unserem Geld nicht machen, was wir wollen? Seid ihr neidisch, weil wir gut sind zueinander und Solidarität üben?" Und Jesus schloss seine Erzählung mit den Worten: „Seht ihr, so, genau so wird es im Himmel Gottes sein: Da sind die Letzten zusammen mit den Ersten. Und alle werden wie Brüder sein und Söhne eines einzigen Vaters!"

*Lothar Zenetti*

Willy Fries, 1965

# Verschiedene Vorstellungen von der Hölle in der Geschichte des Christentums

## 1956

Es ist ein entsetzliches Unglück, in der Todsünde zu sterben. Wer bis zuletzt die Liebe und das Erbarmen Gottes von sich gestoßen hat und in der Todsünde gestorben ist, hat sich dadurch selbst für ewig von Gott getrennt. Er wird von Gott verdammt und kommt in die Hölle. Die Verdammten in der Hölle können den herrlichen guten Gott niemals schauen und sind auf ewig verstoßen. Dazu leiden sie die Qualen des höllischen Feuers.

Katholischer Katechismus der Bistümer Deutschlands

## 1975

Himmel und Hölle sind nicht Orte, sondern Symbole dafür, dass das menschliche Leben entweder in die ewige Gemeinschaft mit Gott oder in das unwiderrufliche Ausgeschlossensein vom Leben mit Gott führt. Die Hölle besteht darin, dass der Mensch in sich selbst verschlossen bleibt, da er nichts empfangen, sondern aus sich selbst heraus leben will. Die Hölle bereiten wir uns selbst, indem wir uns in uns selbst hinein gegen Gott versperren.

Evangelischer Erwachsenenkatechismus

## 1996

Die Kirche von England hat die traditionellen Lehren von Höllenfeuer und ewiger Bestrafung abgeschafft. In einer Aufsehen erregenden Entscheidung lehnte die Generalsynode jetzt in New York die Auffassung ab, der richtende Gott sei ein „sadistisches Monster", das Sünder zu ewiger Folter in der Hölle verdammt. Diese Vorstellungen hätten bei vielen Gläubigen „quälende psychologische Narben" hinterlassen. Hölle und Verdammnis würden besser mit „Auslöschung" oder „Nicht-Sein" beschrieben, heißt es in einer Studie der kirchlichen Lehrkommission, die der Synode vorlag.

Hieronymus Bosch, 1500

# Gericht und Gnade

Das Feuer des Jüngsten Gerichts ist ein anderes Feuer als jenes, das die religiöse Fantasie der Fanatiker entzündet. Das Feuer des Gerichts ist das Feuer der göttlichen Liebe. Auch dieses Feuer brennt. Und genau das ist der seiner Gnade nicht widersprechende, sondern sie bestätigende Zorn des göttlichen Richters: das Brennende seiner Liebe.
Unsere religiösen Fanatiker geben sich damit jedoch nicht zufrieden. Das letzte Gericht, das Weltgericht, soll schrecklich sein – jedenfalls für die anderen. Die religiöse Fantasie hat sich das Ende des Gerichtes denn auch als ein Schrecken ohne Ende ausgemalt. Man zitiert dann gern die Apokalypse (Apk 14,9–11), die den Verdammten nicht etwa ihre Vernichtung in Aussicht stellt – das wäre zu gnädig – sondern ewige Qual im ewigen Feuer: „ … und der Rauch ihrer Qual wird aufsteigen von Ewigkeit zu Ewigkeit und sie haben keine Ruhe Tag und Nacht."
Aber wäre ein Gott, der seinen eigenen Geschöpfen solche Qualen bereitet, etwas anderes als ein liebloses Ungeheuer? Tobt sich in den apokalyptischen Drohungen mit einem letzten Gericht, dessen Ende für viele ein Schrecken ohne Ende sein soll, nicht die dem Sünder eigene Lust aus, selber über den anderen Menschen richten zu wollen und nun also auch noch im Namen Gottes?
Doch gerade angesichts dieser religiösen Lust, über andere zu richten, bedeutet das jüngste Gericht eine befreiende Wohltat. Denn dann wird alles *menschliche Richten* für immer ein Ende haben. Wenn Jesus Christus auf dem Richtstuhl sitzen wird, dann wird es aus sein mit der von allen menschlichen Tätigkeiten wohl problematischsten Tätigkeit: Dann ist uns das Richteramt für immer entzogen.
Das Jüngste Gericht ist die *Erlösung* des Menschen vom Richteramt und insofern eine uns widerfahrende Wohltat. Es tut dem Menschen gut, nicht mehr richten zu müssen, weder andere noch sich selbst.
Auch nicht sich selbst! Spätestens mit dem Jüngsten Gericht wird auch das eigene Ich von dem unheilvollen Zwang befreit werden, entweder sich selber rechtfertigen oder aber sich selbst verurteilen zu müssen. Selbstrechtfertigung und Selbstverurteilung sind dann keine menschlichen Möglichkeiten mehr. Der Heidelberger Katechismus hat es zutreffend und theologisch beispielhaft formuliert, wenn er (in seiner 52. Frage) den wiederkommenden Christus den Richter nennt, „der sich zuvor selber dem Gericht Gottes für mich dargestellt und alle vermaledeyung von mir hinweg genommen hat", sodass jeder, der diesem an unserer Stelle gerichteten Richter glaubt, dem Jüngsten Gericht „mit aufgerichtetem Haupt" entgegen harren darf.
Jeder? Auch der Ungläubige? Also auch der, der sich Gottes Liebe verweigert? Nein, der nicht! Aber wird es den dann noch geben? Wer

seine eigenen Sünden im Feuer der Liebe Gottes verbrennen sieht – der kann sich zwar aufs Neue mit seiner zum Vergehen verurteilten Sünde identifizieren und also Gottes Gnade endgültig verachten. Er kann sich selber zum hoffnungslosen Fall machen.

Doch es fällt schwer, sich einen solchen Menschen zu denken, der eine unkorrigierbare Lust am eigenen Verderben hat. Und es fällt noch schwerer, sich eine Hölle zu denken, in der Gott nicht mehr als der *liebe Gott* erfahren wird. Denn es ist unmöglich, den Gott der Gnade in irgendeiner Hinsicht nicht als Liebe zu denken. Das macht selbst die Hölle nicht möglich. Und das mag denn der einzige Trost für jeden sein, der sich selber zur Hölle wünscht. Es ist zwar christliches Dogma – hat ein katholischer Theologe einmal gesagt – , dass es eine Hölle gibt. Es ist aber nicht christliches Dogma, dass auch jemand darin ist. Man verharmlost mit einer solchen Erwägung keineswegs den Ernst des göttlichen Gerichtes. Man verharmlost vielmehr den Ernst der göttlichen Liebe, wenn man definitiv ausschließt, dass Gottes Gnade auch in der Hölle noch unserem selbst gewählten Verderben zuvorkommt. An Jesus Christus glauben heißt ernst nehmen, dass er uns auch *am Ende* noch einmal *zuvorkommt*. In diesem Richter erwartet uns Gottes Gnade in Person.

Wer *dahin* unterwegs ist, der sieht bereits unsere gegenwärtige Welt in einem neuen Licht. Wer dahin unterwegs ist, der fängt schon auf Erden an, wenigstens versuchsweise wie ein Bürger des Reiches Gottes zu leben. Wer dahin unterwegs ist, der kann deshalb mitten in unserem irdischen Leben eine Fülle von ganz und gar weltlichen Gleichnissen für das ewige Leben – und das heißt für das ungehinderte Zusammensein mit Gott und mit aller Kreatur – entdecken: zum Beispiel in einer überaus irdischen gemeinsamen Mahlzeit – ein Gleichnis des Himmelreiches; in einer ganz und gar menschlichen Familie mit Kindern, Vater und Mutter – zumindest dann, wenn sie gemeinsam singen, ein Gleichnis für die Freude Gottes an uns und für unsere Freude an Gott; und in jedem Augen-Blick, in dem sich zwei Personen suchend und findend in die Augen sehen – ein Gleichnis für die Heimkehr des Menschen zu Gott. Wer Augen hat zu sehen, der sehe!

*Eberhard Jüngel*

Hermann Buß, 1994

# Himmel und Hölle in anderen Religionen

## Buddhismus

Was ist der Grund davon, dass man unter den Menschen hohe und niedrige, langlebige und kurzlebige, gesunde und kranke, schöne und hässliche, einflussreiche und einflusslose, reiche und arme, vornehme und geringe, kluge und dumme findet? – Die Taten (das Karma) sind das Eigentum der Wesen, die Taten sind ihre Erbschaft, die Taten sind ihr Ursprung, die Taten sind ihre Verwandtschaft, die Taten sind ihre Zuflucht.

Wer krumme Wege geht, wird in einer Hölle wiedergeboren oder in tierischem Schoß, wer aber gerade Wege geht, im Himmel oder in einem vornehmen und reichen Geschlecht von Kriegern, Brahmanen oder Bürgern. Was einer tut (Karma), dadurch wird er wiedergeboren.

*Aus dem 2. Korb des Pali-Kanon*

## Islam

Es wird in die Posaune geblasen und alle in den Himmeln und auf Erden sterben außer denen, von denen Gott es nicht will. Dann wird ein zweites Mal geblasen und plötzlich stehen sie da und schauen! Und die Erde erstrahlt im Licht ihres Herrn. Das Buch wird niedergelegt. Man holt die Propheten und die Zeugen. Gerecht wird zwischen allen entschieden, sie werden nicht übervorteilt. Jeder Seele wird voll bezahlt, was sie getan hat. Er weiß am besten darüber Bescheid, was sie tun. Diejenigen, die nicht glauben, werden in Scharen in die Hölle geführt. Sobald sie dort anlangen, öffnen sich deren Pforten und ihre Wächter sagen zu ihnen: „Sind zu euch nicht Gesandte aus eurer Mitte gekommen, um euch die Zeichen eures Herrn vorzutragen und euch vor der Begegnung an diesem Tage zu warnen?" Sie antworten: „Gewiss!" Doch schon bewahrheitet sich an den Ungläubigen das Wort der Strafe! Man ruft ihnen zu: „Geht hinein durch die Pforten der Hölle! Auf ewig bleibt ihr dort!" Wie schlimm ist die Unterkunft der Hochmütigen! Diejenigen, die ihren Herrn fürchteten, werden in Scharen in das Paradies geführt. Sobald sie dort anlangen, öffnen sich seine Pforten und seine Wächter sagen: „Friede sei auf euch! Wohl ergehe es euch! Tretet ein auf ewig!"

*Sure 39, 68-73*

## Aufgaben

- S. 117: Versetzen Sie sich in einer der Personen auf dem Bild und schreiben Sie in der Ich-Perspektive über ihr/Ihr Befinden.
- S. 118: Suchen Sie einen Satz aus, der Sie besonders anspricht. Schreiben Sie eine Geschichte oder entwerfen Sie eine szenische Interpretation, die diesen Satz enthält oder illustriert.
- S. 119: Malen Sie ein Bild zu dem Gedicht. – Schreiben Sie selbst ein Erlösungsgedicht mit eigenen oder fiktiven Erfahrungen. – Nehmen Sie das Bild zum Anlass, folgende Fragen zu diskutieren: Wodurch kann der Himmel aufgeschlossen werden? Wodurch verschließen wir anderen den Himmel?
- S. 120: Charakterisieren Sie das Verhalten der Arbeiter. – Vergleichen Sie die sich daraus ergebende Aussage der Geschichte mit Ihren Ergebnissen zu dem Bild auf S. 121. – Der Text von Zenetti ist eine Verfremdung eines biblischen Gleichnisses. Vermuten Sie begründet, was Jesus im ursprünglichen Gleichnis hat sagen wollen.
- S. 121: Stellen Sie aus dem Bild und dem zugrunde liegenden Text Lk 14,15–24 Aussagen über a) das Reich Gottes, b) Jesu Vorstellung vom Reich Gottes zusammen. – Schreiben Sie für eine ausgewählte Person auf dem Bild eine Sprechblase.
- S. 122: Erarbeiten Sie die drei verschiedenen Vorstellungen von Hölle. Stellen Sie grafisch da, was und wo jeweils „Hölle" ist. – In der heute verwendeten Form des Apostolischen Glaubensbekenntnisses heißt es, Christus sei „hinabgestiegen in das Reich des Todes"; informieren Sie sich über ältere/andere Formulierungen und vergleichen Sie.
- S. 123: Betrachten Sie das Bild und beschreiben Sie, was Sie sehen. – Informieren Sie sich über die Lebensumstände zur Zeit des Hieronymus Bosch. – Entwickeln Sie eine Präsentation: „Warum und wie sprechen Menschen über Hölle?"
- S. 124/5: Beschreiben Sie die Denk-/Argumentationsstruktur eines religiösen Fanatikers nach Jüngel. – Beschreiben und diskutieren Sie Jüngels Auffassung vom Jüngsten Gericht. – Suchen Sie die am Ende des Textes genannten gleichnishaften Bilder für das ewige Leben bzw. die Gemeinschaft mit Gott. Fügen Sie weitere Bilder hinzu.
- S. 126/7: Geben Sie jeder der drei Bildtafeln einen Titel. – Wie stellt der Maler jeweils den Himmel dar, was geschieht im und am Himmel? Welche Ereignisse auf der Erde werden dargestellt? – Gehen Sie den Texten nach, die im Hintergrund stehen: Um welche Inhalte handelt es sich? Wie ist der Zusammenhang zum Bild? – Schreiben Sie den grölenden Menschen rechts einen Brief.

- S. 128: Machen Sie eine Gegenüberstellung: Was für Aussagen machen die verschiedenen Religionen über das Geschick der Menschen nach dem Tod?

## Projekte

- Eine Präsentation im Computerraum zum Thema „Himmel und Hölle in Computerspielen" vorbereiten und durchführen
- Filme zum Thema „Himmel und Hölle" vorstellen
- Werbeanzeigen zum Thema „Himmel und Hölle" sammeln und untersuchen
- Videoclips zum Thema „Himmel und Hölle" vorstellen und kommentieren

## Entdeckt, verstanden, gestaltet

**Ich kenne** die existenzielle Bedeutungen der Symbole Himmel und Hölle.

**Ich kann** diese Symbole als Ausdruck des Unterbewussten oder existenzieller Erfahrungen erklären.

**Ich kenne** Elemente der Vorstellung Jesu vom Reich Gottes und kann davon erzählen.

**Ich kann** verschiedene eschatologische Verständnisse von Himmel und Hölle und Jüngstem Gericht in der Geschichte des Christentums nennen und erläutern.

**Ich kenne** eschatologische Vorstellungen von Himmel und Hölle in den Weltreligionen und kann darüber sprechen.

# Credo heute

KIRCHENTAGSPLAKAT (Hamburg), 1981

# Ich glaube an ...

Ich glaube an die Freundschaft genauso wie an die Liebe. Ich glaube an das Schicksal, an die schönen Momente im Leben und an die schlechten. Ich glaube an meine Ziele, meine Träume und an das, was mir Kraft gibt, sie zu erreichen. Ich glaube daran, dass ich offen und unvoreingenommen einer neuen Sache gegenüberstehen kann. Ich glaube an die Zukunft und die damit verbundene neue Technologie, aber auch an übernatürliche Phänomene.

*Yvonne, 17 Jahre*

Ich glaube an eine übernatürliche Macht, die durch ihre Kraft die Ordnung und das Gefüge der Welt und des Kosmos zusammenhält. Und an die Anhäufung von irdischen Gütern, zu deren Zweck ich auf Erden wandele.

*Karsten, 18 Jahre*

Ich glaube an mich selbst, an die Stärke des Einzelnen, an die Stärke der Gruppe. Ich glaube an die Macht des Geldes und an Freiheit. Ich glaube, dass ich nicht frei bin.

*Torsten, 18 Jahre*

Ich glaube an nichts, denn nichts erscheint mir so wichtig, dass man daran glauben müsste. Ich lebe in den Tag und lasse alles auf mich zukommen.

*Sandra, 17 Jahre*

Mertens

# Das Apostolische Glaubensbekenntnis

Georg Meistermann, 1953

Ich glaube an **Gott**,
den **Vater**, den **Allmächtigen**,
den **Schöpfer** des Himmels
und der Erde.

Und an **Jesus Christus**,
seinen eingeborenen **Sohn**,
unsern Herrn,
empfangen durch den
**Heiligen Geist**,
geboren von der **Jungfrau Maria**,
gelitten unter **Pontius Pilatus**,
**gekreuzigt**, gestorben und begraben,
hinabgestiegen in das **Reich des Todes**,
am dritten Tage **auferstanden** von den Toten,
aufgefahren in den **Himmel**;
er sitzt zur Rechten Gottes,
des **allmächtigen** Vaters;
von dort wird er kommen,
zu **richten** die Lebenden und die Toten.

Ich glaube an den **Heiligen Geist**,
die heilige christliche **Kirche**,
**Gemeinschaft** der Heiligen,
**Vergebung** der Sünden,
**Auferstehung** der Toten
und das **ewige Leben**.
Amen.

# Verzicht auf das Credo?

Das Glaubensbekenntnis abschaffen? Was für eine hypothetische Diskussion. Innerhalb unserer Kirchen führt man sie nur unter der Bedingung, dass das Glaubensbekenntnis doch niemals beerdigt wird. Diejenigen, die über die Frage rein akademisch diskutieren dürfen, gleichen Figuren in einem Sandkasten, dessen Bretterbegrenzung die Kirchenleitungen sorgfältig hüten. Doch die Lage ist sehr ernst: Im Wirrwarr der Interpretationen bleibt dunkel, was wir wirklich glauben. „Auferstanden von den Toten" verstehen manche als geschichtliches Ereignis, andere wollen die Auferweckung gerade nicht so aufgefasst wissen. Sie fügen allerdings sofort hinzu, in dem Bild der Auferstehung würde unverzichtbar gesagt, worauf es im christlichen Glauben ankommt. Aber woran macht sich dieses Bild fest, wenn Jesus nachweislich starb und nicht auferstand? Hier liegt, wie bei allen anderen Artikeln des Glaubensbekenntnisses, ein ungeheurer Klärungsbedarf vor. Ich will verstehen und darum wissen, was ich glaube. Es handelt sich hier nicht um Interpretationen und Vorläufigkeiten, sondern um die letzten Fragen. Wir leben nur ein einziges Mal und müssen wissen, worauf es ankommt.
*Gerd Lüdemann*

Die Diskussion um das Glaubensbekenntnis wird entschieden bestimmt von dem Ausgangspunkt der Meinungsbildung. Setzt man bei dem Verständnis des einzelnen Christen an, dann wird man sehr leicht dem Verzicht das Wort reden, denn das Credo enthält manche Aussagen, die schwer verständlich sind. Es braucht Erklärungen, wie sie schon Luther in seinem Kleinen Katechismus für seine Zeit gegeben hat. Es scheint aber nicht möglich zu sein, in unserer Zeit eine neue Formulierung des christlichen Glaubens zu entwickeln, die eine allgemeine Zustimmung finden würde. Geht man davon aus, dass das Glaubensbekenntnis das gemeinsame Bekenntnis der Kirche ist, dann verändert sich auch der Bewertungsrahmen. Das Bekenntnis ist das Verbindende zwischen den Christen und den Kirchen. So hat es seinen festen Platz im Gottesdienst. Für die Annäherung der getrennten Kirchen ist es wichtig, dass sie dieses gemeinsame Bekenntnis haben. Für den einzelnen Christen ist es wohl immer so gewesen, dass er eine unterschiedliche Nähe zu einzelnen Aussagen des Bekenntnisses gehabt hat. Der persönliche Glaube ist nicht deckungsgleich mit dem Glauben aller Christen in der Kirche. Darin liegt ja zugleich auch ein Spannungsmoment, dass der Glaube zu neuen Einsichten gelangen kann. So werden auch auf den unterschiedlichen Lebensstufen und bei besonderen Lebenserfahrungen einzelne Glaubensinhalte in den Vordergrund treten und ihre tragende Bedeutung für das Leben eines Christen haben.
*Wilhelm Sievers*

# Mit anderen Worten

*Ich glaube* an den Weg.
Ich glaube, dass wir aufstehen können
gegen Zwang und gegen das Leid,
auferstehen in der Fülle des Lebens.
Ich glaube daran, dass wir das Brot teilen können
und die Vielfalt unserer Träume
und dass die Erde neu wird
im Miteinander von Frauen und Männern.
Ich glaube, dass uns das heilt,
einander die Schmerzen anvertrauen,
zärtlich und wachsam sein für die Sehnsucht der anderen.
Ich glaube, dass sich der Himmel öffnet,
immer wieder, und dass deine Kraft wächst
unaufhaltsam in jeder Blüte,
in jedem Baum, in meinem Körper.
Ich hoffe, dass ich tanzen werde
im rot und goldenen Kleid deiner Liebe,
geflüstert das Leben, erhofft und ewig.

*Ich glaube,*
dass Gott die größte Macht hat
und dass ich mich auf ihn verlassen kann.
Jesus hat mir gesagt,
was Leben ist:
Anderen helfen und gegen Ungerechtigkeit und Lüge
kämpfen.
Er ist dafür ermordet worden.
Ich möchte von ihm lernen, so mutig zu sein.
Aber dazu brauche ich seinen Geist;
deshalb bitte ich ihn oft darum.
Er hilft mir,
wenn ich alles falsch gemacht habe,
dass ich den Mut finde,
von vorne anzufangen.
Er ist auch zwischen mir und meinen Freunden,
wenn wir vom Glauben reden oder von anderen Dingen.
Und dann glaube ich,
dass Jesus nicht tot ist,
sondern lebendig bei uns.

# Ich glaube an Gott ...

Marc Chagall, ca. 1960

## glaubensbekenntnis

wenn man uns fragt
warum glaubt ihr an gott
warum nennt ihr ihn vater

was werden wir sagen

wir werden sagen
wir glauben an gott
weil wir es nicht ertragen zu sagen ▶
es gibt keinen gott
weil unsere welt zerfällt
in lauter sinnlosigkeit
atomisiert in einzelteile
und darum sagen wir auch ▶ vater
weil wir es nicht ertragen zu denken
wir seien mit allem was ist
uns selbst überlassen

und auch ▶ weil wir brüder und
schwestern sein wollen
weil wir nur so leben können
ohne uns zu zerfleischen
wie unsere vorfahren
die tiere
wir gehen von der realität aus
wenn wir sagen
wir glauben an gott den vater

vom ufer der realität
betreten wir diese luftbrücke
der hoffnung
und glauben
weil uns dies
wie windig auch immer
die einzige möglichkeit scheint
sinnvoll zu leben

ja freilich ▶ luftbrücke der hoffnung
bescheiden geworden
trauen wir keinen beschwörungen mehr
wir gestehen es offen
große verlegenheitsworte ▶
„gott" „vater" „anfang" „schöpfer"
ruhe nach langer odyssee
zähmung des denkens das wahnsinnt

worte in denen hohngelächter
in hilfeschrei umschlägt
worte wie archen
darin wir auswarten
die landung

nicht wir öffnen sie
sie werden geöffnet

aber wann

*Wilhelm Willms*

# Ich glaube an Jesus Christus ...

Wer ist Christus für mich? Ich will dieser persönlichen Frage nicht ausweichen durch allgemeine Gedanken, sondern beginne mit einer persönlichen Erinnerung: 1945 saß ich in einem elenden Gefangenenlager in Belgien. Das Deutsche Reich war zusammengebrochen, die deutsche Kultur durch Auschwitz zerstört, meine Heimatstadt Hamburg lag in Trümmern, und in mir selbst sah es nicht anders aus: Ich fühlte mich von Gott und den Menschen verlassen und es starben die Hoffnungen meiner Jugend. Ich sah keine Zukunft vor mir. In dieser Lage bekam ich von einem amerikanischen Armee-Kaplan eine Bibel in die Hand und begann zu lesen. Zuerst die Klagepsalmen des Alten Testaments: „Ich bin verstummt und muss mein Leid in mich fressen ... ich bin ein Fremdling wie alle meine Väter" (Ps 39). Dann zog mich die Passionsgeschichte an, und als ich zu dem Todesschrei Jesu kam, wusste ich: Da ist der eine, der dich versteht und bei dir ist, wenn alle dich verlassen: „Mein Gott, warum hast du mich verlassen?" Das war auch mein Schrei nach Gott. Ich begann, den leidenden, angefochtenen und gottverlassenen Jesus zu verstehen, weil ich mich von ihm verstanden fühlte. Und ich begriff: Dieser Jesus ist der göttliche Bruder in unserer Not. Er trägt Hoffnung zu den Gefangenen und Verlassenen. Er ist der Erlöser von der Schuld, die uns niederdrückt und uns jede Zukunft raubt. Mich ergriff damals eine Hoffnung, wo menschlich gesehen so wenig zu hoffen war. Ich fasste Lebensmut, wo man vielleicht auch gern Schluss gemacht hätte. Diese frühe

Roland Peter Litzenburger, 1971

Gemeinschaft mit Jesus, dem Bruder im Leiden und dem Erlöser von Schuld, hat mich seitdem nicht mehr verlassen. Jesus der Gekreuzigte ist der Christus für mich.

In den öffentlichen und persönlichen Konflikten meines Lebens habe ich dann auch die Gegenwart des irdischen Jesus verstanden. Der den Armen das Reich Gottes bringt, der die Kranken heilt, der die Verachteten annimmt, ruft in seine Nachfolge und lockt in ein Leben mit seiner Hoffnung und seiner Aufgabe. Es waren vor allem die frühen Proteste gegen den „Atomtod" und dann später die Friedensbewegung, die mich davon überzeugten. Relativ spät erst erkannte ich, dass dieser irdische Jesus, der Jesus der Nachfolge und des Reiches Gottes, der jüdische Jesus ist. Die christlich-jüdischen Dialoge haben mir die Augen dafür geöffnet. Sie haben mir aber auch meine christliche Identität gezeigt, die in der neuen Gotteserfahrung Jesu begründet ist: „Heute ist diese Schrift erfüllt in euren Ohren" (Lk 4,21). Dieses göttliche Heute macht es, dass sein irdisches Leben durch und durch messianisch ist, erleuchtet mit den Hoffnungen Israels und strahlend mit Hoffnungen für die Völker: Israels Messias – der Heiland der Völker. Ich habe diese Gegenwart des irdischen Jesus in den Glaubensbekenntnissen der Christenheit immer vermisst. Warum wird sie auf ein bloßes Komma zwischen „geboren" und „gelitten" reduziert?

Zusammen mit der frühen Erkenntnis Jesu als des mitleidenden Bruders ist für mich der Osterglaube wichtig geworden. Gewiss, die Symbole der Auferweckung und Auferstehung stammen aus einer früheren Zeit, in der man in mythischen Bildern vom wunderbaren Eingreifen Gottes in diese Welt gesprochen hat. Sie haben aber nur der Form nach mit diesem Weltbild zu tun. In unserer Erfahrung wird der Auferstehungsglaube mit dem Tod konfrontiert, dem wir ausgeliefert sind. Für mich ist der Auferstehungsglaube der Gottesglaube der Liebenden und der Sterbenden, der Leidtragenden und der Trauernden und darum kein Mythos. Der Auferstehungsglaube gewinnt seine Bedeutung in den Kämpfen der Liebe gegen den Tod. Wir erfahren Auferstehung schon hier mitten im Leben, wenn wir aufstehen gegen den Tod mitten im Leben, gegen die Bedrückungen und Verletzungen, denen das Leben hier ausgesetzt ist. In der Liebe wird Auferstehung nicht nur erwartet, sondern auch schon erfahren, denn die Liebe macht lebendig. Und die Liebe gibt niemanden und nichts verloren. Sie sieht eine Zukunft, in der Gott alles wiederbringen und zurechtbringen und in sein Reich versammeln wird. Diese große Hoffung stärkt unsere kleinen Hoffnungen und bringt sie zurecht. Sie ist die Gegenwart Jesu im Geist des Lebens.

*Jürgen Moltmann*

# Ich glaube an den Heiligen Geist ...

In der Geschichte erweist sich der Geist als eine vulkanische Kraft, als ein Sturm, der die Menschen erfasst und veranlasst, großartige Dinge zu tun. Ablesen lässt sich das an großen charismatischen Gestalten des Alten Testaments, an den Richtern und Propheten, am leidenden Gottesknecht, der für die Wiederherstellung von Recht und Gerechtigkeit kämpft, an den Königen, denen die Macht verliehen wurde, das Volk zu schützen, und am Messias, auf dem alle Gaben des Geistes ruhen. Biblisch gesehen, ist der Geist wie ein Sturm, wie ein Taifun. Er ist eine Kraft der Veränderung wie die Liebe, die stärker ist als der Tod. Anders als in unserer Kultur ist der Geist der Bibel nichts Ätherisches oder Undefinierbares, sondern eine Leben schaffende Energie fortwährender Erneuerung. Deshalb steckt in biblisch inspirierter Geistigkeit und Spiritualität eine ungeheure Dynamik.

*Leonardo Boff*

Salvador Dali, 1964

# Pfingstlied heute

Die Wunder von damals müssen's nicht sein,
auch nicht die Formen von gestern,
nur lass uns zusammen Gemeinde sein,
eins so wie Brüder und Schwestern,
ja, gib uns den Geist, deinen guten Geist,
mach uns zu Brüdern und Schwestern!

Auch Zungen von Feuer müssen's nicht sein,
Sprachen, die jauchzend entstehen,
nur gib uns ein Wort, darin Wahrheit ist,
dass wir, was recht ist, verstehen,
ja, gib uns den Geist, deiner Wahrheit Geist,
dass wir einander verstehen!

Ein Brausen vom Himmel muss es nicht sein,
Sturm über Völkern und Ländern,
nur gib uns den Atem, ein kleines Stück
unserer Welt zu verändern,
ja, gib uns den Geist, deinen Lebensgeist,
uns und die Erde zu ändern!

Der Rausch der Verzückung muss es nicht sein,
Jubel und Gestikulieren,
nur gib uns ein wenig Begeisterung,
dass wir den Mut nicht verlieren,
ja, gib uns den Geist, deinen heiligen Geist,
dass wir den Mut nicht verlieren!

*Lothar Zenetti*

## Gottes Sein blüht gesellig

Wenn Gott zum Götzen verzerrt wird,
muss man sich diesem verweigern.
Wo Gott zum Tyrannen gemacht wird,
müssen wir diesen stürzen.
So fordert's
Seine Dreieinigkeit.

Dreieinigkeit?
Ein Männerbund! empören sich Frauen.
Zu Recht.
Zu Recht.

Und dennoch:
entwarf diese Denkfigur
die unausdenkbare Gottheit nicht
als Gemeinschaft,
vibrierend, lebendig,
beziehungsreich?
Kein einsamer Autokrat jedenfalls,
schon gar nicht Götze oder Tyrann!
Eine Art Liebeskommune vielmehr,
einer für den andern,
„dreifach spielende Minneflut"
(MECHTHILD VON MAGDEBURG).

Mich stellt's jedenfalls auf,
Gott als Beziehungsvielfalt zu denken,
als Mitbestimmung, Geselligkeit,
die teilt, mit-teilt, mit anderen teilt:
„Die ganze Gottheit spielt
ihr ewig Liebesspiel"
(QUIRINUS KUHLMANN).

Und insofern:
niemals statisch,
nicht hierarchisch,
actus purus,
lustvoll waltende Freiheit,
Urzeugung der Demokratie.

Alsbald ins Leere
laufen da Fragen wie:
personal oder apersonal?
transzendent oder immanent?
ruhendes Sein oder ewiges Tun?
Seit urher beides
und mehr noch als beides,
ein Drittes also
und mehr als ein Drittes:
das Ganze, die Fülle
(auch von Weiblichkeit, Männlichkeit),
die unausschöpflich – End ohne Ende –
in Beziehungen blüht.

*Kurt Marti*

## Aufgaben

- S. 131: Beschreiben und deuten Sie das Bild: Wozu ist so ein „Haltepfahl" gut? Woran macht sich der Mensch von heute „fest"?
- S. 132: Arbeiten Sie heraus, welche Überzeugungen in den vorliegenden Äußerungen vertreten werden. Wählen Sie ein Statement aus und verfassen Sie eine schriftliche Stellungnahme. – Erläutern Sie die Aussage der Karikatur: Welchen Stellenwert haben die dargestellten Lebensziele und Lebensinhalte in der heutigen Zeit? Gestalten Sie einen eigenen „Credo-Altar".
- S. 133: Sammeln Sie in einem Schreibgespräch Fragen und Kommentare zu einzelnen Aussagen des Glaubensbekenntnisses. Befragen Sie andere Menschen nach ihren Erfahrungen mit dem Glaubensbekenntnis.
- S. 134: Arbeiten Sie heraus, welche Einstellungen gegenüber dem Credo von den beiden Autoren vertreten werden. Nehmen Sie Stellung zu der Frage, ob man das Glaubensbekenntnis abschaffen soll.
- S. 135: Vergleichen Sie die vorliegenden Texte mit dem traditionellen Glaubensbekenntnis. – Entwerfen Sie ggf. ein eigenes Credo.
- S. 136: Untersuchen Sie, ob bzw. wie in dem Bild von Chagall auch biblisch-christliche Gottesvorstellungen zum Ausdruck kommen. Lesen Sie dazu Lk 15,11–32; Ps 33,1–22; Gen 1,1–2,4a.
- S. 136/137: Erläutern Sie die Aussagen des Gedichts. – Gestalten Sie den Text grafisch und kommentieren Sie ihn mit eigenen Bemerkungen, Zeichnungen, Symbolen usw. – Unterlegen Sie den Text mit Musik oder mit Geräuschen. – Lesen Sie den Text mit mehreren Sprechern!
- S. 138/139: Erläutern Sie Moltmanns Aussagen über den gekreuzigten Jesus/den irdischen Jesus/den auferstandenen Christus. – Schreiben Sie einen „Brief" an den Autor, in dem Sie sich mit seinen Ausführungen auseinandersetzen. – Arbeiten Sie heraus, ob bzw. wie in dem Bild biblisch-christliche Vorstellungen aufgenommen werden.
- S. 140: Erläutern Sie die Aussagen des Textes: Mit welchen Bildern und Symbolen ließe sich die Kraft des Heiligen Geistes verdeutlichen? – Gestalten Sie dazu ein Bild. – Arbeiten Sie heraus, wie der Künstler die biblische Erzählung Apg 2 künstlerisch umgesetzt hat.
- S. 141: Suchen Sie nach Ereignissen und Erfahrungen, die im Sinne des Autors als „Spuren des Heiligen Geistes" gedeutet werden können. – Sammeln Sie entsprechende Texte und Bilder und gestalten Sie aus den gefundenen Materialien eine Collage.

- S. 142 (Text): Untersuchen Sie, wie der Autor den Dreieinigen Gott beschreibt und welche Gottesaussagen er ablehnt. – Sammeln Sie Stellungnahmen zum christlichen Trinitätsglauben (z.B. aus dem Koran: Sure 4,171) und setzen Sie sich mit ihnen auseinander.

## Projekte

- „Bekenntnisse" im Alltag entdecken und dokumentieren (Werbung, Wahlkampf, Graffiti, Rap ...)
- Mehrere Credo-Vertonungen vergleichen (Musikunterricht einbeziehen!)
- Internetseiten mit neuen Credo-Formulierungen suchen
- Über die eigenen grundlegenden Überzeugungen nachdenken, ein eigenes „Credo" formulieren und in einer Gesprächsrunde vorstellen
- Zeitungen/Zeitschriften nach den Worten „Ich glaube" durchsuchen und die Kontexte klassifizieren
- Das Glaubensbekenntnis in Bildern und Symbolen gestalten

## Entdeckt, verstanden, gestaltet

Ich kann anhand von Beispielen darstellen, wozu sich Menschen in der heutigen Zeit bekennen, und in Auseinandersetzung mit diesen Aussagen eigene grundlegende Überzeugungen formulieren.

Ich kann den trinitarischen Aufbau des Apostolischen Glaubensbekenntnisses und Kernaussagen der einzelnen Glaubensartikel erklären.

Ich kann begründet zu der Frage Stellung nehmen, ob man das Glaubensbekenntnis (oder einzelne Teile des Glaubensbekenntnisses) abschaffen sollte.

Ich kann Neuformulierungen des Glaubensbekenntnisses mit dem traditionellen Credo vergleichen und eine eigene Meinung zu diesen Neuformulierungen äußern.

# Kirche in der Moderne – moderne Kirche

# Die Sprache der Kirche

Ich war befreundet mit einem Erziehungswissenschaftler, der – so könnte man sagen – vergessen hatte, aus der Kirche auszutreten. Er sagte mir bei jeder Gelegenheit, dass das Christentum ihm fremd sei. Vielleicht sagte er es ein paar Mal zu oft, als dass ich ihm ganz glauben konnte. Wenn er einem religiösen Entwurf nahe sei, so dem Buddhismus – sagte er. Ich hatte Grund, dies zu glauben, und ich hatte Grund, es nicht zu glauben. Er kannte jüdisch-christliche Traditionen und er hatte ein horrendes Kirchenbild. Er wurde krank und starb früh und seine zweite Frau, die nicht in der Kirche ist, wollte, dass ich ihn beerdigte. Denn er hätte das gewollt, sagte sie. Ich habe ihn beerdigt. – Welche Widersprüchlichkeit, und welche andere Form der Sehnsucht, als wir sie gewohnt sind! Aber wer will ihm seine Art der Sehnsucht und des Glaubens absprechen! Er hat sich von den Eindeutigkeiten verabschiedet und sich nicht ohne Schmerz im Widerspruch eingerichtet. Er gehörte nicht dazu, aber er lieh sich beim Christentum und beim Judentum Sprache aus. Widersprüchlich war auch die Trauergemeinde bei seiner Beerdigung. Ich vermute, dass die Hälfte der Kollegen nicht mehr in der Kirche war. Aber alle hatten das Bedürfnis, in einer solchen Situation mehr zu sagen, als man sagen kann. Bei der Beerdigung habe ich die Situation zu formulieren versucht: „Ein Mensch, den wir verehrt und geliebt haben, hat sein Leben beendet. Wir wünschen ihm in diesem Gottesdienst, wofür wir selber nicht stehen können. Wir versprechen ihm den Namen Gottes. Wer weiß schon, was er sagt, wenn er diesen Namen nennt! Aber wie könnten angesichts des Todes unsere Wünsche für den Freund bescheiden sein und sich darauf beschränken, was man sagen kann. Wir müssen diese Sprache nicht verantworten – keiner von uns. Mehr sagen, als man sagen kann, das heißt hoffen. So bitte ich Sie alle, für den Freund die Masken der Hoffnung anzulegen und – vielleicht mit fremder Stimme – die Lieder zu singen, den Psalm zu sprechen und das Vaterunser zu beten." Nach der Beerdigung hat ein Kollege einen schönen Satz gesagt: „Ich danke Ihnen dafür, dass ich eine Stunde Gast in Ihrer Sprache sein durfte."

Ich denke an ein anderes Beispiel: Eine Frau, sie ist Sekretärin, bat mich, ihr Enkelkind zu taufen. Sie ist in der Kirche, aber dies hat keinerlei Bedeutung. Sie geht nie zur Kirche, weiß nichts von der Kirche, reibt sich nicht an der Kirche. Trotzdem bittet sie mich, das Enkelkind zu taufen. Die Widersprüchlichkeit war geringer als im ersten Beispiel. Die Frau war schon verabschiedet von den Traditionen. Ihr Inhalt bedeutete ihr nichts, wohl aber das Ritual, die Taufe. War ihr Wunsch schwächer und beiläufiger nur deswegen, weil sie ein Ritual wollte? Ist es vielleicht so, dass wir als Theologen den Mundwinkel verziehen, wenn jemand nur eine Geste, ein Ritual von uns will? Kann es sein, dass jene Frau, die weniger sprachfähig als der Kollege war, genau die gleiche Sehnsucht hatte, nur dass sie ein Gestenhaus wollte, jener aber ein Sprachhaus? In beiden Fällen jedenfalls ist es der Wunsch, nicht stumm zu bleiben, wenn einen das Leben berührt – im Glück oder im Unglück.

Ich wünsche mir eine Kirche, die deutlich ist und die undeutliche Gäste duldet. Wir sind nicht die Herren der Sehnsucht von anderen. Wo steht, dass es nicht auch die Ganzheit im Fragment geben kann; auf Zeit und in den Andeutungen, die die Menschen der beiden Beispiele versuchen? Die Mehrzahl der Menschen, die die Kirche mit ihrer Sprache und mit ihren Bildern erreicht, gehören entweder nur noch zufällig oder gar nicht mehr zu ihr. In der Gemeinde, der ich mich zurechne, gehen vermutlich 40 Personen sonntags in den Gottesdienst. Ebenso viele mögen über der Woche in den verschiedenen Gruppen auftauchen – meistens sind es dieselben. Aber wie viel Hundert hören die Morgenandacht, das Wort zum Sonntag, sind bei Beerdigungen und Trauungen, obwohl sie sonst in der Gemeinde nicht zu sehen sind? Mehr, als man erwartet, und ernsthafter, als man erwartet, werden kirchliche Sendungen von Menschen gehört, die selber kaum wissen, ob sie glauben. Ich versuche den Ernst und den halben Hunger zu verstehen, mit dem unkirchliche oder randkirchliche Menschen eine Morgenandacht hören. Sie hören ein ernstes Wort beiläufig. Sie fahren dabei Auto, schälen Kartoffeln oder ordnen Papiere. Sie schätzen die Unverbindlichkeit jener Situation. Sie müssen sich nicht bekennen. Mit der alten Sprache sind die Theologen nicht für diese Situation gerüstet. Entweder tun die Pfarrer und Pfarrerinnen, als hätten sie eine Kerngemeinde vor sich, die immer schon untereinander verständigt ist. Sie gebrauchen Gewissheitskürzel, die vielleicht in der Kirche möglich sind, nicht aber im säkularen Raum. Oder aber sie verschweigen die Auseinandersetzung mit der eigenen Tradition und begnügen sich mit einer „Ein-Lächeln-am-Morgen-rettet-den-Tag"-Weisheit. Selbstverundeutlichung ist keine Lösung. Wir schulden einer säkularen Öffentlichkeit die Fremdheit unserer Geschichten. Zum anderen müssten wir wissen, dass alle theologischen Sätze, die Bilder und die Geschichten der Tradition, sofern sie gut sind, einen menschheitlichen Gehalt haben. Sie gelten also nicht nur in einem religiösen Binnenraum. Ich muss als Theologe auch einem Nicht-Christen verstehbar machen können, welche Schönheit und welche Freiheitsmomente Begriffe wie Kreuz, Gnade, Vergebung und Schuld haben. Ich wünsche mir eine Kirche, die ihre Türen weit geöffnet hat. Es soll jeder eintreten können. Es soll jeder so lange bleiben können, sich die Geschichten und Lieder ausleihen können, wie er will. Ich wünsche eine Kirche, die Menschen aufnehmen kann und Menschen gehen lassen kann; eine Kirche, die es erträgt, gebraucht und abgewiesen zu werden.

*Fulbert Steffensky*

# Alternative Gottesdienstformen

## Segen per SMS?

Damit dürften auch die letzten Zweifel ausgeräumt sein, es geht doch. Ein ganzer Gottesdienst auf Handy-Display per SMS: 156 Zeichen für die Predigt, 158 für das Gebet, 160 für den Segen, und selbst das Vaterunser stellt, einmal geteilt, mit 312 Zeichen kein Hindernis mehr dar.
Kurz und knackig statt lang und langweilig: Insgesamt sieben fromme Nachrichten erhielten die 1407 Teilnehmerinnen und Teilnehmer des weltweit ersten SMS-Gottesdienstes, der Teil des im Internet live übertragenen Jugendgottesdienstes war. Veranstaltet haben ihn die Evangelische Jugend und der Evangelische Stadtjugenddienst Hannover. Während im Jugendzentrum des Evangelischen Stadtjugenddienstes rund 100 Jugendliche den rockigen Klängen der Band Megahertz lauschen, jugendgerecht beten, singen und die kurzen, knackigen Botschaften hören, herrscht im Internet ein reges Kommen und Gehen. Bis auf 825 wächst die virtuelle Gemeinde in den laufenden 35 Minuten des Gottesdienstes an. Und die beschäftigt sich stärker als angenommen mit Fragen nach Gott und Glauben. Dass die Jugendlichen die Veranstaltung nicht als Fun-Projekt begreifen, sondern sie genauso ernst nehmen wie ihre Veranstalter, zeigen nach Ansicht von Stadtjugendwartin Martina Zeusel die rund 140 sehr persönlichen und ernsthaften Fürbitten, die per SMS oder E-Mail eingegangen sind.

*Anja Reuper*

# Disko in der Kirche?

Es war ein lauer Frühlingsabend im vergangenen Jahr, an dem sich die Geister schieden. Für die einen stellten jener Strahler, der seinen Lichtfinger hoch in den Himmel schickte, diese wummernden Bässe und überhaupt die ganze Veranstaltung beinahe ein Sakrileg dar. Andere hatten auf schreiend bunten Handzetteln und ein paar tausend Plakaten in der ganzen Stadt für die Sache geworben, fest davon überzeugt, dass ihre Ideen auch an einem solchen Ort umgesetzt werden sollten. Die Kreuzkirche, ein mächtiger Jugendstil-Kuppelbau und zweitgrößtes Gotteshaus Kassels, wurde für ein paar Stunden zur Disko. „Die Kirche braucht ein neues Image", sagt Stadtjugendpfarrer Joachim Bertelmann sehr bestimmt. „Sie ist stehen geblieben, die Jugendlichen haben sich weiter bewegt." Also beschlossen er und andere, wieder Kontakt aufzunehmen zu dieser anscheinend vernachlässigten Klientel. Sie warben bei den hauptamtlichen Jugendarbeitern, holten sich beim Vorstand der Kreuzkirchengemeinde das einstimmige Votum für eine solche Veranstaltung und sprachen schließlich mit der überaus kritisch eingestellten Kirchenleitung über das Vorhaben.

Es war denn auch eine Gratwanderung zwischen Tradition und Moderne. Auf der einen Seite ist da eine tiefe Frömmigkeit mancher, die Bertelmann gut nachvollziehen kann, die er nicht verletzen möchte. Andererseits drängt es ihn, die Kirche in einem zeitgemäßeren Licht darzustellen und anders als gewöhnlich erlebbar zu machen: „Wir sind nicht so grau wie unser Image. Wir sind bunt." Der Stadtjugendpfarrer denkt, dass sich die Jugend Kirchenräume neu erobern sollte. Trotzdem, das betont Bertelmann, wolle man nicht einem modernistischen Trend hinterherlaufen. Also kein trendiges Techno-Bum-Bum oder ähnlicher Schnick-Schnack. Die ganz Kirchenfernen könne man nicht zum Kommen bewegen, eher solche Leute, die auf der Suche seien. Vielleicht nach solchen Antworten: „God made me phunky!" – „Gott machte mich fröhlich!" So lautete der Titel jener ersten Party, der vor wenigen Monaten eine weitere folgte. Die hatte eine Sister-Act-Danceshow sowie Gospelgesang zu bieten. Im Altarbereich gab es eine Talkecke. Eines der Themen: Mit dem Glauben Grenzen überschreiten.

Beim Publikum kamen die Partys offenbar gut an. Joachim Bertelmann berichtet von positiven Rückmeldungen; die Disko habe Bewegung in die Jugendarbeit gebracht. Beinahe ein bisschen ungläubig klingt der Satz einer 15-Jährigen, der am Anfang von Bertelmanns schriftlichem Rückblick auf die erste Disko-Nacht steht: „Mit Gott kann man auch Spaß haben." Er ist aber wohl wahr.

*Dirk Zblewski*

# Kirche ist …

## Das Priestertum aller Gläubigen

Wenn sie gezwungen wären, zuzugestehen, dass wir alle, soweit wir getauft sind, auf gleiche Weise Priester sind – wie wir's auch in Wahrheit sind – und ihnen allein das geistliche Amt – jedoch mit unserer Bewilligung – aufgetragen wäre, dann wüssten sie auch zugleich, dass sie kein Herrschaftsrecht über uns besäßen, außer soweit wir es ihnen freiwillig zugestünden. Denn so sagt 1 Petr 2,9: „Ihr seid das auserwählte Geschlecht, das königliche Priestertum und priesterliche Reich." Darum sind wir alle Priester, so viele wir Christen sind. Die wir aber Priester nennen, sind aus uns erwählte Diener, die alles in unserem Namen tun sollen. Das Priestertum ist nichts anderes als ein Dienst.

*Martin Luther, 1520*

## Von Christus direkt

Die Gläubigen sind *angehalten zu bekennen,* dass es eine geschichtliche, in der apostolischen Sukzession verwurzelte Kontinuität zwischen der von Christus gestifteten und der katholischen Kirche gibt: „Diese Kirche, in dieser Welt als Gesellschaft verfasst und geordnet, ist verwirklicht [*subsistit in*] in der katholischen Kirche, die vom Nachfolger Petri und von den Bischöfen in Gemeinschaft mit ihm geleitet wird." (II. Vatikanisches Konzil, Dogmatische Konstitution Lumen gentium, 8). Mit dem Ausdruck „subsistit in" wollte das Zweite Vatikanische Konzil zwei Lehrsätze miteinander in Einklang bringen: auf der einen Seite, dass die Kirche Christi trotz der Spaltungen der Christen voll nur in der katholischen Kirche weiter besteht, und auf der anderen Seite, „dass außerhalb ihres sichtbaren Gefüges vielfältige Elemente der Heiligung und der Wahrheit zu finden sind" (ebd.), nämlich in den Kirchen und kirchlichen Gemeinschaften, die nicht in voller Gemeinschaft mit der katholischen Kirche stehen.
Die Kirchen, die zwar nicht in vollkommener Gemeinschaft mit der katholischen Kirche stehen, aber durch engste Bande, wie die apostolische Sukzession und die gültige Eucharistie, mit ihr verbunden bleiben, sind echte Teilkirchen, obwohl ihnen die volle Gemeinschaft mit der katholischen Kirche fehlt, insofern sie die katholische Lehre vom Primat nicht annehmen, den der Bischof von Rom nach Gottes Willen objektiv innehat und über die ganze Kirche ausübt.

Die kirchlichen Gemeinschaften hingegen, die den gültigen Episkopat und die ursprüngliche und vollständige Wirklichkeit des eucharistischen Mysteriums nicht bewahrt haben, sind nicht Kirchen im eigentlichen Sinn; die in diesen Gemeinschaften Getauften sind aber durch die Taufe Christus eingegliedert und stehen deshalb in einer gewissen, wenn auch nicht vollkommenen Gemeinschaft mit der Kirche.

*Aus der Erklärung „Dominus Iesus" der katholischen Kirche, 2000*

## Typisch protestantisch – typisch katholisch ...

Ich glaube, das ist eigentlich der wesentliche Unterschied des protestantischen und des katholischen Charakters. Die Maxime, auch die, welche die Leitenden sind in der Kirche, sollen sich empfänglich erhalten dafür, dass es eine vollkommenere Ansicht geben kann, als welche sie besitzen ..., das ist eigentlich protestantisch; wogegen die Behauptung der Unfehlbarkeit das katholische Prinzip ist.

*Friedrich Schleiermacher*

# Die Suche nach der Einheit der Kirche

Vor einiger Zeit gab mir eine Zeitschrift aus Österreich folgendes Thema auf: Mit brennendem Herzen die eine Kirche wollen. Ich hatte einige Fragen an dieses Thema: Will ich denn die *eine* Kirche im Sinne der Einheit der Kirche? Ist sie mir so wichtig, dass ich sie mit brennendem Herzen will? Und vor allem diese: Wer redet mir da ein, die eine Kirche sei noch nicht da? Vielleicht reiben wir uns eines Tages die Augen wie die Jünger nach dem Brotbrechen in Emmaus und sagen: Brannte nicht unser Herz? War nicht schon lange da, was wir schmerzlich suchten – die eine Kirche? War sie nicht da in dem einen Herrn und Bruder,

Horst Haitzinger, 1999

der sie stärkt und tröstet? War sie nicht da in Oscar Romero und in Martin Luther King und in ihrer Sehnsucht nach Gerechtigkeit? Ist sie nicht in uns, die wir in den verschiedenen Dialekten des Glaubens die Bibel lesen, die Geschichten der Tradition hören und die Lieder der Toten singen? Nein, der Skandal ist nicht, dass die eine Kirche noch nicht da wäre. Der Skandal ist die Behauptung, die Kirchen seien getrennt. Darum dürfe man nicht das Abendmahl zusammen nehmen; darum war bis vor wenigen Jahren jegliche Form des gemeinsamen Gottesdienstes verboten. Darum solle man möglichst nicht interkonfessionell heiraten. Der Skandal ist diese dreiste Behauptung, von den Kirchenleitungen und Theologen aufgestellt und von vielen in der Kirche geglaubt. Der Skandal ist das Verbot des gemeinsamen Mahles. Der Skandal ist der Gehorsam, in dem Menschen diesen Verboten folgen. Die Trennung in den Glaubensformulierungen, den Glaubenstraditionen und den Frömmigkeitsstilen bedeutet also nicht eine Trennung im Glauben. Diese Trennung erlaubt nicht, von der Getrenntheit der Kirche zu sprechen. Vor allem erlaubt sie niemandem, einem anderen das gemeinsame Mahl zu verweigern. Leider muss man auch noch diesen Satz sagen: Die Einheitlichkeit in der Glaubensformulierung und in der Glaubenstradition bedeutet noch nicht die Einheit der Kirche und des Glaubens. Als in der Nacht vom 9. bis zum 10. November 1938 die deutschen Synagogen brannten, feierte das der damalige thüringische Landesbischof als gutes Geschenk zu Luthers Geburtstag am 10. November. Er war Lutheraner, wie ich es bin. Aber was heißt das schon! Eines Glaubens bin ich nicht mit ihm. Und wäre ich zu jener Zeit erwachsen und mit ihm zusammen gewesen, so hätte ich mit ihm das Abendmahl nicht genommen – so hoffe ich wenigstens!

Die Einheit der Glaubensformulierung, der Tradition und der Konfession garantiert nicht die Einheit des Glaubens. Die Verschiedenheit der Glaubensformulierung und der Tradition bedeutet nicht die Unterschiedenheit im Glauben.

Keine der Einzelkirchen ist alles; keine ist die „wahre" Kirche und darum ist auch keine der Kirchen gut genug für uns. In unseren Kirchen sind wir nie ganz zu Hause. Alle sind sie als Einzelkirchen zu eng, zu bescheiden und zu wenig. Am engsten und am unerträglichsten sind sie dort, wo sie alles und der anderen nicht bedürftig zu sein glauben. Es ist eine Erleichterung, nicht alles sein zu müssen. Die Tatsache, dass ich in meiner Kirche nicht ganz zu Hause bin, weist mich auf die anderen Kirchen hin. Sie macht mich bedürftig und so macht sie mich geschwisterlich. Ich suche die anderen, weil ich bei mir und in dem Meinigen allein noch nicht finde, was sein soll; weil ich die volle Heimat noch nicht finde, die ich brauche.

Vielleicht verlockt zur Heimatlosigkeit in der eigenen Kirche auch der Herr aller Kirchen, der größer ist als diese; der in einer einzelnen nicht gefangen gehalten werden kann – nicht einmal in allen zusammen.

*Fulbert Steffensky*

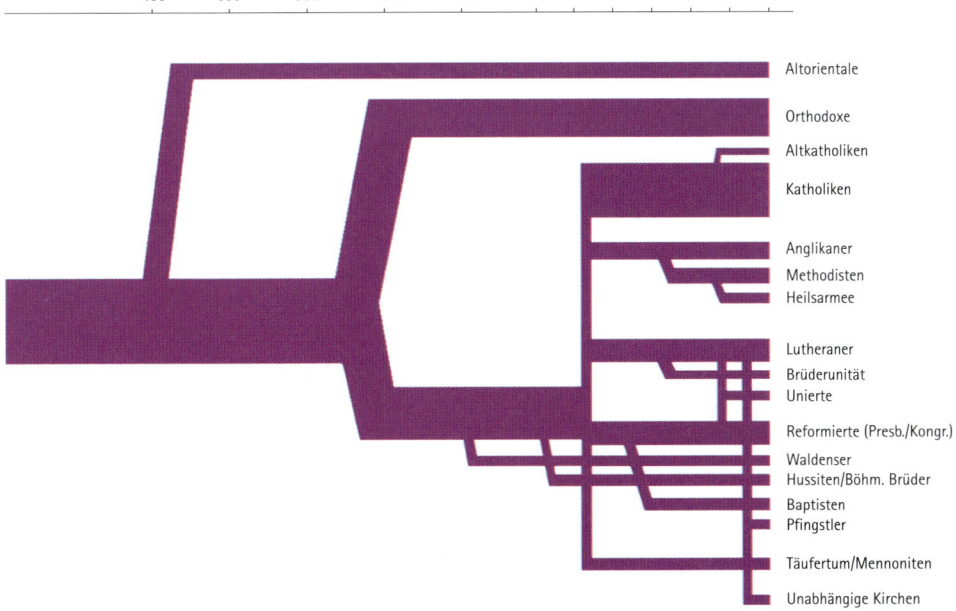

# Zukunft der Kirche

## Die Fülle der Gottheit und die Leere der Kirchen

*In seinem Buch „Unsere Volkskirche und die Gemeinde der Heiligen"
unterscheidet Manfred Josuttis drei Sichtweisen der Kirche: Man kann
die Kirche als Organisation, als Milieu oder als Leib Christi verstehen.*

Die Kirchen leeren sich. Menschen verlassen die Organisation. Viele meiden den Gottesdienst. Allenfalls das Milieu bietet Zuflucht für die zahlreichen Opfer in der Gesellschaft. Ist diese Entwicklung schon ein Indiz dafür, dass die Fülle Gottes hier nicht mehr wohnt? Wenn das Wort Gottes laut wird, dann stimmen nicht alle Hörer/innen unbedingt zu. Aber dann entsteht Leben. Die Reaktionen reichen dann vom Protest bis zum Bekenntnis. Wenn Menschen sich dagegen einfach abmelden, davonstehlen, wenn sie sich, wie es die Alltagssprache anschaulich sagt, „verkrümeln", dann könnte das die Vermutung nähren, es sei an dem Ort, den sie verlassen oder vermeiden, „nichts mehr los". Ist Gott nicht mehr los in den Landeskirchen? Ist er eingesperrt und angebunden? Ist die Fülle seiner Lebenskraft dort nicht mehr präsent? Haben Organisation und Milieu den Leib Christi erstickt?
Heute selbstverständlich akzeptiert, in Wahrheit aber sehr fragwürdig ist das „Bedürfnis-Prinzip". Damit ist die Übernahme einer Handlungsperspektive gemeint, die zu den konstitutiven Prinzipien der kapitalistischen Gesellschaftsordnung gehört. Das Verhältnis von Nachfrage und Angebot wird durch die Erfüllung und Weckung von Konsumbedürfnissen in Gang gehalten. Die Kirche muss danach wie alle anderen Anbieter auf dem Markt der Möglichkeiten bemüht sein, die Bedürfnisse ihrer Mitglieder und anderer Menschen in der Gesellschaft möglichst zielgenau und adressatenspezifisch zu erfüllen. Dass Menschen in einer kapitalistischen Welt mit entsprechenden Forderungen argumentieren, ist nicht verwunderlich. Überraschend und verwerflich ist eine solche Haltung nicht unbedingt. Skandalös ist dagegen eine kirchliche Reaktion, die auf solche Erwartungen positiv reagiert und sich dem Gesetz der Bedürfnisbefriedigung unterwirft. Sie verrät in all ihren Spielarten nur, dass man der Macht der Fülle Gottes nicht zutraut, sich auch gegen die Marktgesetze, die in der Gesellschaft herrschen, tatkräftig durchzusetzen. Die Fülle Gottes ist in der Tat für Menschen bestimmt, die im gesellschaftlichen Funktionszusammenhang orientierungslos und ausgebrannt sind. Aber sie verweigert sich jeder Instrumentalisierung. Man kann das Heilige nicht so verwerten, wie man die Natur und die Menschen ausbeuten kann, als letztes Reservoir zur Konsumbefriedigung in der Erlebnisgesell-

schaft. Wer sich Gott zu nähern wagt, der muss sich trennen, vor allem von allen Erwartungen und Bedürfnissen, die er bei sich verspürt. Er muss sich trennen von allen Wünschen nach Heilung, von jeder Neugier auf wunderbare Erlebnisse, von jeder Sehnsucht nach Macht und Reichtum und Lebensgenuss. In dieser Hinsicht kann es für die Zukunft der Kirche und der Glaubenden nur eine Empfehlung geben. Die Leerheit, die heutzutage erlitten wird, muss verwandelt werden in jene Entleerung, die den Einzug der Fülle Gottes bereitet. Die Kirche von morgen wird eine mystische sein.

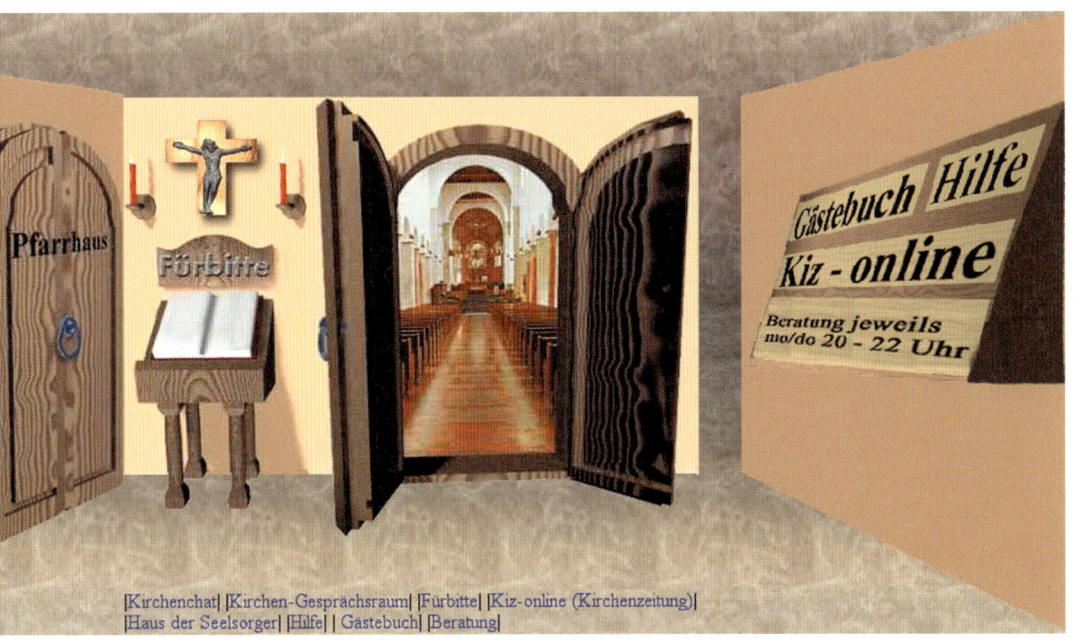

# Die Kirche und das Geld

Was die Menschen heute noch in der Kirche hält, ist vor allem deren soziale und karitative Arbeit. Aber die rettet die Institution nicht. Tatsächlich will doch niemand wirklich, dass die subversive Kraft des Evangeliums die bestehenden Machtstrukturen aufbricht.

*Eugen Drewermann*

Wenn die Kirche noch einen Sinn hat, dann nur den, die tödlichen Kreisläufe von Macht und Geld in unserer Gesellschaft zu erkennen und zu durchbrechen. Derzeit sind die Kirchen dabei allerdings eher hinderlich, weil sie selbst unentrinnbar in diese Strukturen verstrickt sind.

*Friedrich Schorlemmer*

# Aufgaben

- S. 145: Welche Aussagen über Kirche würden Sie mit diesem Foto illustrieren und unterstreichen wollen? – Schreiben Sie einen Text, der mit den Worten beginnt „Wenn ich an die Kirche denke …"!
- S. 146/7: Notieren Sie in einer Tabelle 1 solche Formulierungen aus dem Text, die Distanziertheit gegenüber der Kirche zum Ausdruck bringen, in einer Tabelle 2 dagegen solche, die eine verborgene Sehnsucht zum Ausdruck bringen. – Nennen Sie ähnliche eigene Erfahrungen! – Welche Folgerungen zieht Steffensky a) für das Selbstverständnis der Kirche, b) für den kirchlichen Umgang mit Menschen?
- S. 148: Schreiben Sie eine Empfehlung für oder gegen das Projekt eines SMS-Gottesdienstes.
- S. 149: Erarbeiten Sie den Aufbau eines traditionellen Gottesdienstes: Welche Elemente scheinen Ihnen unverzichtbar, welche könnten ersetzt werden? Wie? – Inszenieren Sie eine Gemeinderatssitzung, bei der „Disko in der Kirche"-Befürworter und -Gegner miteinander diskutieren.
- S. 150/1: Text 1: Erklären Sie das „Priestertum aller Gläubigen". – Text 2: Erarbeiten Sie Elemente des katholischen Kirchenverständnisses. – Text 3: Gestalten Sie Schleiermachers Statement als Schaubild „evangelisch" – „katholisch". – Foto: Schreiben Sie ein fiktives Gespräch zwischen den drei Personen über die Stellung von Frauen, Pastoren und Laien in der Kirche.
- S. 152: Tragen Sie Erfahrungen mit der Getrenntheit der Kirchen zusammen. – Welche Umstände wirken heute kirchentrennend, wie könnte man die verschiedenen Trennungsaspekte überwinden? – Welche Aussage will der Karikaturist durch die Karikatur transportieren a) über das Verhältnis der beiden Kirchen zueinander, b) über die Art und Weise der Annäherung beider Kirchen?
- S. 153: Informieren Sie sich näher über eine „Abzweigung" / eine Konfession, die Sie interessiert: Wie und wann kam es zu der Abzweigung, was ist das Spezifische der jeweiligen Konfession?
- S. 154/5: Erarbeiten Sie, was bei der Beschreibung des Wesens der Kirche die Unterscheidung von Organisation, Milieu und Leib Christi leistet. – Wie sähe eine Kirche aus, die sich radikal dem „Bedürfnisprinzip" unterwürfe? – Formulieren Sie Empfehlungen für die „Kirche der Zukunft". – Besuchen und erkunden Sie die abgebildete Website: Listen Sie die Links und die jeweiligen zugehörigen Angebote in einer Tabelle auf. – Schreiben Sie den Betreibern dieser Website einen Brief, in dem Sie auf Sinn oder Unsinn der Site eingehen.

- S. 156: Was kritisieren die beiden Theologen jeweils an dem Umgang der Kirche mit dem Geld? – Worin sehen sie jeweils die eigentliche Aufgabe der Kirche? – Betrachten Sie die aktuelle Verteilung der Kirchenfinanzen und nehmen Sie eine eigene Verteilung vor. – Informieren Sie sich auf der Homepage der Evangelischen Kirche Deutschlands (www.ekd.de), wie die Kirche ihr Geld verwendet.

## Projekte

- Informationen zum Kirchentag (www.kirchentag.de) zusammenstellen: Geschichte des Kirchentages, berühmte Teilnehmer, Planungen des nächsten Kirchentages
- Angebote zu kirchenpädagogischen Erkundungen in der Stadt finden
- Einen Pfarrer einladen, der im Unterricht von seiner Arbeit berichtet
- Kirchen vor Ort erkunden: Ihre Namen ergründen, ihre Konfessionen in einem Konfessionenstammbaum zusammenstellen
- An einem virtuellen Gottesdienst teilnehmen, z.B. unter www.elisabethkirche.de oder www.internetgottesdienst.at oder www.thomasmesse.de (spezieller Gottesdienst für „Zweifler") oder www.funcity.de (auf die Abbildung der Kirche klicken)

## Entdeckt, verstanden, gestaltet

**Ich kann** Vorannahmen, Voreinstellungen und Vorurteile im Zusammenhang mit dem Begriff „Kirche" nennen und erläutern.

**Ich kann** Stellen finden und benennen, an denen die Kirche den latent vorhandenen religiösen Bedürfnissen der Menschen entgegenkommt.

**Ich kenne** klassische ekklesiologische Positionen, u.a. das „wahre Wesen der Kirche", die „Einheit der Kirche" betreffend.

**Ich kann** neue Formen von Gottesdienst beschreiben und bewerten.

**Ich kann** Auskunft über den Verbleib der Kirchensteuern geben bzw. mir Einblick verschaffen.

**Ich kenne** verschiedene Positionen zur Zukunft der Kirche und kann eine eigene Einschätzung geben und begründen.

# Diakonie – praktizierte Nächstenliebe

Felix Hoffmann, 1957

## Was geht mich das an?

# Die ganze Welt dreht sich um mich

Die ganze Welt dreht sich um mich, denn ich bin nur ein Egoist.
Der Mensch, der mir am nächsten ist, bin ich, **ICH BIN EIN EGOIST.**

Ganz oben auf der Liste, ja, da stehe ich.
Du musst mir schon verzeih'n, aber **ICH LIEBE MICH.**
Das, obwohl ich überaus und durchaus kritisch bin,
hab' ich den ganzen lieben, langen Tag nur mich im Sinn.

Ich habe über meinem Bett 'nen Spiegel angebracht,
damit mein eig'nes Spiegelbild mir meinen Schlaf bewacht.
Und ich will niemanden wollen, nein – ich will, **DASS MAN MICH WILL,**
bis ich kriege, was ich brauche, halt ich niemals still.

Liebe kommt von Lieben
und **ICH FANGE BEI MIR AN,**
und mit ein bisschen Glück bist eines
Tages du mal dran.
Ich gebe meinem Ego täglich die
spezielle Kur,
nur meistens geb' ich mir gleich alles
und am liebsten pur ... sure.

*Falco*

A. Paul Weber, 1964

# Die Werke der Barmherzigkeit

Wenn aber der Menschensohn kommen wird in seiner Herrlichkeit und alle Engel mit ihm, dann wird er sitzen auf dem Thron seiner Herrlichkeit, und alle Völker werden vor ihm versammelt werden. Und er wird sie voneinander scheiden, wie ein Hirt die Schafe von den Böcken scheidet, und wird die Schafe zu seiner Rechten stellen und die Böcke zur Linken.

Da wird dann der König sagen zu denen zu seiner Rechten: Kommt her, ihr Gesegneten meines Vaters, ererbt das Reich, das euch bereitet ist von Anbeginn der Welt! Denn ich bin hungrig gewesen und ihr habt mir zu essen gegeben. Ich bin durstig gewesen und ihr habt mir zu trinken gegeben. Ich bin ein Fremder gewesen und ihr habt mich aufgenommen. Ich bin nackt gewesen und ihr habt mich gekleidet. Ich bin krank gewesen und ihr habt mich besucht. Ich bin im Gefängnis gewesen und ihr seid zu mir gekommen.

Dann werden ihm die Gerechten antworten und sagen: Herr, wann haben wir dich hungrig gesehen und haben dir zu essen gegeben, oder durstig und haben dir zu trinken gegeben? Wann haben wir dich als Fremden gesehen und haben dich aufgenommen, oder nackt und haben dich gekleidet? Wann haben wir dich krank oder im Gefängnis gesehen und sind zu dir gekommen? Und der König wird antworten und zu ihnen sagen: Wahrlich, ich sage euch: Was ihr getan habt einem von diesen meinen geringsten Brüdern, das habt ihr mir getan.

Dann wird er auch sagen zu denen zur Linken: Geht weg von mir, ihr Verfluchten, in das ewige Feuer, das bereitet ist dem Teufel und seinen Engeln! Denn ich bin hungrig gewesen und ihr habt mir nicht zu essen gegeben. Ich bin durstig gewesen und ihr habt mir nicht zu trinken gegeben. Ich bin ein Fremder gewesen und ihr habt mich nicht aufgenommen. Ich bin nackt gewesen und ihr habt mich nicht gekleidet. Ich bin krank und im Gefängnis gewesen und ihr habt mich nicht besucht.

Dann werden sie ihm auch antworten und sagen: Herr, wann haben wir dich hungrig oder durstig gesehen oder als Fremden oder nackt oder krank oder im Gefängnis und haben dir nicht gedient? Dann wird er ihnen antworten und sagen...

*Mt 25,31-46*

Hartmut R. Berlinicke, 1978

## Zeig mir den Nächsten

jesus
zeig mir den nächsten
wie fern er mir ist
ich sehe nur
meine gedanken über ihn
wenn er spricht
höre ich nur
meine worte
allzu schnell nicke ich
schlag ihm auf die schulter
und sage freund

gib ihn mir
wie er ist
er gehört zu mir
näher als ich weiß
lehre mich weinen
deinen blick aushalten

*Ernst Eggimann*

# Die Entstehung der Inneren Mission

Johann Hinrich Wichern, 1808-1881

Als innere Mission gilt uns nicht diese oder jene einzelne, sondern die gesamte Arbeit der aus dem Glauben an Christum geborenen Liebe, welche diejenigen Massen in der Christenheit innerlich und äußerlich erneuern will, die der Macht und Herrschaft des aus der Sünde direkt oder indirekt entspringenden mannigfachen äußeren und inneren Verderbens anheim gefallen sind, ohne dass sie, so wie es zu ihrer christlichen Erneuerung nötig wäre, von den geordneten christlichen Ämtern erreicht werden. Kein innerer oder äußerer Notstand, dessen Hebung Aufgabe christlich rettender Liebe sein kann, ist der inneren Mission fremd und die reichste Fülle der Hilfe steht ihr zu Gebot. Denn die Wurzel ihres Werkes ist Christus, dem alle Not zu Herzen geht und in dessen Herzen die Hilfe gegen alles Elend zu finden ist.

Die Familie, der Staat und die Kirche mit den ihr wesentlich eingeborenen Ämtern sind die drei Zentren, um die sich alle derartige Tätigkeit sammelt. Alle drei gelten der inneren Mission unbedingt als göttliche, lebendig ineinander wirkende Stiftungen, welche von ihr heilig gehalten werden und denen sie sich einordnet, um denselben zur Erreichung der höchsten Zwecke zu dienen.

Die Familie ist hier genannt als der eigentliche Ausgangspunkt, um den es sich bei den sozialen Fragen handelt. Die christliche Wiederherstellung der Familien und Hausstände in jeder Beziehung und die Erneuerung und Wiedergeburt aller damit unmittelbar zu verknüpfenden Verhältnisse der Erziehung, des Eigentums, der Arbeit und der durch sie bedingten Stände wird eine der Hauptaufgaben der inneren Mission sein.

In Beziehung auf den Staat weiß die innere Mission ihre Aufgabe von der besonderen Aufgabe der Politik und Staatsökonomie zu unterscheiden. Sie ist nicht von vornherein die Vertreterin irgendeiner ausschließlichen politischen Ansicht über Verfassung und deren Gestaltung. Es wird die Aufgabe der inneren Mission sein, durch ihre völlig uneigennützigen Dienste, durch ihre freien Opfer von Gut und Leben in den Verlegenheiten, den Nöten und Gefahren des Staates diesen zu der Anerkennung zu bringen, dass auch seine letzten Lebensquellen in Christo und nirgends anderswo zu suchen sind.

Die innere Mission ist nicht eine Lebensäußerung außer oder neben der Kirche, sondern sie will eine Seite des Lebens der Kirche selbst offenbaren, und zwar das Leben des Geistes der gläubigen Liebe, welche die verlorenen, verlassenen, verwahrlosten Massen sucht, bis sie sie findet. Mehr noch als die Lehre gehört ihr die helfende, dienende Tat. Sie übt die Tat nur zur Erweisung der Barmherzigkeit und fragt nicht, wem sie dient, sondern hat schon gedient, ehe sie noch fragt – dem gestellten Vorbilde des großen Samariters getreu.

Wie der Staat mit dem Aufgebot ganz neuer Kräfte den materiellen Pauperismus in allen seinen Gründen, Folgen und Wirkungen zu ergründen und zu bekämpfen hat: also auch die Kirche in ihrer Art den ihr angehörenden inneren Pauperismus, nämlich jene Erscheinungen der massenhaften sittlichen und christlichen Entartung im Volk. Ja, die wahrhaftigen Glieder der Kirche werden doppelt zu wirken und zu opfern haben, da die Not des Staates und der Kirche sie trifft und sie mit zur Hilfe ruft.

Da in der Kirche, wo ein solches Leben der rettenden, helfenden Liebe in vielen erblühte, würde die rechte Kraft und Herrlichkeit der Gemeinde offenbar. Dieses Tun ist die Verwirklichung des allgemeinen Priestertums, in welchem die Kirche sich aus sich selbst, und zwar in Christo, der sich in den Einzelnen als rettender Heiland verklärt, vollendet.

*Johann Hinrich Wichern, 1849*

DAS RAUHE HAUS: WERKSTATT DER KNABEN

## Arbeitsfelder der Diakonie

# Erfahrungen in der diakonischen Arbeit

Seit 12 Jahren mache ich Dienst als Altenpflegerin bei der Diakonie. Ich arbeite gern am und mit alten Menschen. Hier kann ich meinen Glauben praktizieren, ohne mich ausgenutzt zu fühlen.

*Erika Müller, Altenpflegerin in einem Altenheim*

Ich arbeite ehrenamtlich als „Grüne Dame" im Krankenhaus. Ich begleite neu ankommende Patienten auf ihr Zimmer, bin anderen beim Essen behilflich oder lese ihnen vor. Hier habe ich eine sinnvolle Tätigkeit, in der ich Liebe und Dankbarkeit geben und auch selbst empfangen kann.

*Renate Willstädter, Evangelische Krankenhaushilfe*

Die Arbeit mit geistig behinderten Menschen ist sehr befriedigend. Es ist beeindruckend, mit welcher Sorgfalt und mit welcher Lebensfreude diese Menschen jeden Tag ihre Arbeit verrichten. Da können wir anderen alle davon lernen!

*Werner Koppenhöfer, Mitarbeiter einer Werkstatt für Behinderte*

Es stimmt, dass die Arbeit mit den Kindern ganz schön anstrengend ist, aber sie ermöglicht mir ein Stück Selbstverwirklichung. Nach unserem Sommerfest gestalten wir mit den Eltern zusammen unser Außengelände neu. Überhaupt ist in der Kirchengemeinde – seit wir uns an dem Projekt „Der Kindergarten als Nachbarschaftszentrum in der Gemeinde" beteiligen – vieles aufgebrochen und in Gang gekommen.

*Elvira Schneider, Kindergarten der Protestantischen Kirchengemeinde Edigheim*

Tagtäglich oft mehr als acht Stunden mit den Problemen anderer Menschen konfrontiert zu sein, das belastet einen selbst ganz schön. Die kleinen Erfolge und positiven Rückmeldungen sind es, die einem klarmachen, wie wichtig dieses Beratungsangebot für Familien ist, und damit Kraft geben, weiterzumachen.

*Manfred Küfer, seit 25 Jahren Psychologe in einer Erziehungsberatungsstelle*

# Diakonie – damit Leben gelingt

Das Leitbild des Diakonischen Werks der Evangelischen Kirche in Deutschland will Orientierung geben, Profil zeigen, Wege in die Zukunft weisen. Wir in der Diakonie sagen damit, wer wir sind, was wir tun und warum wir es tun.

Mit dem Leitbild beschreiben wir, wie Diakonie ist, und mehr noch, wie sie sein kann. Ob diese Diakonie von morgen Wirklichkeit wird, hängt von unserer Bereitschaft ab, das Leitbild gemeinsam mit Leben zu erfüllen. Wir nehmen uns vor, das Leitbild in unserer täglichen Arbeit vorzuleben, es verbindlich und überprüfbar zu machen.

Wir verstehen das Leitbild als Selbstverpflichtung. Das Kronenkreuz ist unser Zeichen.

*Wir orientieren unser Handeln an der Bibel.*
*Wir achten die Würde jedes Menschen.*
*Wir leisten Hilfe und verschaffen Gehör.*
*Wir sind aus einer lebendigen Tradition innovativ.*
*Wir sind eine Dienstgemeinschaft von Frauen und Männern im Haupt- und Ehrenamt.*
*Wir sind dort, wo uns Menschen brauchen.*
*Wir sind Kirche.*
*Wir setzen uns ein für das Leben in der Einen Welt.*

# Konkurs der Nächstenliebe?

Zwar ist die Diakonie noch immer einer der Träger sozialer Arbeit im Gefüge der sechs großen Wohlfahrtsverbände – doch sie sieht sich dabei einer ganz neuen Situation gegenüber. Zahlreiche private Anbieter sozialer Dienstleistungen sind dazugekommen und eine Vielfalt an Möglichkeiten und Alternativen zur diakonischen Arbeit der Kirche ist entstanden, so dass sich die Diakonie darin behaupten muss: Es gibt einen Markt der Dienstleistungen, die neben der Diakonie auch von anderen angeboten werden, und dieser Markt ist durch Konkurrenz gekennzeichnet.

Gleichzeitig haben Veränderungen im Gesellschaftssystem die Situation der Diakonie zusätzlich erschwert. Durch die Säkularisierung einerseits und Umbrüche in der Kirche andererseits ist die Diakonie nicht mehr ohne weiteres mit der Kirche – und das heißt mit der christlichen Gemeinde – so verbunden, dass ihre Wurzeln selbstverständlich zu sehen sind. So arbeiten Menschen in der Diakonie, die in keiner christlichen Gemeinde zu Hause sind, und ebenso gibt es Christen, denen die Diakonie keineswegs als „Lebens- und Wesensäußerung der Kirche", wie es die Satzung des Diakonischen Werkes vorsieht, erscheint.

Schließlich wird die Arbeit diakonischer Einrichtungen durch einen Prozess erschwert, der gemeinhin als „Ökonomisierung" bezeichnet wird. Gemeint ist damit die gegenwärtige Situation, in der sowohl die Qualität als auch die Wirtschaftlichkeit diakonischer Arbeit einen immer höheren Stellenwert bekommen. Gute Arbeit allein ist nicht genug – sie muss zum einen auch bezahlbar sein, zum anderen ihre Qualität auch nachweisen und überprüfen lassen können.

So findet sich die Diakonie in Deutschland neuerdings im Spannungsfeld dieser unterschiedlichen Entwicklungen vor – und sie hat darin einen schweren Stand. Einrichtungen müssen schließen – meist aus wirtschaftlichen Gründen – und manche kämpfen ums Überleben. Mitarbeiterinnen und Mitarbeiter auf allen Ebenen bekommen diese Situation schmerzhaft zu spüren. Arbeit, Beruf, ja vielleicht sogar Berufung in der Diakonie ist nicht mehr nur die „Lust der Liebe". Vielmehr geht es um Darstellung der eigenen Leitideen, um Vergleich mit anderen Einrichtungen, um ständige Motivierung der Mitarbeiter, in manchen Fällen um die schiere Existenz.

Kann es sein, dass die Motivation aus Liebe, die Bereitschaft, sich anderen beruflich ganz zu verschreiben, nicht mehr ausreicht? Hat die Diakonie keine „Macht der Nächstenliebe" mehr, die auch in der Zukunft Tragfähigkeit garantiert? Muss die soziale Arbeit der Evangelischen Kirche Konkurs anmelden?

*Steffen Fleßa / Barbara Städtler-Mach*

## So kam ich zum Freiwilligen Sozialen Jahr

Angefangen hat es mit der ganz großen Orientierungslosigkeit. Mit 19 Jahren habe ich Abitur gemacht und dann versucht, mich an verschiedenen Unis für Psychologie einzuschreiben. Trotz meines eigentlich guten Notendurchschnitts habe ich eine Prognose von bis zu neun Jahren Wartezeit bekommen. Ich habe mich dann für das Soziale Jahr beworben und bin auch angenommen worden. Ich wollte unbedingt etwas im sozialen Bereich arbeiten, denn ich habe gern mit Menschen zu tun. Anfangs habe ich es auch schwer gehabt. Wenn jemand in einen Betrieb kommt, in dem die Mitarbeiter teilweise schon seit Jahren zusammenarbeiten, gut aufeinander eingestellt sind und er noch nie praktisch gearbeitet hat (geschweige denn im pflegerischen Bereich), muss er schon hartnäckig sein, um die ersten Wochen durchzustehen. Dazu kommt, dass diese Arbeit selbst einen Schock bedeuten kann. Als ich im Pflegeheim angefangen habe, habe ich nicht gewusst, dass viele alte Menschen inkontinent werden, das heißt, dass sie Stuhl und Urin nicht mehr halten können und meist auch gar nicht mehr merken, ob sie auf Toilette müssen. Auch habe ich nicht gewusst, dass viele Menschen im Alter dement, d. h. verwirrt werden. Ich glaube, dass unsere Gesellschaft diese Dinge einfach ausblendet. Alt und krank werden möchte niemand und etwas wissen will darüber eigentlich auch keiner. Wenn man jung ist, ist es vielleicht schwer damit umzugehen. Obwohl es für mich schon etwas bedrückend angefangen hat, war dieses Jahr eines der schönsten und wichtigsten meines Lebens. Freunde von mir fragen: Was war denn eigentlich jetzt so gut daran? Diese schwere Arbeit, Schichtdienst und so viel Elend und Tod, wieso hat es dir denn so gut gefallen? Weil ich wirklich das Gefühl hatte, wichtige Arbeit zu machen und Menschen, denen es sehr schlecht geht, das Leben ein bisschen zu verschönern. Die Heimbewohner sind so dankbar für ein freundliches Lächeln, ein bisschen Aufmerksamkeit und für jede kleine Geste. Mit der Zeit kennt man die alten Leute sehr gut und ich zumindest habe sie lieb gewonnen. Auch mit ihren Familien hat man zu tun und die Kollegen arbeiten eng zusammen. Außerdem ist das eine Arbeit, in der Rücksichtslosigkeit und Ellenbogen nicht gefragt sind. Ich denke, bei dieser Arbeit ist es das Wichtigste, dass man möglichst frei von Aggressionen ist, denn man hat viel Verantwortung. Ein Großteil der Alten ist einem völlig ausgeliefert. Wenn jemand nicht geduldig und einigermaßen mit sich im Reinen ist, kann er diese Macht sehr missbrauchen. Ich weiß jetzt, was mir Spaß macht und was ich arbeiten will. Direkt im Anschluss an das Jahr beginne ich meine Ausbildung als Krankenpflegerin.

Lisa Rosenbrock

# Aufgaben

- S. 159: Beschreiben Sie die einzelnen Bildelemente möglichst genau und deuten Sie sie. Erörtern Sie die Frage, welchen Stellenwert Mitmenschlichkeit und Nächstenliebe in der heutigen Zeit (noch) haben.
- S. 160: Schreiben Sie für jede der vier Positionen eine größere Sprechblase mit einer ausführlicheren Stellungnahme.
- S. 161: Untersuchen Sie, welches Lebensgefühl im Text beschrieben wird: Ist dem lyrischen Ich „wohl in seiner Haut"? Ist das beschriebene Lebensgefühl in der heutigen Gesellschaft weit verbreitet? – Nehmen Sie das Bild hinzu: Tauschen Sie sich in der Gruppe darüber aus, ob Sie in Ihrem Leben vergleichbare oder widersprechende Erfahrungen machen.
- S. 162: Analysieren Sie Aufbau und Aussage des Textes. Setzen Sie sich im Anschluss daran kreativ mit dem Text auseinander (Standbilder, Spielszenen, Collagen ...).
- S. 163: Meditieren Sie das Bild, z.B. so: Nehmen Sie in Gedanken den leeren Stuhl und stellen Sie ihn zu dem Symbol, das sie am meisten anspricht. Schreiben Sie einen Text, in dem Sie Ihre Gedanken und Assoziationen festhalten. – Stellen Sie den Gedankengang des Gedichts in Einzelsätzen dar. – Versuchen Sie die Gedanken Eggimanns bildlich umzusetzen.
- S. 164/5: Nehmen Sie Stellung zu Leistung und Grenzen Wicherns. – Informieren Sie sich über weitere Namen und Werke, die mit der Entstehung der Inneren Mission im 19. Jahrhundert verbunden sind, und vergleichen Sie sie mit J. H. Wichern. – Untersuchen Sie, inwiefern im „Rauhen Haus" die Prinzipien Wicherns umgesetzt wurden. Lässt das Bild davon etwas erkennen?
- S. 166: Schreiben Sie Bildlegenden zu den abgebildeten Szenen. – Informieren Sie sich über die dargestellten Arbeitsfelder der Diakonie. – Gestalten Sie zu einem der Arbeitsfelder ein Plakat oder ein Infoblatt.
- S. 167: Arbeiten Sie heraus, wie die diakonische Arbeit in den Texten dargestellt wird. – Führen Sie selber Interviews mit Personen, die in diakonischen Einrichtungen tätig sind, und werten Sie sie aus.
- S. 168: Erläutern Sie die abgedruckten Thesen. Sammeln Sie weitere Informationen über die Arbeit des Diakonischen Werkes. Untersuchen Sie, inwiefern das „Kronenkreuz" das Anliegen der Diakonie zum Ausdruck bringt.
- S. 169: Arbeiten Sie heraus, worin die neue Situation der Diakonie in der heutigen Zeit besteht. – Entwerfen Sie ein Szenario: diakonische Arbeit in der Zukunft.

▪ S. 170: Entwickeln Sie eine Gegenüberstellung: Lisa – vorher und nachher. – Schreiben Sie ihr einen „Brief", indem Sie zu ihren Erfahrungen Stellung nehmen.

## Projekte

- Materialien zum Thema „Diakonische Einrichtungen in unserer Region" zusammentragen und präsentieren
- Mitarbeiterinnen und Mitarbeiter der Diakonie in den Unterricht einladen und befragen
- Informationen über diakonische Einrichtungen (Bethel, Evangelisches Johannesstift Berlin, Himmelsthür u. a.) einholen und präsentieren (Prospekte anfordern, Internet!)
- Eine diakonische Einrichtung besuchen
- Informationen über die Hilfsorganisationen der beiden großen Kirchen einholen (Arbeitsfelder? Aktuelle Projekte? Finanzierung?); ein aktuelles Projekt heraussuchen und vorstellen. Internetadressen: www.diakonie.de; www.caritas.de; www.brot-fuer-die-welt.de; www.misereor.de

## Entdeckt, verstanden, gestaltet

Ich kann die Bedeutung von Mitmenschlichkeit *und* Nächstenliebe in der heutigen Zeit skizzieren.

Ich kann diakonisches Handeln als Äußerungsform des christlichen Glaubens beschreiben und anhand von Matthäus 25 (Rede Jesu vom Weltgericht) begründen.

Ich kann den Beitrag von *J. H. Wichern* zur Entstehung der Inneren Mission im 19. Jahrhundert darstellen und bewerten.

Ich kann verschiedene Bereiche diakonischen Handelns beschreiben und die Probleme und Schwierigkeiten der Diakonie in der heutigen Zeit beurteilen.

# Ethisch handeln: Sterbehilfe?

PATIENT AUF EINER INTENSIVSTATION

# Gibt es ein Recht auf den eigenen Weg?

*Nelleke Jorissen aus Den Haag hat eigene Erfahrungen mit der Sterbehilfe. Ihre unheilbar krebskranke Mutter entschied sich im Alter von 69 Jahren für die Euthanasie. Mit Frau Jorissen sprach Peter Blechschmidt von der Süddeutschen Zeitung.*

*Warum hat sich Ihre Mutter zur Euthanasie entschlossen?*

Im Frühjahr 1998 stand fest, dass der Krebs den ganzen Körper meiner Mutter erfasst hatte. Die Ärzte konnten nichts mehr für sie tun. Sie wollte nicht so lange leben, bis die Schmerzen unerträglich würden und sie nicht mehr bei Bewusstsein wäre. Der Hausarzt war bereit, ihr zu helfen. Es war ihr Wunsch, stolz und in Würde Abschied zu nehmen. Sie sagte: „Ich habe mein Leben gelebt, es war ein gutes Leben und nun bin ich bereit für die Reise." Am 24. Juni dann entschied sie, dass es so weit war. Die Schmerzen konnten nur noch mit Injektionen gelindert werden und sie wusste, dass diese Spritzen das Bewusstsein angreifen würden. Sie hätte höchstens noch drei oder vier Wochen zu leben gehabt.

*Was geschah dann?*

Wir setzten den 27. Juni, 7 Uhr abends, als den Zeitpunkt fest. Wir machten den Tag zu einem wirklich besonderen Tag, ernst und voller Liebe, mit vielen Kerzen und der Lieblingsmusik meiner Mutter, Panflöte. Wir tranken Wein und sprachen über die Zukunft der Familie. Am Morgen des Tages arrangierte ich die Beisetzung. Sie selbst wählte die Musik für die Trauerfeier aus.

*Was empfanden Sie dabei?*

Das war schon seltsam, als ich mit dem Bestattungsunternehmer sprach, während meine Mutter noch lebte. Aber sie wollte auch noch einmal bestätigt wissen, dass alles in Ordnung ist.

*Wie starb Ihre Mutter? Wollen Sie darüber reden?*

Natürlich, wir haben nie ein Geheimnis daraus gemacht. Zunächst bekam sie eine Überdosis eines starken Schlafmittels gespritzt und ein paar Minuten später ein Medikament, das den Herzmuskel lähmt. Sie lag in meinen Armen; meine Tochter hielt ihre Hand, die ganze Familie war da. Sie hatte keine Angst. Es war alles ganz friedlich.

*Hat sie sich die Spritzen selbst gesetzt?*

Nein, dazu war sie zu schwach. Der Hausarzt tat es.

*Was dachten Sie, als Ihre Mutter zum ersten Mal von Euthanasie sprach?*

Ich war nicht überrascht. Ich wusste, dass sie darüber nachdachte. Sie war so krank, aber sie war bei klarem Verstand. Und mir war bewusst, dass sie entschlossen war. Ich habe meine Mutter sehr geliebt, sie war eine ganz besondere Frau. Ich sagte: „Mama, ich verstehe Dich."

*Und Sie haben nie versucht, Ihre Mutter davon abzubringen?*

Nein, nein, welches Recht hätte ich dazu gehabt? Jeder Mensch hat das Recht, über seinen Weg selbst zu bestimmen. Wenn man sieht, dass ein geliebter Mensch so leidet, wie meine Mutter gelitten hat, dann ist der Tod gnädiger.

*Was empfanden Sie, als Ihre Mutter starb?*

Erleichterung. Es war ihr letzter Wille, und wenn ein Mensch in der letzten Phase seines Lebens steht, dann gibt es nichts Schöneres, als dass sein Wille in Erfüllung geht. Ich fühlte Frieden in mir.

*Würden Sie denselben Weg gehen?*

Definitiv. Unter solchen Umständen auf jeden Fall. Meine Vorstellung vom Leben ist Qualität, nicht Quantität. Ich möchte mich von meiner Familie verabschieden, solange ich dazu noch in der Lage bin.

*Fällt es Ihnen schwer, über den Tod Ihrer Mutter zu reden?*

Nein, nein. Wenn ich höre, dass die Leute gegen Euthanasie sind, weil Menschen sich zu leichtfertig dafür entscheiden könnten, dann möchte ich das aus der Welt schaffen. Menschen denken oft und lange über einen gnädigen Tod nach. Und es kann nur geschehen, wenn es ihr ureigener Wille ist.

# Hilfe zum Sterben oder Hilfe zum Leben?

*Auf die Frage, ob er für aktive Sterbehilfe sei, antwortet Hans-Ludwig Schreiber, Medizinjurist in Göttingen, in einem Interview:*
Ich kann es nicht einfach sagen. Ein guter Freund von mir hat unsäglich gelitten im Endstadium von Krebs, er konnte schlicht nicht mehr. Ich war nahe dran, ihm Gift zu holen, sehr nahe sogar. Dann habe ich es aber nicht getan. Stattdessen bin ich bei ihm sitzen geblieben, besuchte ihn jedes Wochenende, wir haben miteinander geredet und auch gealbert. Und wissen Sie was? Als er nicht mehr so isoliert war, da wollte er auch nicht mehr sterben. Dennoch meine ich: Wenn nur eine aktive Tötung unerträgliches Leid beenden kann, dann würde ich sie gestatten – in Ausnahmefällen, niemals generell.
*Gibt es, analog zum Recht auf das eigene Leben, ein Recht auf den eigenen Tod?*
Ja, sicher. Die Freiheit, ein Leben, das man nicht mehr ertragen kann, beenden zu dürfen, gehört zum Menschenrecht. Eine generelle Antwort auf diese Frage ist aber unendlich schwierig, weil sich da so viel mischt, auch Ökonomisches und Opportunistisches. Wenn aktive Euthanasie generell freigegeben würde, dann sind sich Kranke und Beschädigte buchstäblich ihres Lebens nicht mehr sicher. Permanent stünde ihnen die Aufforderung im Rücken: Warum stirbst du nicht endlich? Warum bittest du nicht um dein Ende?
*Die Option zum Tod würde zu einer moralischen Verpflichtung zum Tod.*
Genau, es hieße dann: Anständigerweise müsstest du von der Erde verschwinden, denn du bist uns zu teuer und zu lästig. Es heißt, 60 Prozent der gesamten Behandlungskosten eines Lebens fielen in den letzten zwei Jahren an. Da ist die Versuchung groß, marode Gesundheitssysteme durch die Tötung dieser Patienten zu sanieren. Und deshalb bin ich im Ergebnis gegen eine generelle Zulassung der aktiven Euthanasie. Trotzdem bleibe ich gespalten: Den Gnadentod, den man jedem Hund gewährt, warum soll man den nicht auch dem Menschen gönnen, wenn er am Ende ist?
*Ist ein Patiententestament ein geeignetes Instrument, mehr Klarheit zu schaffen?*
Ein Stück weit schon. Das Patiententestament ist die einzige Chance darauf, dass der originäre Wille des Betroffenen bei seinem Sterben Einfluss hat. Ich wundere mich, dass das Patiententestament in der Ärzteschaft immer noch nicht hinreichend respektiert wird. Da wird gesagt, es sei nur ein problematisches Indiz. Ich meine: Die Patientenverfügung sollte gelten, es sei denn, es gibt Anzeichen dafür, dass der Kranke es sich anders überlegt hat.
*Wandelt sich der Wille des Patienten nicht beträchtlich mit der konkreten Situation?*
Sicherlich. Aber nicht bei den allerschwersten Defektsituationen, das bezweifle ich.

*Als Ersatz soll ja auch der mutmaßliche Wille reichen. Würden Sie sich zutrauen zu entscheiden, ob ein Kranker mutmaßlich leben oder sterben will?*
Da muss man vorsichtig sein. Der mutmaßliche Wille ist ein sehr manipulatives Instrument; er richtet sich nach dem des durchschnittlich Vernünftigen. Wir Gesunden würden also einem Kranken, in dessen Lage wir uns gar nicht hineindenken können, unsere Auffassungen aufpressen. Das führt leicht zu Fiktionen.
*In den Niederlanden ist die Todesspritze sehr gefragt: Über 3000 Patienten werden dort jährlich von ihrem Arzt euthanasiert, in den USA hat ein Arzt sogar mit einer Tötungsmaschine experimentiert.*
Die Niederländer gehen eindeutig zu weit. Dort werden ja auch Depressive getötet, HIV-Positive, die noch nicht einmal krank sind, selbst Leute, die gar nicht sterben wollten oder diesen Willen niemals selber geäußert haben. Das holländische Modell wurde ja anfangs sehr bejubelt. Mittlerweile zeigen sich aber Auswüchse, die deutlich machen, dass aktive Euthanasie keine generelle Regelung sein darf.
*In den Niederlanden wie in Deutschland würde der Wunsch nach aktiver Sterbehilfe womöglich schwinden, wenn Schwerstkranke auf mehr Pflege und Aufmerksamkeit stießen.*
Unser Krankenhaussystem ist auf Akutbehandlung ausgerichtet. In diesem System werden viele Schwerstleidende und hoffnungslos Kranke einfach an den Rand gedrängt, sie fallen durch. Würden sie besser aufgehoben und unterstützt werden, bliebe das Problem der Sterbehilfe immer noch akut, aber der Wunsch nach schneller aktiver Beendigung ihres Lebens würde seltener geäußert. So wie die Lage jetzt ist, besteht die Gefahr, dass man den Mangel an pflegender Medizin einfach dadurch löst, dass man die Patienten abschafft.
*In Deutschland hat es in Sachen Sterbehilfe einen dramatischen Meinungswandel gegeben. 1994 stimmten noch 80 Prozent für aktive Sterbehilfe, jetzt sind es nur noch 40 Prozent.*
Ja, das ist interessant. Über zwei Jahrzehnte stand im Vordergrund, dass man dem Leidenden seine Leiden ersparen und ihm weit weg von der Intensivstation einen würdigen Tod ermöglichen sollte. Dann aber kam eine Bewegung auf, die ganz radikal herausgestellt hat, wie sehr diese scheinbare Humanität Diebstahl von Leben sein kann. Dieser Umschwung spiegelt die Furcht vieler um ihr Leben wider in einer Zeit, in der das Gesundheitswesen in der Krise steht. Mir haben bei Veranstaltungen immer wieder die aktiven Behinderten imponiert. Anfangs dachte ich, die machen nur Rabatz. Aber dann habe ich gemerkt: Die haben wirklich Angst um ihr Leben. Den eigenen schrecklichen, gequälten Tod finden sie jetzt vergleichsweise weniger gefährlich.

# Dem Sterben

Alexej Jawlensky

# einen Sinn abgewinnen

„Ich sitze und arbeite. Das sind meine schönsten Stunden. Ich arbeite für mich, nur für mich und meinen Gott. Die Ellbogen schmerzen dabei sehr. Oft bin ich wie ohnmächtig vor Schmerzen. Aber meine Arbeit ist mein Gebet, aber ein leidenschaftliches, durch Farben gesprochenes Gebet. Ich leide. Ich muss viel arbeiten und ich tue das. Gott weiß, wie lange ich den Pinsel noch halten kann. O Gott! Ich arbeite mit Ekstase und mit Tränen in den Augen und ich arbeite so lange, bis die Dunkelheit kommt. Dann bin ich erschöpft und ich sitze unbeweglich, halb ohnmächtig und mit schrecklichen Schmerzen in den Händen."

*Alexej Jawlensky*

## Ecce Homo

Weniger als die **Hoffnung** auf ihn

das ist der **Mensch**
einarmig
*immer*

Nur der **Gekreuzigte**
beide Arme
weit *offen*
der **Hier-Bin-Ich**

*Hilde Domin*

„Wenn ich einmal soll scheiden..."

Albrecht Dürer, o.J.

## Golgatha

Wann
wenn nicht
um die neunte Stunde
als er schrie
sind wir ihm
wie aus dem Gesicht geschnitten.

Nur seinen Schrei
nehmen wir ihm noch ab
und verstärken ihn
in aller Munde.

Brüste sich
wer da will
mit seinem Mut
der Verzweiflung;

meine Angst
kann sich sehen lassen.

*Eva Zeller*

## O Haupt voll Blut und Wunden

O Haupt voll Blut und Wunden,
voll Schmerz und voller Hohn,
o Haupt, zum Spott gebunden
mit einer Dornenkron,
o Haupt, sonst schön gezieret
mit höchster Ehr und Zier,
jetzt aber hoch schimpfieret:
gegrüßet seist du mir!

Wenn ich einmal soll scheiden,
so scheide nicht von mir,
wenn ich den Tod soll leiden,
so tritt du dann herfür;
wenn mir am allerbängsten
wird um das Herze sein,
so reiß mich aus den Ängsten
kraft deiner Angst und Pein.

Erscheine mir zum Schilde,
zum Trost in meinem Tod,
und lass mich sehn dein Bilde
in deiner Kreuzesnot.
Da will ich nach dir blicken,
da will ich glaubensvoll
dich fest an mein Herz
drücken. Wer so stirbt,
der stirbt wohl

*Paul Gerhardt*

# Kann man würdevoll sterben?

Im April 1967 wurde in London das St.Christopher's Hospice eröffnet. Das Ziel der Klinik ist es, „die Einsamkeit des Todes in unserer Gesellschaft zu überwinden und dem Menschen im Sterben etwas von seiner Würde zurückzugeben". So sagt es die Chefärztin Dr. Cicely Saunders. Ich habe das St.Christopher's Hospice besucht, nicht als Reporterin, sondern als eine der etwa hundert freiwilligen Helfer, die den Schwestern die grobe Arbeit abnehmen, sodass sie sich ganz auf die Pflege der 54 Todkranken konzentrieren können. Und ich habe in dieser langen Woche oft an Mrs. Hannah gedacht, die den Einsatz von „volunteers" organisiert und die mir gesagt hatte: „Wenn Sie hier helfen wollen, müssen Sie wissen, was Sie erwartet. Nach St.Christopher's kommen nur Kranke, die von den Ärzten aufgegeben worden sind. Die meisten haben Krebs im Endstadium und eine durchschnittliche Lebenserwartung von zwei Wochen. Unsere Aufgabe ist es nicht, Leben zu verlängern, sondern Leiden zu lindern. Und Sie werden sehr viel Leid hier sehen. Hier geht es nur abwärts, nie bergauf. Unser Erfolg liegt einzig in einem schmerzlosen, würdigen, friedlichen Tod der Patienten."

An einem Montag, morgens um acht, stehe ich in der hellen, modernen Empfangshalle der Klinik. Meine erste Begegnung mit den Menschen, die auf den Tod warten, ist nicht so erschütternd, wie ich befürchtet hatte. Das mag an der lebensbejahenden Atmosphäre dieses Krankenhauses liegen.
Die meisten Schwerkranken sehen so aus, als sei ihre Todesstunde schon gekommen: Fahl, abgemagert, die Augen tief in den Höhlen, dämmern sie dahin, betäubt von hohen Dosen schmerzstillender Mittel.
Ich habe Dienst auf der Männerstation. Bevor ich Mr. Grossmann die Schüssel unterschiebe, ziehe ich die orangefarbenen Vorhänge um sein Bett zu. Diese Vorhänge, die an einer Schiene um jedes Bett laufen, spielen hier eine große Rolle. Durch sie bleibt die Intimsphäre gewahrt. Mr. Grossmann ist seit fünf Tagen hier: Lungenkrebs im letzten Stadium. Aber niemand würde auf die Idee kommen, ihm seine Zigaretten wegzunehmen. „Er soll in seinen letzten Wochen tun, was ihm noch Spaß macht", sagt Schwester Miller.
Während ich die Bettschüssel desinfiziere, ruft mich Schwester Cumin Scott über ihr Funkrufgerät. „Das muss der neue Patient sein, der heute kommen soll, Mr. Philipps." Wir gehen in die Empfangshalle. Mr. Philipps sieht erschreckend aus. Seine Frau steht dabei, als er aus dem Krankenwagen gehoben wird. Ihre Hände zittern. Die Pfleger fahren das Bett an den Ambulanzwagen. Im Aufzug wird Mr. Philipps nach oben gefahren. Seine Frau muss nicht in der Anmeldung warten, wie es sonst in Kran-

kenhäusern üblich ist, sondern bleibt die ganze Zeit über bei ihm. Er bittet um eine Zigarette und erhält sie. Eine Minute später kippt er nach vorn, die Zigarette fällt auf den Boden. „Mein Gott, er stirbt ja!", rufe ich. Schwester Cumin Scott schüttelt den Kopf. „Wir achten in erster Linie auf die Hautfarbe. Wenn sie wachsgelb wird und der Kopf nach hinten sinkt, geht es meist zu Ende."
„Ist es nicht deprimierend für den Kranken", frage ich, während wir wieder nach unten gehen, „um sich herum nur Sterbende zu sehen?" „Wir wollen ja gar nicht, dass der unheilbar Kranke sich falsche Hoffnungen macht. Aber wenn er Ängste hat, wenn er sich aussprechen möchte – irgendeine Schwester nimmt sich Zeit für ihn, gleich, zu welcher Stunde. Der Sterbende braucht nichts so sehr wie liebevolles Mitgefühl, selbst wenn er schon im Koma liegt."

Danach lasse ich Wasser ein für Rebecca. Mit ihren 21 Jahren ist sie das Nesthäkchen der Station. Rebecca kann ihre Bewegungen nicht kontrollieren; gestützt auf eine Schwester und mich, setzt sie ungelenk wie eine Gummipuppe einen Fuß vor den anderen. Sie leidet an einer unheilbaren Gehirnkrankheit.

Sonnabend, mein letzter Arbeitstag. Zwei Tage standen in der Vase von Mrs. Levine drei kümmerliche verwelkte Rosen. Ich habe ihr Blumen mitgebracht und unterhalte mich einen Augenblick mit ihr. Mrs. Levine ist seit einem Jahr in St. Christopher's und seit zehn Jahren mit Multipler Sklerose an den Rollstuhl gefesselt. „Ich habe mich in all den Jahren meiner Krankheit eigentlich nirgendwo so wohl gefühlt wie hier", sagt sie. „Hier sorgt man sich um mich. Zu Hause musste ich zuletzt einmal die Feuerwehr rufen, als ich auf die Toilette wollte und niemand da war." „Und die vielen Menschen, die Sie in diesem Jahr hier haben sterben sehen?", frage ich. „Wie werden Sie damit fertig?"
„Damit muss man sich in St. Christopher's abfinden. Manchmal bleiben neue Patienten nur ein, zwei Tage hier, dann ist alles vorbei. Aber wenn man sieht, wie friedlich die meisten sterben, verliert der eigene Tod seinen Schrecken."

*Fee Zschocke*

# Droht eine „Euthanasiekultur"?

Eine Patientin mit metastasiertem Brustkrebs litt unter schweren Schmerzen. Eine Erhöhung des Morphiums hatte zunächst keinen Erfolg. Vor einigen Wochen hatte sie in der Ambulanz dem Arzt gesagt, sie würde aufgrund ihrer Überzeugungen nie Euthanasie beantragen. Nun wurde sie an einem Samstag von diesem Arzt aufgenommen und erhielt Midazolam und Morphium. Sie wurde vorübergehend bewusstlos, und das Midazolam wurde herabgesetzt. Als sie wieder erwachte, war sie schmerzfrei. Nach dem Wochenenddienst ging der Arzt am Montag nach Hause; die Patientin starb eine halbe Stunde später. Am nächsten Tag erzählte eine Schwester dem Arzt, ein Kollege habe eine 20-fache Erhöhung der Morphiumdosis angeordnet. Die Familie der Patientin war gebeten worden, den Raum zu verlassen, der Arzt gab die Anordnung nur mündlich und wollte sie nicht schriftlich bestätigen. Von dem ersten Arzt zur Rede gestellt, erklärte der Kollege: „Es hätte noch eine Woche bis zu ihrem Tod dauern können und ich brauchte dringend das Bett."

Ein alter Mann lag wegen eines metastasierenden Bronchialkarzinoms im Sterben. Seine Symptome waren gut beherrschbar, und er bat darum, entlassen zu werden, um zu Hause zu sterben. Als seine vier Kinder dies erfuhren, wollten sie seine Pflege nicht übernehmen. Auch nach wiederholten Gesprächen weigerten sie sich; stattdessen verwiesen sie auf das Leiden ihres Vaters und die Notwendigkeit, es „im Namen der Menschlichkeit" rasch zu beenden. Als der Arzt dies ablehnte, drohten sie, ihn zu verklagen. Der Patient bestand weiter auf der Entlassung nach Hause, und so ging eine Sozialarbeiterin hin, um nach dem Rechten zu sehen. Sie fand das Haus leer vor, alle Möbel waren schon von der Familie entfernt worden.

*Thomas Fuchs*

Exemplarisch hat der Euthanasieexperte Chris Rutenfrans den Fall einer Frau berichtet, die nicht mehr länger für ihren Ehemann sorgen wollte. Diese stellte ihn vor die Wahl zwischen Euthanasie oder Pflegeheim. Der Mann wählte den Tod. Obwohl der Arzt die Situation bestens kannte, hinderte ihn nichts daran, das Leben des Ehemanns zu beenden.

*Fuat S. Oduncu / Wolfgang Eisenmenger*

# Aufgaben

- S. 173: Erzählen Sie die Geschichte des Menschen, der da liegt.
- S. 174/5: Notieren Sie, wie das Vorgehen der Familie emotional auf Sie wirkt! – Schreiben Sie einen Brief an Nelleke Jorissen, in dem Sie auf das Vorgehen der Familie eingehen. – Notieren Sie, was der Patient nach Ihrer Meinung sagen will.
- S. 176/7: Notieren Sie Schreibers Argumente für und gegen aktive Sterbehilfe! – Diskutieren Sie die Idee des Grafikers, den Text mit dem Bild eines „jungen Geschäftsmanns" zu hinterlegen.
- S. 178: Deuten Sie das Bild vor dem Hintergrund des dazugehörigen Textes. – Führen Sie ein Schreibgespräch zum Thema dieser Doppelseite. – Probieren Sie, das Gedicht auf unterschiedliche Weise zu lesen, bis Sie glauben, den Sinn zu erfassen. Antworten Sie dann im Sinn des Gedichts auf die Frage: Was/wie ist der Mensch?
- S. 180: „Wahrer Mensch und wahrer Gott" – so lautet eine Glaubensformel zum Wesen Jesu Christi. Deuten Sie auf dem Hintergrund dieser Formel das Bild.
- S. 181: Arbeiten Sie die Verbindungen heraus, die in dem Gedicht zwischen dem Gekreuzigten und dem Menschen hergestellt werden. – Sagen Sie es mit eigenen Worten: Was lernt Eva Zeller von Jesus? – Nennen Sie Erfahrungen und Hoffnungen, die sich in dem Lied „O Haupt voll Blut und Wunden" ausdrücken. – Zeichnen Sie den Gedankengang der Strophen nach. – Erklären Sie, wie ein Mensch im Leid in Jesu Leiden Trost finden kann; ziehen Sie hierfür die Texte Röm 8, 31–39 und Mt 28,20 heran.
- S. 182/3: Lesen Sie den Text unter der Fragestellung, was ein Hospiz von gewöhnlichen Krankenhäusern unterscheidet. – Notieren Sie, was der Patient auf dem Bild sich wünschen könnte und ob/wie ein Hospiz diese Wünsche erfüllen kann. – Diskutieren Sie, ob bzw. inwiefern Hospize eine Antwort auf die Problematik der aktiven Sterbehilfe sind.
- S. 184: Nennen Sie die Missstände, die hier angesprochen werden. – Diskutieren Sie, wie solchen Missständen begegnet werden kann.

## Projekte

- Videoclips, die sich mit dem Thema Tod beschäftigen, auswählen und vorstellen
- Im Gesangbuch die Lieder nachschlagen, die Sterben thematisieren
- Im Biologieunterricht Informationen über die verschiedenen Definitionen und Stadien des Todes („Hirntod", „biologischer Tod", „totaler Tod") einholen
- Ein Referat erarbeiten zu: Elisabeth Kübler Ross, Interviews mit Sterbenden
- Auf der Homepage des Justizministeriums Informationen über die Gesetzeslage hinsichtlich der Sterbehilfe einholen (§ 216 Strafgesetzbuch regelt Tötung auf Verlangen)
- Eine Stellwand gestalten über die Standpunkte der Bundesärztekammer (www.bundesaerztekammer.de), der „Gesellschaft für humanes Sterben" (www.dghs.de) und über die Christliche Patientenverfügung (www.patientenverfuegung.de)

## Entdeckt, verstanden, gestaltet

**Ich kenne** die Unterscheidung zwischen Töten und Sterbenlassen (aktiver und passiver Sterbehilfe).

**Ich kann** Argumente für und gegen aktive Sterbehilfe nennen, erläutern und beurteilen.

**Ich kenne** die Denkfigur, dass Sterben zum Leben gehört, kann sie erläutern und diskutieren.

**Ich kenne** die christliche Vorstellung vom Trost, der im Leiden Jesu liegt, und kann sie an einem Beispiel ausführen.

**Ich kann** die Ziele der Hospizbewegung vorstellen und sie als Verdichtung der Überzeugung deuten, dass aktive Sterbehilfe nicht die einzige Antwort auf die Angst vor einem qualvollen Sterben ist.

# Menschenwürde und Menschenrechte

Zinate Engel

# Begründungen der Menschenwürde

Michelangelo, 1502–12

Der Mensch im System der Natur (homo phaenomenon) ist ein Wesen von geringer Bedeutung und hat mit den übrigen Tieren, als Erzeugnissen des Bodens, einen gemeinen Wert. Allein der Mensch als *Person* betrachtet, d. i. als Subjekt einer moralisch-praktischen Vernunft, ist über allen Preis erhaben; denn als ein solcher (homo noumenon) ist er nicht bloß als Mittel zu anderer ihren, ja selbst seinen eigenen Zwecken, sondern als Zweck an sich selbst zu schätzen, d. i. er besitzt eine Würde (einen absoluten innern Wert), wodurch er allen andern vernünftigen Weltwesen Achtung für ihn abnötigt. Die Menschheit in seiner Person ist das Objekt der *Achtung*, die er von jedem anderen Menschen fordern kann. Ein jeder Mensch hat rechtmäßigen Anspruch auf Achtung von seinen Nebenmenschen, und wechselseitig ist er dazu auch gegen jeden anderen verbunden.
Die Menschheit selbst ist eine Würde; denn der Mensch kann von keinem Menschen (weder von anderen noch so gar von sich selbst) bloß als Mittel, sondern muss jederzeit zugleich als Zweck gebraucht werden und darin besteht eben seine Würde (die Persönlichkeit), dadurch er sich über alle andere Weltwesen, die nicht Menschen sind, und doch gebraucht werden können, mithin über alle Sachen erhebt. Gleichwie er also sich selbst für keinen Preis weggeben kann (welches der Pflicht der Selbstschätzung widerstreiten würde), so kann er auch nicht der eben so notwendigen Selbstschätzung anderer, als Menschen, entgegen handeln, d. i. er ist verbunden, die Würde der Menschheit an jedem anderen Menschen praktisch anzuerkennen, mithin ruht auf ihm eine Pflicht, die sich auf die jedem anderen Menschen notwendig zu erzeigende Achtung bezieht.

*Immanuel Kant*

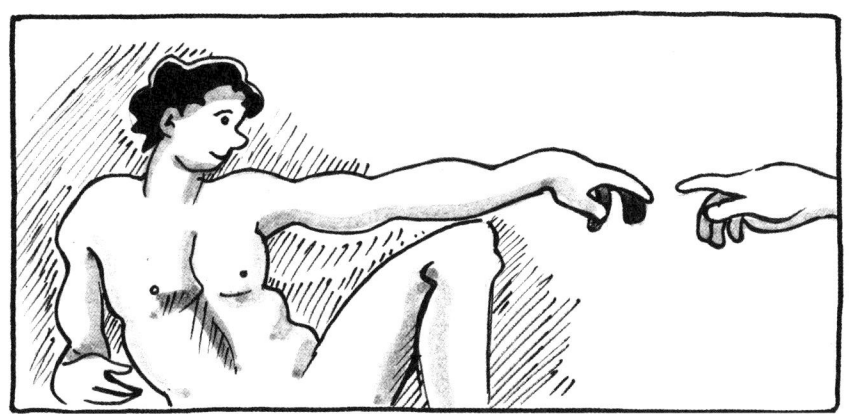

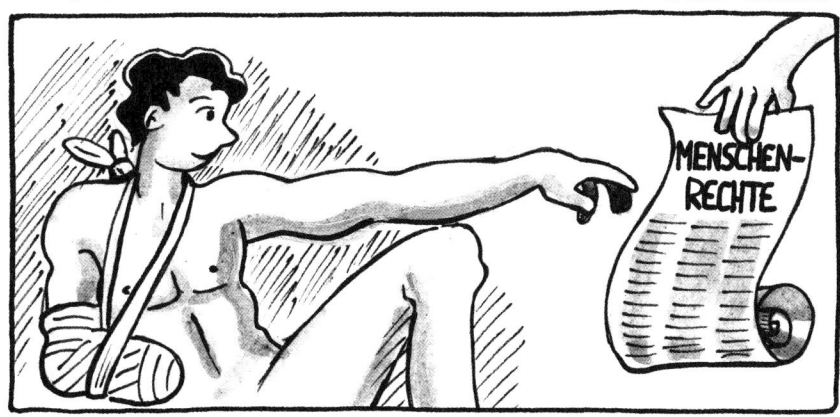

# Menschenrechtserklärung der Vereinten Nationen (1948)

1. Alle Menschen sind frei und gleich an Würde und Rechten geboren. Sie sind mit Vernunft und Gewissen begabt und sollen einander im Geiste der Brüderlichkeit begegnen.

2. Jedermann hat Anspruch auf die in dieser Erklärung proklamierten Rechte und Freiheiten ohne irgendeine Unterscheidung, wie etwa nach Rasse, Farbe, Geschlecht, Sprache, Religion, politischer oder sonstiger Überzeugung, nationaler oder sozialer Herkunft, nach Vermögen, Geburt oder sonstigem Status. [...]

3. Jedermann hat das Recht auf Leben, Freiheit und Sicherheit der Person.

5. Niemand darf der Folter oder grausamer, unmenschlicher oder erniedrigender Behandlung oder Strafe unterworfen werden.

9. Niemand darf willkürlich festgenommen, in Haft gehalten oder des Landes verwiesen werden.

11. (1) Jeder wegen einer strafbaren Handlung Angeklagte hat Anspruch darauf, als unschuldig zu gelten, bis eine Schuld in einem öffentlichen Verfahren, in dem er alle für seine Verteidigung notwendigen Garantien gehabt hat, gemäß dem Gesetz nachgewiesen ist.

16. Männer und Frauen im heiratsfähigen Alter haben ohne Beschränkung auf Grund der Rasse, der Staatsangehörigkeit oder der Religion das Recht, eine Ehe einzugehen und eine Familie zu gründen. Sie haben gleiche Rechte bei der Eheschließung, während der Ehe und bei Auflösung der Ehe.

18. Jedermann hat das Recht auf Gedanken-, Gewissens- und Religionsfreiheit; dieses Recht umfasst die Freiheit, seine Religion oder seine Weltanschauung zu wechseln, sowie die Freiheit, seine Religion oder seine Weltanschauung allein oder in Gemeinschaft mit anderen, öffentlich oder privat durch Unterricht, Ausübung, Gottesdienst und Beachtung religiöser Bräuche zu bekunden.

19. Jedermann hat das Recht auf Freiheit der Meinung und der Meinungsäußerung; dieses Recht umfasst die unbehinderte Meinungsfreiheit und die Freiheit, ohne Rücksicht auf Staatsgrenzen Informationen und Gedankengut durch Mittel jeder Art sich zu beschaffen, zu empfangen und weiterzugeben.

29. (1) Jedermann hat Pflichten gegenüber der Gemeinschaft, in der allein die freie und volle Entwicklung der Persönlichkeit möglich ist. (2) Jedermann ist bei der Ausübung seiner Rechte und Freiheiten nur den Beschränkungen unterworfen, die das Gesetz ausschließlich zu dem Zweck vorsieht, die Anerkennung und Achtung anderer zu sichern. [...]

# Kairoer Erklärung der Menschenrechte (1990)

1. a) Alle Menschen bilden eine Familie, deren Mitglieder durch die Unterwerfung unter Gott vereint sind und alle von Adam abstammen. Alle Menschen sind gleich an Würde, Pflichten und Verantwortung, und das ohne Ansehen von Rasse, Hautfarbe, Sprache, Geschlecht, Religion, politischer Einstellung, sozialem Status oder anderen Gründen.

2. a) Das Leben ist ein Geschenk Gottes, und das Recht auf Leben wird jedem Menschen garantiert. Es ist die Pflicht des Einzelnen, der Gesellschaft und der Staaten, dieses Recht vor Verletzung zu schützen, und es ist verboten, einem anderen das Leben zu nehmen, außer wenn es die Scharia verlangt. [...] d) Das Recht auf körperliche Unversehrtheit wird garantiert. Jeder Staat ist verpflichtet, dieses Recht zu schützen, und es ist verboten, dieses Recht zu verletzen, außer wenn ein von der Scharia vorgeschriebener Grund vorliegt.

6. a) Die Frau ist dem Mann an Würde gleich, sie hat Rechte und auch Pflichten; sie ist rechtsfähig und finanziell unabhängig, und sie hat das Recht, ihren Namen und ihre Abstammung beizubehalten. b) Der Ehemann ist für den Unterhalt und das Wohl der Familie verantwortlich.

10. Der Islam ist die Religion der reinen Wesensart. Es ist verboten, irgendeine Art von Druck auf einen Menschen auszuüben oder seine Armut oder Unwissenheit auszunutzen, um ihn zu einer anderen Religion oder zum Atheismus zu bekehren.

22. a) Jeder Mensch hat das Recht auf freie Meinungsäußerung, soweit er damit nicht die Grundsätze der Scharia verletzt. b) Jeder Mensch hat das Recht, in Einklang mit den Normen der Scharia für das Recht einzutreten, das Gute zu verfechten und vor dem Unrecht und dem Bösen zu warnen. c) Information ist lebensnotwendig für die Gesellschaft. Sie darf jedoch nicht dafür eingesetzt und missbraucht werden, die Heiligkeit und Würde der Propheten zu verletzen, die moralischen und ethischen Werte auszuhöhlen und die Gesellschaft zu korrumpieren, ihr zu schaden oder ihren Glauben zu schwächen.

24. Alle Rechte und Freiheiten, die in dieser Erklärung genannt wurden, unterstehen der islamischen Scharia.

25. Die islamische Scharia ist die einzige zuständige Quelle für die Auslegung oder Erklärung jedes einzelnen Artikels dieser Erklärung.

## Universal oder kulturabhängig?

Nach dem Ende des Zweiten Weltkrieges wurden plötzlich im Westen die Menschenrechte als universell geltendes Gut entdeckt. Es begann ein Kreuzzug der Propaganda. Die Universalität der Menschenrechte, als deutliches Produkt der westlichen Staatsentwicklung der letzten zwei Jahrhunderte, sollte durch diesen Kreuzzug allen Ländern der Welt, ohne Rücksicht auf die kulturellen Differenzen dieser Länder, aufoktroyiert werden. Diese Art, einer anderen Kultur zu begegnen, entspricht dabei völlig der westlichen Gewohnheit, alle Kulturen durch eurozentristische Augen zu betrachten. Die westliche Kultur behandelt alle übrigen Kulturen dieser Welt herabwürdigend und versucht durch ihren kulturellen Imperialismus den vergangenen, mit der heutigen westlichen Auffassung der Menschenrechte nicht mehr kompatiblen Imperialismus der letzen Jahrhunderte zu ersetzen. Eindeutige Beispiele der westlichen Überheblichkeit sind nicht schwer zu finden. In einer Zeit, wo in China Frauen schon Gleichberechtigung erfuhren, fand Olympe de Gouges (1748–1793), eine tapfere Frau, die sich für die Gleichstellung der Frauen mit den Männern in Frankreich einsetzte, den Tod in der Guillotine. Die Liste der Beispiele der „doppelten Moral" des Westens lässt sich bis in die heutige Zeit erweitern. Man denke nur, wie die USA, „der große Verfechter der Universalität der Menschenrechte", mit ihren eigenen nicht-weißen Bürgern umgegangen sind.
Dieses Beispiel zeigt deutlich, dass für die westliche Zivilisation Menschen nicht gleich Menschen sind. Die großen Argumente der Universalität der Menschenrechte kommen nur zur Geltung, wo sie den vitalen Interessen des Westens zunutze sind. Denn wie lässt sich anders verstehen, dass in Jugoslawien massiv eingegriffen wird im Namen der Menschenrechte und ein paar Jahre früher in Ruanda nicht, wo das Ausmaß der Verletzungen der Menschenrechte weit größer war. Durch die Moral der „doppelten Standards" wird versucht, im Namen der Universalität der Menschenrechte die westliche Auffassung durchzusetzen, wobei mit grober Überheblichkeit übersehen wird, dass andere Kulturen, wie die chinesische, viel früher über Menschenrechte verfügten. Es wird geleugnet, dass andere Denk- und Geschichtstraditionen außerhalb des euro-atlantischen Raumes über andere Auffassungen und Prinzipien verfügen im Verhältnis Staat (Gesellschaft) – Individuum. Diese Auffassungen basieren auf den verschiedenen Menschenbildern der jeweiligen Kulturen. Die verschiedenen Menschenbilder haben als Folge ein verschiedenes Verständnis der Rolle des Individuums in der Gesellschaft und allgemein im politischen System.

*Nicolas Kredel, Alexander Theodoridis, 2000*

John Moore

# Gibt es einen gerechten Krieg?

1. Was immer dem göttlichen Gebot widerspricht, ist Sünde. Kriegführen aber widerspricht dem göttlichen Gebot, denn Mt 5,39 heißt es: „Ich aber sage euch: Widersteht dem Bösen nicht!" Und Röm 12,19 heißt es: „Verteidigt euch nicht selbst, Geliebteste, sondern überlasst Gott den Zorn!" Also ist Kriegführen immer Sünde.

2. Nichts widerspricht dem Akt der Tugend als die Sünde. Krieg aber widerspricht dem Frieden. Also ist Krieg immer Sünde.

ANDERERSEITS sagt Augustin: „Wenn die christliche Ordnung die Kriege grundsätzlich als Schuld erklärte, so würde im Evangelium eher der Rat gegeben, die Waffen abzulegen und jeden Kriegsdienst zu verweigern. Es wird aber gesagt: „Verübt gegen niemanden Erpressung. Seid zufrieden mit eurem Solde!" [Lk 3,14]

ANTWORT: Zu einem gerechten Krieg sind drei Dinge erforderlich: *Erstens* die Vollmacht des Fürsten, auf dessen Befehl hin der Krieg zu führen ist. Denn es ist nicht Sache von Privatpersonen, einen Krieg zu veranlassen. *Zweitens* wird ein gerechter Grund verlangt. Es müssen nämlich diejenigen, die mit Krieg überzogen werden, dies einer Schuld wegen verdienen. Deshalb sagt Augustin: „Unter gerechten Kriegen versteht man solche, durch welche Unrecht geahndet wird." *Drittens* wird verlangt, dass die Kriegsführenden die rechte Absicht haben, nämlich entweder das Gute zu mehren oder das Böse zu meiden. Deshalb sagt Augustin: „Bei den wahren Verehrern Gottes haben auch die Kriege Friedenscharakter bekommen, insofern sie nicht aus Gier oder Grausamkeit, sondern aus Eifer für den Frieden geführt werden." Es kann aber vorkommen, dass der Krieg wegen einer verkehrten Absicht unerlaubt wird, obwohl die Vollmacht dessen, der ihn erklärt, rechtmäßig ist und ein gerechter Grund vorliegt.

Zu 1.: Solche Gebote sind nach Augustin immer zu beachten in der Bereitschaft des Herzens, so nämlich, dass der Mensch immer bereit ist, auf Widerstand oder Selbstverteidigung zu verzichten, wenn es Not tut. Zuweilen aber muss man anders handeln um des Gemeinwohles willen und auch um des Wohles derer willen, mit denen man kämpft.

Zu 2.: Auch diejenigen, die einen gerechten Krieg führen, wollen den Frieden. Deshalb sind sie nur dem schlechten Frieden entgegen. Deshalb sagt Augustin: „Der Friede wird nicht angestrebt, um Krieg führen zu können; sondern es wird Krieg geführt, um den Frieden zu erlangen. Also sollst du auch im Kriege zum Frieden wirken, auf dass du diejenigen, die du bekämpfst, durch den Sieg zur Wohltat des Friedens führst."

*Thomas von Aquin, 13. Jahrhundert*

# Muss man wirklich seine Feinde lieben?

*I*hr habt gehört, dass gesagt ist: „Du sollst deinen Nächsten lieben" (3. Mose 19,18) und deinen Feind hassen. Ich aber sage euch: Liebt eure Feinde, segnet, die euch fluchen, tut wohl denen, die euch hassen, und bittet für die, die euch beleidigen und verfolgen, damit ihr Kinder seid eures Vaters im Himmel. Denn er lässt seine Sonne aufgehen über Böse und Gute und lässt regnen über Gerechte und Ungerechte.

*Mt 5,43–45*

*F*ür eine Trennung zwischen privater und politischer Ethik gibt es keinen einzigen Hinweis in der Bergpredigt. Die Gerechtigkeit Jesu ist universal. Die geforderte Vollkommenheit steht in Zusammenhang mit seiner Kritik an jener Liebe, die zwar die Freunde, nicht aber die Feinde einschließt. Nächstenliebe ist nach Jesus noch nicht vollkommen, wahre Liebe umfasst auch die Feinde. Das ist politischer Sprengstoff, der freilich fast noch nie benutzt wurde in der Weltgeschichte. Der bisher genutzte Sprengstoff war meist anderer Art. Vielleicht fällt es uns deshalb so schwer, an den Sprengstoff der Bergpredigt zu glauben. Wer die Heilkraft der Bergpredigt nicht in seinem Privatleben erfährt, wird sich ihr auch politisch nicht aussetzen können.

*Franz Alt, 1983*

*D*ie Idee, die Bergpredigt unmittelbar auf die Außenpolitik unseres Staates zu übertragen, kann man leicht bewerten, indem man sie auf den extremen Fall anwendet: Was hätte es dem Frieden genützt, wenn ein ausländischer Staat Hitler oder Stalin auch noch die andere Backe hingehalten hätte? Das sind in ihrer Naivität absurde Vorstellungen, die völlig abstrahieren von der konkreten geschichtlichen Erfahrung. Jemand, der für andere entscheidet, muss sich – jedenfalls in der Demokratie – dafür verantworten. Er muss sich vor Gott oder – wenn es weniger aufwändig klingen soll – vor dem eigenen Gewissen entscheiden, umso mehr, wenn er für andere entscheidet. Er muss die Folgen für alle verantworten. Der Irrtum derer, die Waffenlosigkeit predigen, liegt darin, dass sie die Lauterkeit ihrer Motive bereits für den Erfolg halten. Ich war und bin der Meinung, dass es ein Irrtum wäre, die Bergpredigt als einen Kanon für staatliches Handeln aufzufassen. So ist sie nicht gemeint gewesen; sie war in einer anderen Zeit für eine andere Gemeinde für eine andere Lage gesprochen.

*Helmut Schmidt, 1976*

# Ist Arbeitslosigkeit „ungerecht"?

Seit ich keine Arbeit mehr habe, habe ich Zeit, unendlich viel Zeit. Die Tage dämmern dahin ohne Sinn, ohne Richtung, sie breiten sich aus wie Tintenflecke auf Löschpapier, bis sie verblassen, im Nichts vergehen. Ich frühstücke, schalte den Fernseher ein, lasse mich berieseln – mich interessiert alles. Reportagen über Workaholics, Aufsteiger oder Wunderkinder machen mich allerdings nervös und werden weggezappt. Seit ich Arbeitsloser bin, schaffe ich nur mit Mühe meine häuslichen Pflichten. Kleine Reparaturen, Malerarbeiten, Ausbesserungen, früher nach Feierabend oder am Wochenende erledigt, schiebe ich jetzt endlos vor mir her. Das Nichtstun verselbständigt sich, kriegt Macht über mich. Tageshöhepunkt: die Post, der Gang zum Briefkasten. Ja oder nein? Gewonnen oder wieder verloren?
Mit fünfzehn Bewerbungen bin ich derzeit bundesweit im Rennen. Schon von der Treppe aus sehe ich die ockerfarbene Versandtasche aus dem Briefschlitz lugen. Das Fünkchen Hoffnung erlischt. Absage. A4-Formate sind immer Absagen. Allmählich lerne ich, mit der Enttäuschung zu leben, aber es fällt mir immer schwerer, neue Bewerbungsmappen zusammenzustellen, die dem Empfänger das so wichtige Maß an Innovation und Optimismus vermitteln. Die Wochenendausgaben aller überregionalen Tageszeitungen gehören zu meiner Pflichtlektüre, der Stellenmärkte wegen. Mehr und mehr misstraue ich dem System der Ausschreibungen: Selbst wenn ich überzeugt bin, eine maßgeschneiderte Bewerbung abgeliefert zu haben, kommt es so gut wie nie zum Vorstellungsgespräch.
Was das Arbeitslosendasein noch bedrückender macht, ist die ewig wiederholte Frage aus dem Bekanntenkreis: „Hast du schon was gefunden?" Meine Umgebung scheint sich daran zu weiden, mir das tägliche Eingeständnis meiner Erfolglosigkeit abzuringen. Retourkutsche für frühere Höhenflüge? Ich wiederhole gebetsmühlenartig, dass ich alles im Griff hätte. Außerdem, so meine Standardfloskel, seien Arbeit und Erfolg nicht alles im Leben, innere Freiheit sei wichtig – manchmal glaube ich sogar daran. Beim monatlichen Gang zum Arbeitsamt tanke ich Hoffnung. Hier fühle ich mich gleichberechtigt, sogar privilegiert mit meinem hohen Arbeitslosengeld. Für meinen letzten Arbeitgeber habe ich oft die aktuellen Arbeitslosenzahlen recherchiert und schlaue Kommentare dazu verfasst. Ich habe zu Flexibilität und Innovation aufgerufen. Vom späten Nachmittag an warte ich darauf, dass meine Freundin nach Hause kommt. Gibt's was Neues? frage ich, gierig auf jedes Wort über die Welt draußen. Was Neues bei dir? fragt meine Freundin, hast du was gefunden?

*Harald Stutte, 1997*

# Arbeitslosigkeit in theologischer Sicht

Die Würde des Menschen steht auf dem Spiel. Arbeit und Erwerbsmöglichkeiten entstehen in einer arbeitsteiligen Wirtschaft durch ökonomische Zusammenhänge. Langzeitarbeitslosigkeit hingegen wird durch das Verhalten von Entscheidungsträgern in Politik, Wirtschaft und Gesellschaft mit verursacht und mit verantwortet. Es entspricht dem christlichen Menschenbild, dass jeder Mensch die Möglichkeit zu einer tätigen Existenz erhalten sollte, in der er verantwortlich wirken und sich selbst sowie seine Familie ernähren kann. Es kann nicht von einem einklagbaren Recht auf einen den eigenen Neigungen oder der gewählten Ausbildung entsprechenden Arbeitsplatz ausgegangen werden, es entspricht aber Prinzipien der Menschenwürde, dem Recht auf Leben und körperliche Unversehrtheit, dem Recht auf freie Entfaltung der Persönlichkeit sowie dem Sozialstaatsprinzip, dass Menschen im erwerbsfähigen Alter die Teilnahme am Erwerbsleben nicht unmöglich gemacht werden darf.

*Evangelische Kirche in Deutschland (EKD), 1987*

In unseren Gemeinden könnte, nicht zuletzt und „wenigstens" im Horizont des gemeinsamen Glaubens, mit den Betroffenen Kontakt aufgenommen werden: zugunsten gemischter Gruppierungen und Initiativen, die nicht nur karitativen Charakter haben, sondern auch auf die Arbeitsbesitzenden bewusstseinsbildende und einstellungsverändernde Wirkung ausüben – bezüglich ihrer Privilegien, ihrer übermäßigen Arbeitszeit und der permanenten Anpassungsleistungen und Leistungssteigerungen, mit denen sie ihren Arbeitsplatz persönlich erkaufen müssen. Es gibt ja nicht nur das Arbeitslosenleid, sondern auch das durch die gleiche Situation verschärfte Arbeitsleid (durch die verschärften Druckverhältnisse, durch Konkurrenzsteigerung, durch Verzichte auf Rechte usw.). Man wird entdecken, dass die Arbeitslosigkeit nicht nur von den Arbeitslosen erlitten wird, sondern auch bei den Arbeitenden selbst die Arbeit zur Quelle der Entfremdung und des Kaputtwerdens macht: qualitativ durch unzumutbare Arbeitsbedingungen und quantitativ durch zu viel Arbeitszeit.

*Ottmar Fuchs, 1994*

# Kein Weltfriede ohne Religionsfriede?

*A*lle Religionen der Welt haben heute ihre Mitverantwortung für den Weltfrieden zu erkennen. Und deshalb kann man nicht genügend die These wiederholen: Kein Friede unter den Nationen ohne einen Frieden unter den Religionen, kein *Weltfriede ohne Religionsfriede*! Aus welcher Grundhaltung heraus sollten die Anhänger der Religionen mit der Wahrheitsfrage umgehen, sodass davon eine Bedeutung für den Weltfrieden ausgehen könnte? Die Grenzen zwischen *Wahrheit und Unwahrheit* gehen auch *durch die jeweils eigene Religion*. Wie oft haben wir Recht und Unrecht zugleich! Man erkennt leicht, wie heikel und diffizil die Frage von Wahrheitskriterien ist, wenn diese nicht den anderen einfach nur übergestülpt werden sollen. Keine Religion wird ganz darauf verzichten können, die ihr eigenen, *ganz spezifischen Wahrheitskriterien* auch an die anderen Religionen anzulegen. Dialog heißt ja nicht Selbstverleugnung.

Mein Vorschlag lautet deshalb: Sollte es nicht möglich sein, *mit Berufung auf die gemeinsame Menschlichkeit aller Menschen* ein allgemein-ethisches *Grundkriterium* zu formulieren, das auf dem *Humanum*, dem *wahrhaft Menschlichen*, konkret auf der Menschenwürde und den ihr zugeordneten *Grundwerten*, beruht? Die kriteriologische ethische Grundfrage lautet ja: Was ist gut für den Menschen? Antwort: Was ihm hilft, das zu sein, was gar nicht so selbstverständlich ist: wahrhaft Mensch! (...)

Nach dieser Grundnorm echter Menschlichkeit, der Humanität, lassen sich *gut und böse*, wahr und falsch unterscheiden, lässt sich auch unterscheiden, was *in der einzelnen Religion* grundsätzlich gut und böse, was wahr und was falsch ist. Man kann dieses Kriterium in Bezug auf die Religion positiv oder – oft noch wirksamer – negativ formulieren: Zuerst *positiv* formuliert: Insofern eine Religion der *Menschlichkeit dient*, insofern sie in ihren Glaubens- und Sittenlehren, ihren Riten und Institutionen die Menschen in ihrer menschlichen Identität, Sinnhaftigkeit und Werthaftigkeit *fördert* und sie eine sinnvolle und fruchtbare Existenz gewinnen lässt, ist sie *wahre und gute* Religion. Was also human, wahrhaft menschlich, menschenwürdig ist, kann sich mit Grund auf „Göttliches" berufen. Jetzt *negativ* formuliert: Insofern Religion Unmenschlichkeit *verbreitet*, insofern sie in ihrer Glaubens- und Sittenlehre, ihren Riten und Institutionen die Menschen in ihrer menschlichen Identität, Sinnhaftigkeit und Werthaftigkeit *hindert* und sie so eine sinnvolle und fruchtbare Existenz *verfehlen* hilft, ist sie *falsche und schlechte* Religion. Was also inhuman, unmenschlich, ist, kann sich nicht mit Grund auf „Göttliches" berufen.

*Hans Küng, 1993*

# Aufgaben

- S. 187: Deuten Sie die drei Hände im Horizont des Themas Menschenrechte.
- S. 188: Finden Sie eine Abbildung des Freskos von Michelangelo, die einen größeren Ausschnitt zeigt und stellen Sie einen Zusammenhang zwischen diesen beiden Abbildungen her. Erläutern Sie, warum es hier besonders auf die Hände ankommt. – Lesen Sie 1 Mose 1,26–28 und erläutern Sie, wie hier die Menschenwürde begründet wird. – Stellen Sie die gleiche Frage an den Text von Kant und an den Text von Pico (S. 106); vergleichen Sie die drei Positionen.
- S. 189: Schreiben Sie einen kreativen Text zu einer Geschichtsschau: „Am Anfang schuf Gott den Menschen. Und siehe, es war sehr gut. Aber dann ..."
- S. 190: Formulieren Sie eigene Menschenrechte: „1. Jeder Mensch hat das Recht, ... 2. Mit diesem Menschenrecht soll der Mensch davor geschützt werden, dass ... 3. Stattdessen soll ermöglicht werden, dass ..." – Notieren Sie zu fünf ausgewählten Artikeln: Wovor soll der jeweilige Artikel schützen?
- S. 191: Verschaffen Sie sich Informationen über den Begriff der Scharia. – Halten Sie fest, was die UN-Menschenrechtserklärung und die Kairoer Erklärung gemeinsam haben und wo die Unterschiede liegen.
- S. 192: Listen Sie die Kritikpunkte auf, die die Autoren an der UN-Menschenrechtserklärung und am „Westen" üben. – Schreiben Sie eine Erwiderung.
- S. 193: Beschreiben Sie die Gefühle, die das Bild in Ihnen auslöst. – Schreiben Sie ein Gespräch zwischen den beiden Personen.
- S. 194: Erarbeiten Sie eine formale Gliederung des Textes. Zeichnen Sie den Gang der Argumentation nach. – Beurteilen Sie die Plausibilität des Textes für die heutige Zeit.
- S. 195: Interpretieren Sie den Bibeltext, beachten Sie dabei den Nahkontext Mt 5,21–48 und den weiteren Kontext Mt 5–7. – Beurteilen Sie die Plausibilität des Textes als Anweisung für politisches Handeln heute. – Inszenieren oder schreiben Sie ein fiktives Streitgespräch zwischen Franz Alt und Helmut Schmidt. Beurteilen Sie Plausibilität sowie mögliche Gefahren der jeweiligen Standpunkte.
- S. 196: Recherchieren Sie im Internet aktuelle Zahlen zur Arbeitslosigkeit! – Beschreiben Sie die psychische Situation des Autors.
- S. 197: Erläutern Sie: Was hat das Thema Arbeitslosigkeit mit Christentum und Kirche zu tun, was mit der Menschenwürde? – Erörtern Sie, ob es einen anthropologischen Anspruch auf Arbeit gibt. – Schreiben Sie ein Streitgespräch zwischen den „Arbeitsbesitzern" und dem Arbeitslosen.

■ S. 198: Nennen Sie Beispiele für das Verhalten der Religionen in Geschichte und Gegenwart, wie es in der negativen und der positiven Formulierung des „Grundkriteriums" zum Ausdruck kommt. – Diskutieren Sie, ob bzw. inwiefern Küngs Grundkriterium wirklich „neutral" ist.

## Projekte

■ Referate über Organisationen erarbeiten und halten, die sich für die Einhaltung der Menschenrechte einsetzen, z.B. amnesty international, human rights watch (Internet!)
■ Vertreter aus „Eine-Welt-Läden" bzw. „Weltläden" in den Unterricht einladen, um Informationen z.B. über „Fair Trade" zu erhalten
■ Poster gestalten zur Geschichte der Menschenrechte. Material z.B. unter: www.wikipedia.org/wiki/Menschenrechte
■ Eine Ausstellung gestalten mit Zeitungsartikeln und Berichten über Menschenrechtsverletzungen

## Entdeckt, verstanden, gestaltet

**Ich kann** verschiedene Begründungen der Menschenwürde, darunter die über die Vorstellung der Gottebenbildlichkeit, erläutern.

**Ich kann** verschiedene Menschenrechtserklärungen kriteriengeleitet miteinander vergleichen.

**Ich kann** die Universalität der Menschenrechte bzw. die Kulturabhängigkeit der westlichen Menschenrechte problematisieren.

**Ich kann** Lehren und Praktiken der Weltreligionen nach dem Kriterium „lebensförderlich oder lebenshinderlich?" beurteilen.

**Ich kenne** Argumente für und gegen die Vorstellung des „Gerechten Krieges" und kann sie bewerten.

**Ich kenne** Fakten zum Thema „Arbeitslosigkeit" und kann mich in die Lage von Arbeitslosen hineinversetzen.

**Ich kenne** theologische Aspekte von Arbeitslosigkeit, kann sie erläutern und bewerten.

# Sehnsucht nach dem Paradies

Günther Förg, 1997

# Paradiesvorstellungen

Mein Paradies ist die freie Zeit, in der ich keine Verpflichtungen habe und in der keine Erwartungen an mich gestellt werden. Dann löse ich mich los von der Schule und meiner Familie, um irgendwo anders zu sein, bloß nicht zu Hause in meinem Alltag. Wenn ich dann mit meinem vollgepackten Rucksack auf dem Rücken am Bahnhof oder am Hafen stehe, bedeutet das für mich die fast (!) vollkommene Freiheit. Ich kann mich auf Dinge freuen, die mich an einem anderen Ort erwarten und die das Leben aufregend gestalten. Wie gesagt: aber nur die fast vollkommene Freiheit! Ich denke, man kann und sollte nicht vergessen, über diesen Tellerrand zu schauen. Vieles, was man entdeckt, wird nicht so rosig sein, wie es oft scheint.

*Frauke, Schülerin, 16*


Wenn die Kinder bei mir sind, wenn ich mit ihnen spiele und herumtolle und ich mich nicht dauernd fragen muss, ob sie gesund sind oder ob ihnen etwas passiert sein könnte – dann ist das für einen kurzen Moment das Paradies.

*Katrin Teichmann, Mutter, 32*


Seitdem der Mensch aus dem Paradies vertrieben wurde, verzehrt er sich in der Hoffnung, es wiederzufinden. Die Kindheit, der Frühling, das erste Entdecken der Liebe sind Spuren, die vom Paradies zurückgeblieben sind. Aber das Paradies findet man nicht in den Tropen, wie Kolumbus glaubte, und auch nicht in den „Tropenparadiesen", die von den Reisebüros angepriesen werden. Das Paradies ist die Vereinigung mit Gott. Die Versöhnung mit Gott verwandelt die Erde wieder in den Garten Eden. Dort, wo er und wir sind, ist Paradies, und die ganze Natur ist der herrliche Rahmen für unsere Vereinigung: der gestirnte Himmel, die Berge und die blühenden Apfelbäume. Für den, der in Gemeinschaft mit Gott lebt, ist alles wie von einem besonderen Licht verwandelt, und eine Quelle der Freude bricht aus allen Dingen des täglichen Lebens. Das Paradies ist Liebe. Jeder Liebende war für kurze Augenblicke im Paradies.

*Ernesto Cardenal*

Das Paradies liegt nicht hinter uns wie ein schöner, für immer vergangener Traum. Es liegt vor uns als eine Aufgabe, die sich jederzeit neu stellt.

*Etienne Charpentier*


Sie hat an unseren Gesprächen teilgenommen, jenen herrlichen ausschweifenden nächtlichen Gesprächen über die Beschaffenheit des Paradieses, an dessen Schwelle wir, meistens hungrig und Holzschuhe an den Füßen, mit großer Gewissheit standen. Die Idee der Vollkommenheit hatte uns erfasst, aus unseren Büchern und Broschüren war sie in uns eingedrungen und von den Podien der Versammlungen kam die Ungeduld dazu: *Wahrlich, ich sage dir, heute noch wirst du mit mir im Paradiese sein!* Oh, wir hatten das Vorgefühl davon, es war unleugbar und unersetzbar, wir vergewisserten uns seiner, indem wir stritten: Würde es mit Atomstrom beheizt sein, unser Paradies? Oder mit Gas? Und würde es zwei Vorstufen haben oder mehr, und woran würden wir es, wenn es endlich einträte, erkennen? Wer aber, wer würde würdig sein, es zu bewohnen? Die Allerreinsten nur, das schien doch festzustehen. Also unterwarfen wir uns erneut den Exerzitien, lächeln heute, wenn wir uns gegenseitig daran erinnern. Werden noch einmal, für Minuten, einander ähnlich, wie wir es damals durch diesen Glauben jahrelang waren. Können uns heute noch an einem Wort, einer Losung erkennen. Blinzeln uns zu. Das Paradies kann sich rar machen, das ist so seine Art. Soll den Mund verziehen, wer will: Einmal im Leben, zur rechten Zeit, sollte man an Unmögliches geglaubt haben.

*Christa Wolf*

# Eine Paradieserzählung –

Lukas Cranach, 1530

# gedeutet

Sie lebten in Ureinheit mit Gott: Adam und Eva im Paradies. Sie lebten so sehr in Ureinheit und Harmonie, dass sie sich gar nicht mehr von Gott zu unterscheiden wussten. Was Gott ist und was er will, das bin und will ich auch. „Infaltion" nennen wir es auch in der Sprache der Psychologie. Da gab es keine Frage: „Warum?". Da gab es keinen Zweifel an seiner Güte. Es ist so, wie ganz kleine Kinder das Elternhaus empfinden; in den allerersten Jahren, wo sie sich noch ganz mit Vater und Mutter identifizieren. Auch da gibt es kein „Warum?". Die Eltern sind nichts als gut, vollkommen. Alles passt noch fraglos zusammen. Und dies ist das Paradies. Doch dann ist es auf einmal da bei unseren Kindern: Sie fallen heraus aus dieser fraglosen Einheit. Irgendetwas nagt an ihnen: Sollten die Eltern wirklich so vollkommen sein? Haben sie nicht auch Fehler? Sollten sie etwa gar über mich herrschen wollen? Wollen sie verhindern, dass ich auch erwachsen werde?

Adam und Eva, diese beiden Kinder, sie werden auch älter. Und da ist von irgendwoher die Schlange da, einfach da, wie die Fragen der Kinder an die Harmonie des Elternhauses. Der Baum in der Mitte des Gartens, Symbol der Harmonie, sollte er etwa Zeichen der Herrschaft Gottes sein, Herrschaft über mich? Sollte Gott gar eifersüchtig darauf bedacht sein, dass ich immer kleines Kind bleibe, nie erwachsen werde? All diese Fragen nagen an diesen beiden heranwachsenden Kindern, Adam und Eva, nagen an ihrer Pubertät. Das Paradies, das Elternhaus, verliert an seinem Glanz. Und Angst kommt auf. Angst, alles zu verlieren. Und um es zu behalten, diese Ureinheit, die schon im Entschwinden ist, um sich ihrer neu zu versichern, aus Angst, nicht aus Hochmut, wird die Frucht vom Baum in der Mitte gegessen.

So ist es ja auch bei unseren Kindern, wenn sich alles, was bisher im Elternhaus gut war, ins Gegenteil verkehrt. Es taugt nichts mehr, es ist spießig, engstirnig, von gestern. Da hilft nur eins: Raus aus diesem kaputten Paradies. Und Gott tut das, was nun getan werden muss. Wenn sie nicht freiwillig gehen, so wirft er sie raus aus dem Paradies, damit sie zu sich und zu ihm zurückfinden können. Gerade darin zeigt sich die Güte Gottes, dass er sie – da sie sich, warum auch immer, von ihm abgewandt haben – nicht mehr krampfhaft an sich bindet, sie ins Paradies wie in ein Gefängnis einsperrt, sondern sie nun wirklich laufen lässt. Das Paradies, es ist euch jetzt versperrt. Bis irgendwann. Jetzt müsst ihr erst einmal laufen und draußen euren Weg suchen. Vertreibung aus dem Paradies oder Befreiung?

*Axel Denecke*

# Das verlorene Paradies

Du hast das schöne Paradies verlassen,
Tratst ein in dieses Labyrinthes Gassen,
Verlockt von lieblich winkenden Gestalten,
Die Schale dir und Kranz entgegenhalten;
Und unaufhaltsam zieht's dich weit und weiter.

    Wohl ist ein leises Ahnen dein Begleiter,
Ein heimlich Graun, dass diese süßen Freuden
Dich Schritt um Schritt von deiner Heimat scheiden,
Dass Irren Sünde, Heimweh dein Gewissen;
Doch ach umsonst! Der Faden ist zerrissen.
Hohläugig fasst der Schmerz dich an und warnt,
Du willst zurück, die Seele ist umgarnt.
Vergebens steht ob deinem Haupt der Stern.
Einsam, gefangen, von der Heimat fern,
Ein Sklave, starrst du in des Stromes Lauf
Und hängst an Weiden deine Harfe auf.

Nun fährst du wohl empor, wenn so zuzeiten
Im stillen Mondeslichte durch die Saiten
Ein leises, wehmutsvolles Klagen geht
Von einem Hauch, der aus der Heimat weht.

*Wilhelm Busch*

# Was bedeutet „Sünde"?

Sündigen heißt, wie Götter sein wollen, kleine beschränkte und vergängliche Götter, aber immerhin Götter. Wir wollen der Mittelpunkt der Welt sein und uns unsere eigenen Gesetze vorschreiben. Sündigen heißt, sich sein eigenes, privates Gesetz erlassen und das Gesetz Gottes abschaffen. Die Sünde ist eine Tyrannei und der Sünder ist sein eigener Diktator. Gott ungehorsam sein bedeutet, sein eigener Tyrann zu sein.

*Ernesto Cardenal*

*Eugen Drewermann* bezeichnet Sünde als „Attentat der Angst auf die Freiheit des Geistes". Auf die Frage, ob er Angst und Sünde überhaupt noch unterscheide, antwortet er: Unbedingt. Die Angst ist eine ambivalente Kraft, sie kann als Warnung vor möglichen Gefahren dienen. Sie ist sogar eine notwendige Bedingung für die Geistigkeit des Menschen, sie darf in diesem Sinne gar nicht fehlen. Wie aus Angst Sünde im qualifizierten Sinne wird, als Absonderung von der Wahrheit, als Abweichung vom eigenen Wesen, als Zerstörung der inneren Möglichkeiten, als Vertun der lebendigen Chancen, die in uns angelegt sind, nicht auf der moralischen Ebene, sondern auf der existenziellen Ebene also, das lässt sich zeigen, indem man begreift, dass es kein besseres Mittel gibt, um der Angst, die dazugehört, ein Mensch zu sein, auszuweichen, als indem man die Kraft der Geistigkeit und der Bewusstheit mildert oder einschränkt, und alle die Mechanismen, die dazu beitragen, sind in sich selbst zerstörerisch, das macht Sünde deutlich. Ich beschreibe also die Sünde als einen Selbstrettungsversuch, mit der menschlichen Angst umzugehen außerhalb von Gott. Und biblisch gesprochen bedeutet das eben, dass ein Mensch in der Angst Gott aus den Augen verliert und verzweifelt versucht, sich selber aus dem Sumpf zu ziehen. Das gerade beschreibt nach meinen Augen die Bibel auf ihren Anfangsseiten in den Bildern der Geschichte von der Ursünde.

Zurück ins Paradies?

Hier in der *Dominikanischen Republik* gibt es keine verbotenen Früchte, hier ist alles erlaubt.

# Sorget nicht

Ihr sollt euch nicht Schätze sammeln auf Erden, wo sie die Motten und der Rost fressen und wo die Diebe einbrechen und stehlen.
Sammelt euch aber Schätze im Himmel, wo sie weder Motten noch Rost fressen und wo die Diebe nicht einbrechen und stehlen.
Denn wo dein Schatz ist, da ist auch dein Herz.

Niemand kann zwei Herren dienen: Entweder er wird den einen hassen und den andern lieben, oder er wird an dem einen hängen und den andern verachten. Ihr könnt nicht Gott dienen und dem Mammon.
Darum sage ich euch: Sorgt nicht um euer Leben, was ihr essen und trinken werdet; auch nicht um euren Leib, was ihr anziehen werdet. Ist nicht das Leben mehr als die Nahrung und der Leib mehr als die Kleidung?
Seht die Vögel unter dem Himmel an: Sie säen nicht, sie ernten nicht, sie sammeln nicht in die Scheunen; und euer himmlischer Vater ernährt sie doch. Seid ihr denn nicht viel mehr als sie?
Wer ist unter euch, der seines Lebens Länge eine Spanne zusetzen könnte, wie sehr er sich auch darum sorgt?
Und warum sorgt ihr euch um die Kleidung? Schaut die Lilien auf dem Feld an, wie sie wachsen: Sie arbeiten nicht, auch spinnen sie nicht.
Ich sage euch, dass auch Salomo in aller seiner Herrlichkeit nicht gekleidet gewesen ist wie eine von ihnen.
Wenn nun Gott das Gras auf dem Feld so kleidet, das doch heute steht und morgen in den Ofen geworfen wird: Sollte er das nicht viel mehr für euch tun, ihr Kleingläubigen?
Darum sollt ihr nicht sorgen und sagen: Was werden wir essen? Was werden wir trinken? Womit werden wir uns kleiden?
Nach dem allen trachten die Heiden. Denn euer himmlischer Vater weiß, dass ihr all dessen bedürft.
Trachtet zuerst nach dem Reich Gottes und nach seiner Gerechtigkeit, so wird euch das alles zufallen.
Darum sorgt nicht für morgen, denn der morgige Tag wird für das Seine sorgen. Es ist genug, dass jeder Tag seine eigene Plage hat.

*Mt 6,19ff.*

# Sehnsucht nach dem Paradies

### *Das verlorene Paradies*

Von der Sünde sprechen wir heute ungern. Lieber hören wir, dass der moderne Mensch Autonomie und Wahlfreiheit hat. Ich bestimme, was richtig ist, ich wähle, was mich glücklich macht, und will es möglichst noch heute haben. In Wirklichkeit aber sind wir auf der Suche nach dem verlorenen Paradies. Wir sind geprägt von der Sorge um unser Geschick. Angesichts einer schweren Krankheit, oder wenn durch unsere Schuld die Dinge falsch laufen, wissen wir es. Wenn uns die Angst packt, wir kämen zu kurz, und unser Herz flattert, steht es uns vor Augen. Der Mensch ist von Gott als dem Grund seiner Lebensgewissheit getrennt. Wir sind aus dem Paradies vertrieben und sind Suchende.

### *Allein aus Gnade*

Luther hat geschildert, wie ihn die Frage nach dem richtigen Leben vor dem fordernden Gott verrückt gemacht hat und wie er durch beharrliches Anklopfen bei Paulus die entscheidende reformatorische Entdeckung machte: Der Mensch kann sich nicht am Schopf aus dem Sumpf ziehen. Ich kann mir durch meine Taten meine Lebensgewissheit nicht verschaffen. Der barmherzige Gott gibt mir durch sein Wort die Zusage seiner Nähe auch beim Sünder. Nicht ich muss mir das Paradies erkämpfen, sondern wo Vergebung der Sünden ist, da ist Leben und Seligkeit, da ist Lebensgewissheit. Luther schreibt: „Als ich das begriff, da hatte ich das Empfinden, ich sei geradezu von neuem geboren und durch geöffnete Tore in das Paradies selbst eingetreten." Sünde meint mehr als moralisches Versagen. Die Angst um mich selbst ist es, die all meinem egozentrischen Handeln zugrunde liegt. Von dieser Angst befreit Christus.

### *Allein aus Glauben*

Die Botschaft der Reformation heißt: Du bekommst deine Lebensgewissheit geschenkt. Du bist Gott recht, wenn du dich auf Christus verlässt. Der Glaube, der Gottes Tat in Christus ergreift, bringt den Menschen ins Lot. Der Glaube verwandelt dich. Du musst dich nicht selbst erlösen, du bist schon durch Christus erlöst. Typisch evangelisch wäre, zu seiner Schuld stehen zu können, weil das Selbstwertgefühl davon nicht mehr abhängt. Das Entscheidende ist die in Christus geschenkte Würde, die jedem Menschen gilt, gerade dem, der Schuld auf sich geladen hat, der mit leeren Händen vor Gott steht. Wer das im Glauben ergreifen kann, der hat gewonnen und kann neu anfangen.

*Horst Hirschler*

# Der Weg ins Paradies im Koran

Ihr Kinder Adams! Wann immer Gesandte aus euren eigenen Reihen zu euch kommen, um euch meine Zeichen auszurichten, brauchen diejenigen, die gottesfürchtig sind und tun, was recht ist, keine Angst zu haben, und sie werden nicht traurig sein. Denen, die unsere Zeichen für Lüge erklären und sie hochmütig ablehnen, werden dereinst die Tore des Himmels nicht geöffnet, und sie werden so lange nicht in das Paradies eingehen, bis ein Kamel in ein Nadelöhr eingeht. So vergelten wir dereinst den Sündern. Sie bekommen die Hölle zum Lager. Diejenigen aber, die glauben und tun, was recht ist – wir verlangen von niemand mehr, als er vermag –, werden Insassen des Paradieses sein und ewig darin weilen. Bäche fließen zu ihren Füßen. Und sie sagen: „Lob sei Gott, der uns hierher rechtgeleitet hat! Wir hätten unmöglich die Rechtleitung gefunden, wenn nicht Gott uns rechtgeleitet hätte. Die Gesandten unseres Herrn haben wirklich die Wahrheit gebracht." Und ihnen wird zugerufen: „Dies ist nun das Paradies. Ihr habt es als Erbe erhalten für das, was ihr getan habt." Und die Insassen des Paradieses rufen den Insassen des Höllenfeuers zu: „Wir haben gefunden, dass das, was unser Herr uns versprochen hat, wahr ist. Habt ihr denn nicht auch gefunden, dass das, was euer Herr versprochen hat, wahr ist?" Sie sagen: „Ja!" Und zwischen ihnen befindet sich eine Scheidewand, und auf den Höhen sind Männer, die alle an ihrem Zeichen erkennen. Und sie rufen den Insassen des Paradieses zu: „Heil sei über euch!" Sie kommen nicht in das Paradies hinein, wenngleich sie danach verlangen. „Ihr Frommen aber, geht in das Paradies ein! Ihr braucht keine Angst zu haben und ihr werdet nicht traurig sein."

*Koran, Sure 7,35ff.*

## Aufgaben

- S. 201: Formulieren Sie Ihre Assoziationen zu dem Bild. – Schildern Sie Lebenserfahrungen, die sich in diesem Bild niedergeschlagen haben können. – Das Bild wurde im Rahmen einer Ausstellung zum Thema „Paradies" gezeigt; erklären Sie, warum das Bild in die Ausstellung aufgenommen wurde. – Beschreiben Sie das Bild, das Sie für den Einstieg in dieses Kapitel gewählt hätten.
- S. 202/203: Charakterisieren Sie die verschiedenen Paradiesvorstellungen. Bestimmen Sie Ihren eigenen Standort unter ihnen. – Arbeiten Sie die Paradiesvorstellung von Christa Wolf heraus und geben Sie dem Text eine entsprechende Überschrift. Schreiben Sie ihr Ihre Stellungnahme zu dem Text. –Verfassen Sie selbst einen Text: Mein Paradies ...
- S. 204: Beschreiben Sie die Stimmung, die das Gemälde vermittelt. – Rekonstruieren Sie anhand der dargestellten Szenen die Erzählung von Paradies und Sündenfall in Gen 2 und 3. – Nehmen Sie Stellung, ob der Künstler die Erzählung angemessen ins Bild gesetzt hat.
- S. 205: Erarbeiten und charakterisieren Sie die Deutung der Paradies- und Sündenfallerzählung von Axel Denecke. Beantworten Sie die am Ende gestellte Frage, „Vertreibung aus dem Paradies oder Befreiung?", im Sinn der Ausführungen und nach Ihrem Verständnis.
- S. 206/207: Interpretieren Sie das Gedicht. – Erläutern Sie, welche Erfahrungen in dem Text ihren Niederschlag gefunden haben könnten. – Verfassen Sie selbst ein Gedicht über das (verlorene oder wiedergewonnene) Paradies. – Das Bild ist eines der Ergebnisse einer Internetrecherche zum Thema „Sünde": Formulieren Sie das darin zum Ausdruck kommende Verständnis von „Sünde" und vergleichen Sie dieses mit dem Sündenverständnis in Gen 3. – Erläutern Sie Cardenals Definition von Sünde. – Arbeiten Sie das Verständnis von „Sünde" sowie das Verhältnis von Sünde und Angst bei Drewermann heraus. – Schlagen Sie in einem etymologischen Wörterbuch den Begriff „Sünde" nach und vergleichen Sie die Erklärung mit dem Sünderverständnis Cardenals und Drewermanns. Überprüfen Sie, ob sich die Definitionen von Gen 3 herleiten lassen.
- S. 208: Charakterisieren Sie die Paradiesvorstellung in der Werbeanzeige. – Gestalten Sie in Form einer Zeichnung/Collage/Karikatur den Kontrast zwischen Paradiesvorstellungen der Werbung und denen der Bibel. Setzen Sie Ihre Erkenntnisse zur Anzeige in Beziehung zu Ihrer Interpretation des Busch-Gedichts.

▪ S. 209: Führen Sie ein Schreibgespräch: Wie wirken Jesu Worte auf Sie? – Reflektieren Sie, welche Sorgen Sie sich machen, und kontrastieren Sie sie mit Jesu Worten. Welche Konsequenzen ergeben sich für Sie? – Formulieren Sie für an Ihrer Schule neu eingeschulte Mitschülerinnen und Mitschüler einen „Sorget nicht"-Text.
▪ S. 210/211: Nennen Sie die Schlüsselbegriffe des Textes und setzen Sie sie mittels einer grafischen Darstellung zueinander in Beziehung. – Setzen Sie Hirschlers Gedanken in Beziehung zu dem Mosaik.
▪ S. 212: Erarbeiten Sie aus dem Koranabschnitt die Vorstellung vom Weg ins Paradies. – Vergleichen Sie die Vorstellung vom Weg ins Paradies nach dem Koran mit der von Hirschler dargestellten Vorstellung Martin Luthers.

## Projekte

▪ Referate ausarbeiten: das Paradies in der Kunst/in der Musik/im Film
▪ Eine Lesung veranstalten: Das Paradies in literarischen Texten
▪ Eine Ausstellung gestalten: Das Paradies im Angebot (Paradiesbilder in der Werbung, z.B. www.glauben-und-kaufen.de)

## Entdeckt, verstanden, gestaltet

| | |
|---|---|
| Ich kann | erläutern, inwiefern sich in dem religiösen Ur-Symbol „Paradies" (damit zusammenhängend „Sünde" und „Rechtfertigung") existenzielle Erfahrungen verdichtet haben. |
| Ich kann | die Rede vom „Paradies" deuten und mögliche Konsequenzen für die Lebensführung aufzeigen. |
| Ich kann | die biblische Rede von „Paradies", „Sünde" und „Vergebung" im Gegenüber zu gesellschaftlich virulenten Vorstellungen konturieren. |
| Ich kenne | die Paradiesvorstellung des Koran und kann mich mit ihr vom christlichen Standpunkt aus auseinandersetzen. |

# Rätsel Mensch

Max Beckmann, um 1900

# Gefangen

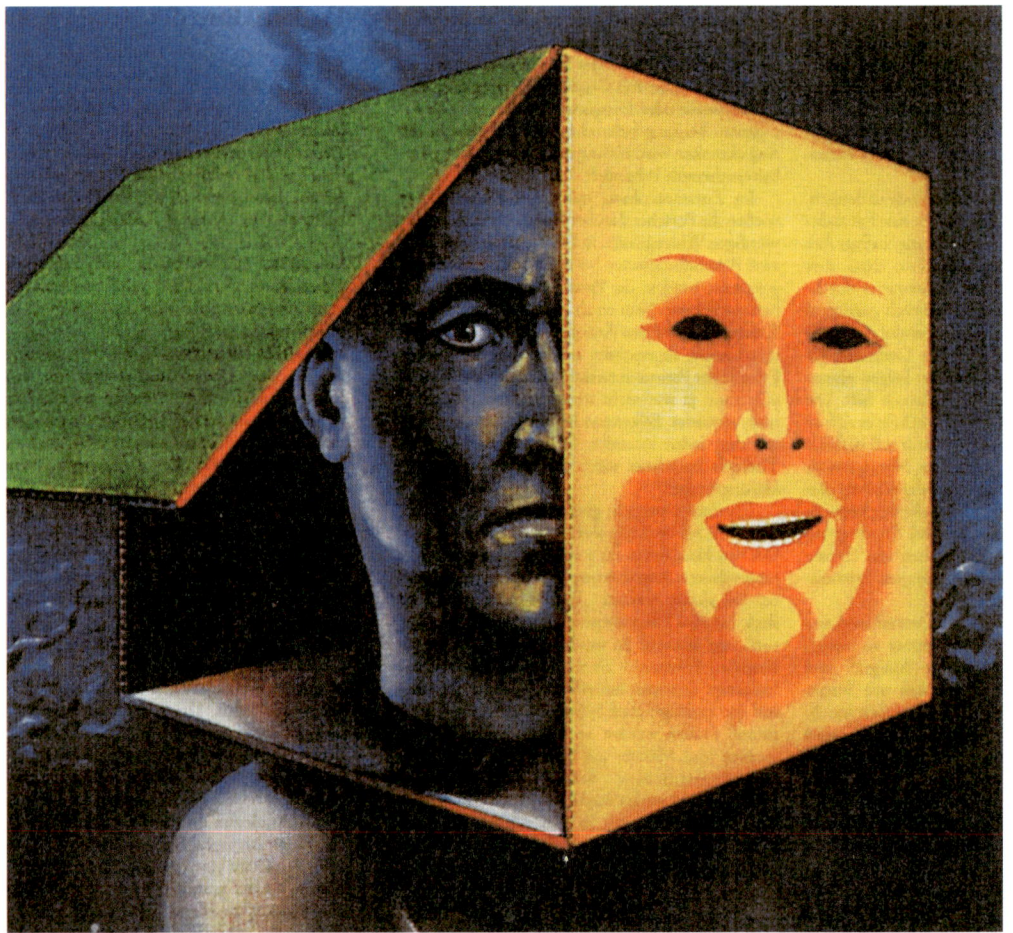

Wolfgang Mattheuer, 1970

# ...und raus bist du!

Diese Gelegenheit, jene Gelegenheit. Immer wieder von neuem, immer wieder verpasste Begegnungen, offene Gesichter, die sich schlossen, weil sie nicht in der Lage war, sie zu berühren. Immer wieder glaubte sie, dass es sich doch nur um Masken handelte. Sie kann sich an alle erinnern, sie kann ihre Namen auswendig, sie sind wie die unsichtbaren Glieder einer Kette, die nie zustande gekommen ist, die schon von Anfang an zerrissen war. Was wäre wohl gewesen, wenn sie es jemals gewagt hätte?

Die Zeit bis zur neunten Klasse – drei schwarze Jahre. Eingesperrt in Schweigen verließ sie ihren flachen, glatten Körper und wurde zu einer Frau. Nichts gefiel ihr, nicht mal die Haare, die dichten, glänzenden Haare. Mama musste zur Schere greifen und sie abschneiden, um das Gewicht des Wachstums ein bisschen zu lindern. Doch die Geschehnisse der Vergangenheit hatten ihren Körper bereits in eine Form gesperrt, eine von den anderen entworfene Form – die Form einer Streberin.

Die Einsamkeit blieb unsichtbar wie eine Krankheit ohne äußere Anzeichen, bestand nur aus Schmerz und Juckreiz. Sie verkroch sich immer tiefer unter der Schale der Streberin, glaubte sich dort geschützt. Gleichzeitig wusste sie jedoch, dass alles bald aufbrechen würde.

Die anschließende Zeit im Gymnasium ist ein stiller Raum, in den sie bisweilen zurückkehrt, wenn die Träume ihr Angst machen wollen. Im Gymnasium verlief der Kampf auf anderer Ebene. Auch in der neuen Klasse wagte sie nicht, den Blicken der andern zu begegnen. Das Gewesene hatte schon zu tiefe Narben hinterlassen, es ließ sich nicht mehr wegwischen. Sie bewegte sich auf den Wahnsinn zu. Sie bereitete ihrem Körper Schmerzen, strafte ihn. Während sie in der Aula saß, Mathearbeiten, Chemiearbeiten, Physikarbeiten schrieb und fast immer eine Eins erhielt, während es auf das tüchtige Mädchen Auszeichnungen regnete, hatte sie stets die Rasierklinge im Bewusstsein. Es war ihr nicht möglich, den Blicken der anderen zu begegnen.

Immer dieser Gedanke an die Rasierklinge, der sie daran hinderte, Ja zu sagen, wenn jemand sie zu einem Fest einlud. Nie konnte sie vergessen, dass sie ein Mauerblümchen, eine Aussätzige war, wenn es um Schulfeste, Discos, Tanz, junge Körper, junges Beisammensein ging. Nie schaffte sie es, jung zu sein, ein normaler Teenager. Sie berührte keine Haut, keine Lippen.

Wie ein eiskalter Strahl durchzieht die Sehnsucht ihren Körper.

Natürlich hatte sie Großvater, aber inzwischen genügte nicht einmal mehr Großvater. Großvater wollte, dass sie tanzen sollte, und das will er jetzt auch. Sie ist immer noch jung, es ist nicht zu spät. Sie muss es wagen, jemandem zu vertrauen. Nicht alle, die lächeln, lächeln voll Hohn.

Johanna Nilsson

# Begrenztes Leben

Vincent van Gogh, 1890

# „Götterdämmerung"

Nicht festzuhalten: Dieser Tag. Das Leben.
Gewebe löst sich auf und schwindet hin.
Was auch geschieht, du suchst den Sinn.
Zumindest wirst du danach streben.

Du kannst die Einsicht nicht ertragen:
Aus Dreck und Feuer eine Spottgeburt,
die haltlos durch das Universum tourt,
stets auf der Flucht vor solchen Fragen.

Erkenntnis die: Wir können uns nicht fassen.
Und finden keinen, der uns Göttern gleicht.
Und keinen, der uns Hilfe reicht.
Wir sind uns ohne Gnade überlassen.

*Günter Kunert*

Geh durch die Wüste in deinem Leben –
du vermagst nicht
sie zu bewässern und fruchtbar zu machen
den Sand und die Steine bringt ein anderer zum Blühen.
Halte dich bereit für die Freude für das Leben
wenn der Dornbusch brennt.

*Margot Bickel*

# Körperwelten

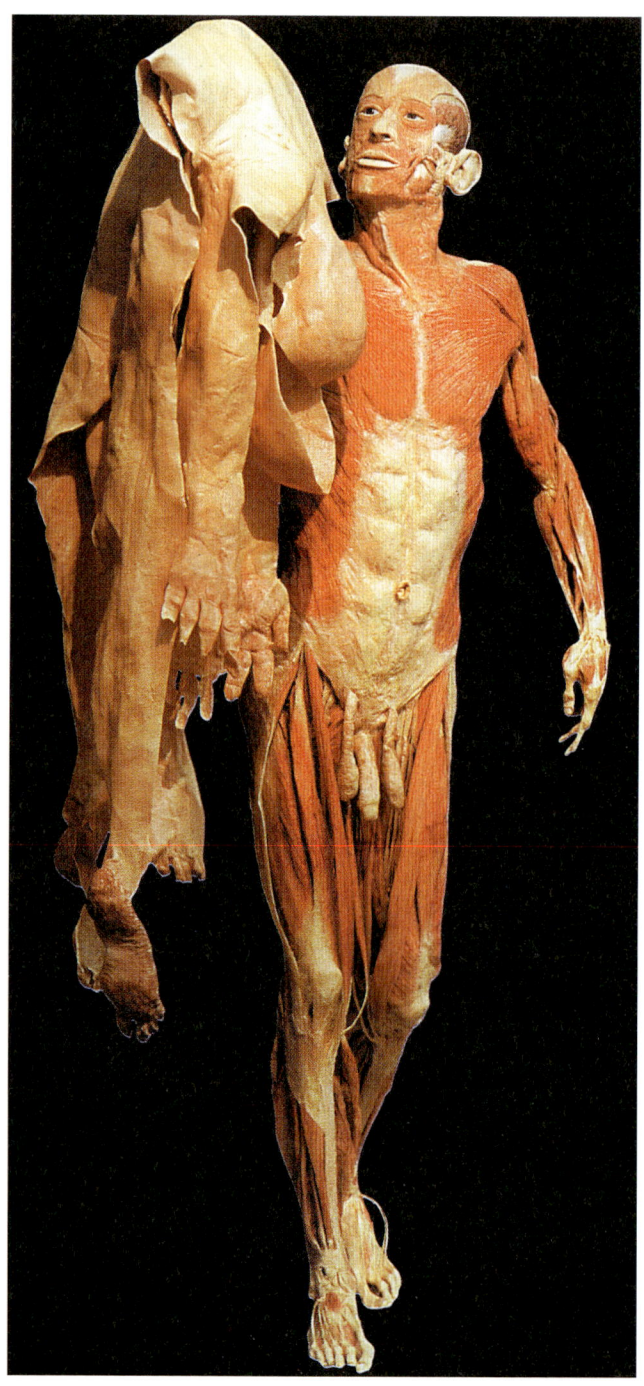

Kaum warf ich meinen Blick auf das zerstückte Weib,
kaum sah ich den zum Teil von Haut entblößten Leib,
ich konnte kaum so bald die blut'gen Muskeln schauen,
als mich ein widriges und ekelhaftes Grauen
den Augenblick befiel.

Allein, es hatte kaum der kluge Anatom begonnen,
er ließ uns kaum so bald die weisen Wunder sehn,
die von der bildenden Natur daran geschehn,
so macht die Regung gleich weit süßrer Regung Raum.

Furcht, Grauen, Ekel war im Augenblick vergangen,
mich nahm Bewundrung erst, darauf Erstaunen ein,
dem folgt Erniedrigung und Ehrfurcht allgemach
und diesen auf dem Fuß Lob, Inbrunst, Andacht nach.

Es fing ein helles Feuer von einer heilgen Lust
in meiner Gott zum Ruhm mit Dank erfüllten Brust
zur Ehre des, der hier so wunderbar
des Körpers Wunderbau gefüget, an zu brennen.

Ich wusste selber nicht, wie mir zu Mute war.
Dem Mensch gibet sich der Schöpfer hell und klar
am aller deutlichsten am Menschen zu erkennen.

Es scheint, als könne man in diesen Wunderwerken,
in diesem Meisterstück der bildenden Natur
von unserem Schöpfer selbst hier eine helle Spur
ganz überzeugend klar und gleichsam sichtbar merken.

Ach, rief ich, lasst denn hier an diesem Schauplatz schreiben:
Hier kann kein Atheist ein Atheiste bleiben!

*Barthold Hinrich Brockes*

# Sehnsucht nach Heil

*D*ie Sorge um Gesundheit, angefangen bei der richtigen Ernährung, nimmt religiös-kultische Züge an. Die Definition der WHO bestärkt eine Anspruchshaltung, derzufolge Gesundheit in einem umfassenden Sinne nicht etwa Gnade oder Glück, sondern ein Recht ist. Die religiöse Sehnsucht nach Heil schlägt um in die Forderung nach dem Recht auf Glück, auf Leidfreiheit oder auf ein in jeder Hinsicht gesundes Kind. Insofern die WHO Gesundheit nicht als Fähigkeit, sondern als Zustand begreift, wird die Leidensmöglichkeit und Leidensfähigkeit des Menschen völlig ausgeblendet. Leiden erscheint nur noch als das Nichtseinsollende, kann jedoch nicht als zum Glück komplementäre Dimension gesunden Lebens angesehen werden.

Dabei ist zu fragen, ob unsere Ideale der Vollkommenheit und Ganzheit nicht in Wahrheit zerstörerisch statt heilend sind. Zerstören sie nicht das uns lebbare Leben? Unser Leben mit all seinen Brüchen, Fehlern, Unvollkommenheiten, Schwächen? Hindern uns nicht die Illusionen von Vollkommenheit und Ganzheit am Leben? Drohen wir nicht an unseren Illusionen zu scheitern?

Auch die christliche Anthropologie kennt den Unterschied zwischen dem alten und dem neuen Menschen. Der alte Mensch aber in seiner Endlichkeit, seiner Unvollkommenheit und Gebrochenheit, in seinem Versagen und seiner Schuld ist es, dem die bedingungslose Zuwendung Gottes gilt. Dass auch der im Glauben von Gott gerechtfertigte Mensch Sünder bleibt, ist eine Grundaussage christlicher Anthropologie. Er vermag weder sich selbst noch die Welt zu verbessern, weder auf dem Weg der Moral noch durch irgendeine „Anthropotechnologie". Der alte Mensch im biblischen Sinne ist nicht verbesserungs-, sondern vergebungsbedürftig. Das schöpferische Wort der Vergebung aber macht ihn nicht besser, sondern neu.

Das im Neuen Testament beschriebene Heil ist Teilhabe am Sein Gottes, dessen Wesen nach christlicher Auffassung Liebe ist. Die gegenwärtige Erfahrung von Heil besteht darum nicht primär in körperlicher Unversehrtheit oder deren Wiederherstellung, sondern in der Teilhabe an der göttlichen Liebe, in der Fähigkeit zur Beziehung. Das Heil ist wesenhaft Liebesfähigkeit, welche nicht nur in der Fähigkeit zu lieben, sondern auch in dem Vermögen, geliebt zu werden und sich lieben zu lassen, besteht. Von hier aus relativiert sich der Gegensatz von Krankheit und Gesundheit, weil die neu geschenkte Beziehungsfähigkeit sowohl in Gesundheit als auch Krankheit gelebt werden kann und nichts von der Liebe Gottes scheiden kann.

*Ulrich H.J. Körtner*

# Gottes Gedenken

*Ein Psalm Davids, vorzusingen, auf der Gittit.*

Herr, unser Herrscher, wie herrlich ist dein Name
in allen Landen,
der du zeigst deine Hoheit am Himmel!
Aus dem Munde der jungen Kinder und Säuglinge
hast du eine Macht zugerichtet um deiner Feinde willen,
dass du vertilgest den Feind und den Rachgierigen.
Wenn ich sehe die Himmel, deiner Finger Werk,
den Mond und die Sterne, die du bereitet hast:
Was ist der Mensch, dass du seiner gedenkst,
und des Menschen Kind, dass du dich seiner annimmst?
Du hast ihn wenig niedriger gemacht als Gott,
mit Ehre und Herrlichkeit hast du ihn gekrönt.

Du hast ihn zum Herrn gemacht
über deiner Hände Werk,
alles hast du unter seine
Füße getan:
Schafe und Rinder allzumal,
dazu auch die wilden Tiere,
die Vögel unter dem Himmel
und die Fische im Meer
und alles, was die Meere
durchzieht.
Herr, unser Herrscher,
wie herrlich ist dein Name
in allen Landen!

*Psalm 8*

## ... der am Kreuz hängt

Edvard Munch, 1900

*Awdij Kallistratow, ein ausgestoßener Priesteranwärter, ist mit seinem Versuch, die Mitglieder einer Drogenbande zum Guten zu bekehren, kläglich gescheitert. Vor diesem Hintergrund – der Erfahrung, dass der Mensch in seiner Unverbesserlicherkeit nicht zu retten ist, – spielt die folgende Szene, in der Kallistratow, 2000 Jahre zurückversetzt, Jesus vor dessen Kreuzigung gegenübertritt.*

„Und du, Meister, machst dich bereit zur grausamsten Hinrichtung, auf dass der Mensch sich für Güte öffne? Mein Gott, welch eine Bürde hast du dir auferlegt, eine unverbesserliche Welt zu bessern! Retter, halt ein, die, für die du ans Kreuz gehst, in den Märtyrertod, werden dich später verlachen. Ja, ja, die einen werden einfach schallend lachen, andere werden Jahrtausende später über dein Scheitern spotten, die materialistische Wissenschaft wird vom Glauben an Gott keinen Stein auf dem anderen mehr übrig lassen und alles zur Legende erklären: Ein Wunderling! Ein Narr! Wer hat ihn darum gebeten? Wozu dieses Spektakel mit der Kreuzigung? Wen wollte er damit beeindrucken? Was hat das gebracht, hat das am Menschen auch nur ein Härchen, nur ein Jota geändert?
Genau so werden jene Generationen denken, denen dein Sieg beinahe absurd erscheint, die in die tiefsten Geheimnisse der Materie eindringen werden, die die Schwerkraft überwinden und in den Weltraum vorstoßen, gegenseitig in albtraumhafter Gier um das Universum wetteifern und nach galaktischer Herrschaft streben, und auch das ganze unendliche

Universum wird ihnen zu wenig sein, denn zur Rache für den Misserfolg auf Erden werden sie in ihrem bedenkenlosen Ehrgeiz den Planeten selbst in Schutt und Asche legen – den Planeten, auf dem du den Kult der Barmherzigkeit aufrichten wolltest.

Denk also nach, was Gott für sie ist, die sich selber höher einschätzen als Gott, dieser Kauz, der am Kreuz hängt. Und wenn sie dann auf einen Schlag alles vernichtet haben, werden sie sogar dein Andenken vom Antlitz der Erde fegen. Oh, mein armseliger, naiver Meister, eile mit mir zur Wolga, an die Oka, auf die einsame Insel, dort kannst du wie auf einem Himmelsstern verweilen, den alle von überall her sehen, aber niemand erreichen kann. Denk darüber nach, noch ist es nicht zu spät, wir haben noch eine Nacht und einen Morgen, vielleicht kannst du noch das harte Los vermeiden? Besinn dich, ob der von dir gewählte Weg tatsächlich der einzig mögliche ist?"

Und am Morgen erwachte die Stadt erneut mit ihren Mühen und Sorgen; alles kam in Gang, Leidenschaften, Waren, Geschrei – alles drehte sich im Rad des Kaufens und Verkaufens. Trotzdem strömten viele Jerusalemer zu den weißen Mauern der Stadttempel, und von dort begab sich eine aufgewühlte Menge zum römischen Prokurator Pontius Pilatus. Was kursierte da nur an Gesprächen in der unruhigen Menge: Die einen redeten davon, der Prokurator werde den Nazarener Jesus begnadigen und freilassen, damit er sich möglichst weit weg von Jerusalem entferne und niemals mehr zurückkehre, andere meinten, zu Ehren des Osterfestes werde einem der Verurteilten das Leben geschenkt, und Jesus sei der Amnestierte, manche glaubten einfach, ihn werde vor den Augen aller Jahwe selbst retten. Und in der Menge gab es auch viele, die den armen Schlucker verlachten, der für seinen drolligen Thron mit dem Kopf bezahlte, sie verhöhnten diesen elenden Narren und schimpften: Warum zieht der Prokurator die Sache in die Länge, so oder so wird er mit einem Ruck zerfetzt. Dieser Nazarener Jesus verdreht noch jedem den Kopf, mit dem er redet. Klarer Fall, der wetzt dort die Zunge und verwirrt noch den Prokurator, zum Schluss wird der Statthalter von Rom noch Gutes tun wollen und ihn freilassen, wozu stehen wir eigentlich hier herum ...

Awdij hörte sie reden und war empört. „Untersteht euch, so zu sprechen! Undankbare, elende Gemüter! Wie kann man nur den gewaltigen Kampf des Menschengeistes mit sich selbst derart beschmutzen und herabwürdigen. Stolz müsst ihr auf ihn sein, Menschen, messt euch an seinem Maß!", schrie Awdij Kallistratow verzweifelt und war von Tränen überströmt. Aber keiner in der Menge ringsum hörte ihn, bemerkte seine Anwesenheit. Musste er doch noch erst geboren werden im fernen zwanzigsten Jahrhundert.

*Tschingis Aitmatow*

Emil Schumacher, 1987

## Aufgaben

- S. 215: Beschreiben Sie die Stimmung, die sich in dem Selbstbildnis von Max Beckmann ausdrückt. – Notieren Sie mögliche Gedanken und Empfindungen der abgebildeten Person.
- S. 216: Geben Sie der dargestellten Person eine Geschichte: Welche Ereignisse/Erfahrungen haben zu dieser Situation geführt? Welche Perspektiven hat Ihre Person?
- S. 217: Beschreiben Sie die Entwicklungsphasen Johannas. – Konfrontieren Sie Johannas Situation mit dem Bild.
- S. 218: Deuten Sie das Bild unter Einbeziehung der Farbgebung, Formen und Perspektiven.
- S. 219: Beschreiben Sie Günter Kunerts Erfahrung der Vergänglichkeit in ihrer Bedeutung für sein Menschenbild. – Setzen Sie sich in einem Brief mit seiner Sichtweise auseinander. – Verfassen Sie eine Deutung des Gedichts von Margot Bickel im Kontext von Ex 3,1–14.
- S. 220: Beschreiben und beurteilen Sie die dargestellte „Aktion".
- S. 221: Beschreiben Sie die innere Entwicklung des Verfassers. – Bereiten Sie eine Diskussion pro/contra Plastination vor.
- S. 222: Erläutern Sie das nach Körtner vorherrschende Verständnis von Glück und Heil sowie seine Position dazu.
- S. 223: Analysieren Sie die Aussagen, die der Psalm über den Menschen macht. – Verfassen Sie, ausgehend von der Frage: „Was ist der Mensch, dass du seiner gedenkst?" einen eigenen Psalm.
- S. 224: Beschreiben Sie die Darstellung der Menschen im Text. – Beurteilen Sie den Vorschlag Awdijs zu einem alternativen Weg Jesu.
- S. 225: Setzen Sie das Bild in Beziehung zum Text Aitmatows.
- S. 226: Versuchen Sie eine Bilddeutung aus anthropologischer Sicht.

## Projekte

- Einen Fragebogen entwickeln und erproben: Was denken Menschen über „den Menschen"?
- Eine Ausstellung gestalten: Menschenbilder in der Werbung
- Ein Ego-Poster gestalten: So sehe ich mich
- In den Heiligen Schriften der Weltreligionen Texte suchen, die über Würde, Wert und Sinn des Menschseins Auskunft geben
- Der Ausstellung „Körperwelten" begegnen, z.B. Kriterien zur ethischen und ästhetischen Beurteilung entwickeln (Literatur: Körperwelten. Die Faszination des Echten. Katalog zur Ausstellung, hg. von Gunter von Hagens und Angelina Whalley. Institut für Plastination. Heidelberg 2000

## Entdeckt, verstanden, gestaltet

**Ich kenne** die Frage „Was ist der Mensch?" als existenzielle Frage der Menschheit.

**Ich kann** verschiedene Erfahrungen von Menschen mit dem Menschsein beschreiben; die Spanne reicht von Allmachtsfantasien bis hin zur Verzweiflung angesichts der Vergänglichkeit und Eitelkeit menschlichen Strebens.

**Ich habe** über Grenzen und begrenztes Leben nachgedacht und kann dieser Realität Gedanken des Trostes und der Hoffnung entgegensetzen.

**Ich kenne** biblische Texte (z.B. Psalm 8), die sich mit dem Wesen des Menschen auseinandersetzen, und weiß, dass Menschsein in der Bibel stets Menschsein vor Gott bedeutet.

**Ich kann** zu folgenden Stichworten Erläuterungen geben: vanitas, Identität, Plastination, Anthropotechnologie, christliche Anthropologie, Menschenwürde.

# Tipps zum selbstständigen Arbeiten

## Lesen – Texte verstehen

Texte spielen im Religionsunterricht – auch im Internetzeitalter – eine große Rolle. Die folgenden Tipps sollen Ihnen helfen, Texte zu verstehen.
Grundregel: Jeder Text muss wiederholt und aufmerksam gelesen werden!

| | |
|---|---|
| Erstes Durchlesen | – Den Text in einem Zug durchlesen, auch wenn Sie nicht alles verstehen (evtl. halblaut)<br>– Überlegen, was schon „hängen geblieben" ist (Thema, Stimmung, eigene Anfragen?)<br>– Textsorte bestimmen (Sachtext, erzählend, poetisch, appellativ?)<br>– Überschrift in Beziehung zum Text setzen<br>– Vorkenntnisse zum Autor bedenken |
| Wiederholtes, genaues Lesen | – Langsamer lesen als beim ersten Mal<br>– Wichtiges unterstreichen/markieren<br>– Eigene Anfragen kennzeichnen<br>– Schlüsselworte/Leitbegriffe suchen<br>– Randnotizen machen<br>– Inhalt des Textes in *einem* Satz zusammenfassen |
| Erfassen des Aufbaus, der Argumentation, des Zusammenhangs | – Absätze markieren und mit Überschriften versehen (an den Rand schreiben)<br>– Thesen/Gedanken/Bilder identifizieren<br>– Thesen/Gedanken/Bilder in eigene Worte fassen bzw. grafisch darstellen<br>– *Für Gruppenarbeit:* Text kreativ darstellen: Standbild, Spielszene, Wandzeitung |
| Auseinandersetzung mit der Gesamtaussage/Argumentation | – Intention/Position des Verfassers klären und hinterfragen, d.h. mit eigener und mit anderen Meinungen konfrontieren<br>– Zusammenfassen und kommentieren: Stellungnahme, Gegenrede, (fiktiver) Brief an den Verfasser … |

# Schreiben

Schreiben ist eines der wichtigsten Erkenntnis-, Darstellungs- und Ausdrucksmittel. Einige wichtige Schreibtechniken bzw. Schreibformen (analytisch, kreativ/produktiv) werden hier vorgestellt.

| | |
|---|---|
| „Klein beginnen" | – Stichworte, Ideen, Einfälle, Assoziationen notieren, noch keine ganzen Sätze; eine gute Hilfe zum Abbau von Schreibhemmungen oder -blockaden ist das ‚clustering': Um ein Wort, einen Begriff oder kurzen Satz herum werden Assoziationen oder Gedanken geschrieben, ohne Rücksicht auf eine logische Struktur; jeder Einfall erhält einen Kreis, wenn er Ausgangspunkt für neue Einfälle wird<br>– Überarbeiten: formulieren und umformulieren |
| Exzerpieren | – Textauszüge herstellen (bes. aus Sachtexten), um Informationen zu sichern<br>   – entweder: wörtlich abschreiben<br>   – oder: kürzend herausschreiben |
| Zusammenfassen | – Komprimieren, d.h.: einen Text/Film etc. auf seine wesentlichen Aussagen verkürzen, so dass Aufbau und Struktur sichtbar bleiben bzw. umso deutlicher werden |
| Einen schriftlichen Vergleich durchführen | – Vergleichbares identifizieren, Unterschiede erkennen<br>– Relevante („ergiebige") Vergleichspunkte ermitteln<br>– Einzelne Vergleichsmomente in einen Zusammenhang (entweder „Reißverschlussverfahren" oder „Blocksystem") bringen, nicht einfach aufzählen<br>– Abschließend werten, kommentieren, gewichten, Stellung nehmen |

| Kreatives Schreiben | Kreative Schreibformen ermöglichen oft einen besonders intensiven und persönlichen Zugang zu einem Thema oder Text. |
|---|---|
| | Beispiele für solche Schreibformen sind:<br>– In die Rolle einer Figur schlüpfen (Rollenschreiben oder Innerer Monolog)<br>– Einen Text umschreiben: aus anderer Perspektive, z.B. als Gegen- oder Antworttext<br>– Einen Brief an den Autor (eines Gedichts oder Sachtexts) schreiben<br>– Dialoge/Drehbuch schreiben, z. B. für eine Video-, Spiel- oder Hörspielszene |
| Ein Schreibgespräch führen | Eine Kleingruppe (4–6 Personen) kommuniziert schriftlich, ohne zu sprechen, über ein großes Blatt Papier miteinander, auf das spontane Äußerungen, Assoziationen, Fragen und Antworten zu einem Begriff/Motto/Impulssatz geschrieben werden. Wichtig: Ruhe und ausreichend Zeit |

## Bilder erschließen

Bilder spielen im Religionsunterricht und auch in diesem Lehrbuch eine wichtige Rolle. Sie sind deshalb möglichst großformatig und ohne „verräterische" Zusatzangaben, wie etwa den Titel, abgedruckt. Das einzelne Bild soll dadurch *an sich* zur Geltung kommen: in seinem ästhetischen Eigenwert, in seiner Eigenart von Farben und Formen, von Gestalt und Gehalt. Bei der Erschließung von Bildern haben sich die folgenden Schritte bewährt. Ihre Reihenfolge ist zwar nicht absolut zwingend, aber auch nicht beliebig veränderbar.

| Das Bild in Ruhe betrachten | – In dem Bild spazieren gehen, hier und da verweilen<br>– Spontane Einfälle veröffentlichen |
|---|---|
| Erste Wahrnehmungen und Eindrücke äußern | – Sichtbares beschreiben<br>– Stimmung wiedergeben: ruhig? aufregend?<br>– Eigene Eindrücke/Gefühle werten (+/–) |
| Die Bildelemente genau beschreiben | – Aufbau des Bildes skizzieren: Formen, Strukturen, Rhythmen<br>– Beziehungen der einzelnen Elemente zueinander aufspüren<br>– Wirkung von Farben und Farbkompositionen benennen<br>– Raumwirkung des Bildes klären: Perspektive, Tiefe, Horizont ... |
| Das Bild deuten | – Die Bildeindrücke zusammentragen und als „Botschaft" lesen<br>– Bezüge zu Symbolen und Themen entdecken<br>– Nach Menschen-/Weltbild fragen<br>– Zusatzinformationen zurate ziehen: Künstler, Entstehungszeit, Format, Auftraggeber ... |
| Sich vom Bild berühren und bewegen lassen | – Eigene Gefühle gegenüber dem Bild erforschen: Einverständnis? Irritation?<br>– Eigene Fragen, Wünsche, Erkenntnisse im Zusammenhang mit dem Bild entdecken<br>– Den eigenen Platz auf dem Bild suchen |
| Mit dem Bild kreativ weiterarbeiten | – Titel suchen, Schreibgespräch führen, Sprechblasen/Dialoge erfinden, Leerstellen ausgestalten, Bild nachzeichnen, nachstellen, vergleichen, verfremden, weitermalen ... |

# Planen

Eigenständig arbeiten – allein oder in Gruppen – erfordert vor allem gute Organisation. Es ist hilfreich, folgende Checkliste zu beherzigen.

| | |
|---|---|
| Aufgabe verstehen | – Aufgabe mehrmals lesen und überlegen, was genau gefragt ist<br>– stichwortartig notieren, was getan und herausgefunden werden müsste<br>– Stichworte und Aufgabe kritisch vergleichen |
| Arbeitsschritte festlegen | – Aufgabe zerlegen, und zwar sowohl parallel (verschiedene Zugänge) als auch chronologisch-arbeitslogisch (erstens, zweitens, drittens)<br>– Einzelne Arbeitsschritte formulieren<br>– Bei Gruppenarbeit: Arbeitsaufträge verteilen |
| Zeitplan erstellen | – Reihenfolge nach Arbeitslogik festlegen<br>– Je nach Gewichtung der einzelnen Arbeitsschritte Zeitlimits festsetzen bzw. vereinbaren<br>– Vor allem einen Endpunkt bestimmen! |
| Mind-mapping | Mind-maps eignen sich für die Planung von Vorhaben aller Art, sie ergeben ein übersichtliches Gliederungsgerüst (auch für Ergebnis-Präsentation sehr nützlich!) |

## Recherchieren

Auch wenn die unterschiedlichen Medien – Buch, CD-ROM, Internet – ihre Besonderheiten haben, gibt es doch wichtige gemeinsame Regeln oder Schritte für die Suche nach Material bzw. Informationen:

| | |
|---|---|
| Thema eingrenzen und klären: Was suche ich? | – Das Thema, die Anforderungen, den Informationsbedarf klären<br>– Den Verwendungszweck definieren (Hausarbeit, Referat, Gruppenarbeit, Projektbeitrag, Facharbeit ...) |
| Material ausfindig machen, Informationen suchen | – Informationsquellen erwägen: Bibliotheken, Archive, Zeitungen, Experten, CD-ROMs, Internet ...<br>– Techniken der Informationsbeschaffung *fortwährend* trainieren: Benutzung von Lexika, Bibliothekskatalogen, Registern, Internet-Suchmaschinen und -katalogen ... |
| Material sichten, prüfen | – „Diagonal", kursorisch lesen, überfliegen: nur (!) brauchbares Material herausfiltern und notieren<br>– Glaubwürdigkeit und Verlässlichkeit der Quellen prüfen (Aktualität, Frage des Verfassers und seiner Motivation ...) |
| Informationen sichern, festhalten und bewerten | – (Nur!) Wichtiges herausschreiben<br>– Internet-Funde speichern, ggf. ausdrucken<br>– Stets Fundort und Quelle notieren<br>– Beitrag der Funde für das Thema beurteilen |

# Ergebnisse präsentieren

Wenn die Informationssuche und –aufarbeitung zu einem Thema beendet oder ein außerschulisches Erkundungsprojekt abgeschlossen ist, stellt sich die Frage, wie man andere über das informieren kann, was man sich selbst erarbeitet hat. Es bietet sich eine Präsentation der Ergebnisse mithilfe von Anschauungsmaterial an. Dabei sollen die Mitschüler/innen eine wirkliche Chance zum Verstehen und Mitreden erhalten.

| | |
|---|---|
| Was ist eine Präsentation? | *Einer konkreten Zielgruppe ausgewählte Inhalte vorstellen*<br>– um zu informieren oder zu überzeugen<br>– unter Zuhilfenahme von visuellen und/oder auditiven Mitteln<br>– mit anschließender Diskussions-/Fragerunde |
| Formen der Präsentation | *Systematische Präsentationsformen, z.B.*<br>Plakat/Poster, PC (Power-Point, Publisher, Mediator), Expertenbefragung, Videoaufzeichnung, Informationszeitschrift, weitere geeignete Medien (OH-Projektor, Diagerät, Tafel, Whiteboard, Flipchart ...)<br>*Gestalterische Präsentationsformen, z.B.*<br>Darstellendes Spiel (Pantomime, Rollen-/Stegreifspiel, Standbild, Tanz), Hörspiel, Tonbild, Malen, Collage, Reportage |
| Idealtypischer Aufbau einer Präsentation | *Eröffnung*<br>– Begrüßung<br>– Vorstellung der tragenden Person(en)<br>– Ankündigung von Thema, Ziel, Ablauf<br>*Hauptteil*<br>– Gegliederter Vortrag mit Veranschaulichung der wesentlichen Aussagen<br>*Schluss*<br>– Kurze Zusammenfassung der Kernpunkte<br>– Überleitung zur Diskussions-/Fragerunde |
| Tipps für den Vortrag | – Zu Beginn frei sprechen, Gliederung erläutern<br>– Strukturierten Stichwortzettel verwenden<br>– Für Ruhe sorgen, Blickkontakt halten<br>– Langsam, laut, deutlich sprechen<br>– Auf Verständlichkeit achten<br>– Wichtiges hervorheben, Vortrag abrunden |

## Außerschulische Lernorte erkunden

Das religiöse Leben spielt sich in der Regel eher außerhalb der Schule ab. Wo immer möglich, sollten deshalb außerschulische religiöse Lernorte in den Religionsunterricht einbezogen werden. Dazu können Sie Experten in den Unterricht einladen und befragen. Interessanter ist es aber meistens, wenn Sie die Dinge vor Ort auskundschaften und dort mit den Beteiligten ins Gespräch kommen.

| Was sind religiöse Lernorte? | *Stätten praktizierter Religion, z.B.*<br>- Kirchen, Gottesdienste, Klöster, Friedhöfe<br>- Synagogen, Moscheen, Tempel<br>*Diakonische bzw. karitative Einrichtungen, z.B.*<br>- Bahnhofsmission, Mittagstisch, Hospiz<br>- Beratungsstellen (Aids-, Sucht-, Ehe-)<br>- Behinderteneinrichtungen (Werkstätten, Schulen)<br>- Seelsorge (Klinik-, Gefängnis-)<br>- Eine-Welt-Laden, Kleiderkammer<br>*Gebäude bzw. Events, in denen häufig auch Religiöses zu erkunden ist, z.B.*<br>- Fußballstadien, Großkinos, Banken, Museen<br>- Live-Konzerte, Kunstausstellungen |
|---|---|
| Was ist bei einer außerschulischen Erkundung zu beachten? | - Thema bzw. Ziele klären: schriftlich fixieren<br>- Informationen sammeln: Broschüren auswerten, Homepage virtuell erkunden<br>- Erkundung vorbereiten: Institution kontaktieren, Besuchstermin vereinbaren, Ansprechpartner klären,<br>- Fragen schriftlich formulieren, thematisch ordnen und merken, Arbeitsteilung verabreden<br>- Präsentation planen: Form der Präsentation vorab festlegen, Medien zum Festhalten der Erkundungsergebnisse besorgen<br>- Einrichtung erkunden<br>Gaststatus beachten, Vereinbarungen einhalten, Atmosphäre positiv beeinflussen (freundlich sein, sich kurz vorstellen, für Möglichkeit der Erkundung bedanken), Zweck der Befragung erläutern, Fragen in sinnvoller thematischer Reihenfolge stellen, Ergebnisse in Wort, Ton und/oder Bild sichern<br>- Präsentation vorbereiten und durchführen<br>Informationen aufbereiten, Präsentation ausarbeiten und einüben, Ergebnisse präsentieren (vgl. S. 219) |

# Quellenverzeichnis

**Texte**

S. 6, 11: John Hick, Gott und seine vielen Namen, Frankfurt/M. 2001, S. 44f., 165f.
S. 7: Maren Schamp-Wiebe, „…. der will doch nicht seine Oma essen!" Erfahrungen mit dem Projekt RELIGION IN MEINER KLASSE in einer multireligiösen Lerngemeinschaft, in: Schönberger Hefte 3/98, S. 26f.
S. 8: Martin Baumann (Hg.), Helmut Klar. Zeitzeugen zur Geschichte des Buddhismus in Deutschland, UVK Verlagsgesellschaft, Konstanz 1995, S. 101, 112f., 126 (gekürzt)
S. 9: Hilko Wiardo Schomerus, Buddha und Christus. Ein Vergleich zweier großer Weltreligionen. Halle/Saale 1931, S. 41, 89f.
S. 10: © Jörg Dechert, Wetzlar; www.nikodemus.net
S. 11: Karl Rahner, Das Christentum und die nichtchristlichen Religionen, Wissenschaftliche Buchgesellschaft, Darmstadt 1994
S. 12: „Erklärung zum Weltethos", © 1993 by Council for a Parliament of the World Religions, Chicago (stark gekürzt)
S. 14: Bin Talal El Hassan, "Elf Gebote für Geschwisterlichkeit", Publikum Forum 2001
S. 14: Martin Buber, Das dialogische Prinzip, Random House Gruppe, München $^4$1979, S. 166
S. 15: Ralf Geisler, Ungewohnt und darum spannend. Was Christen in der Begegnung mit Muslimen beachten sollten, in: Dialog. Die Zeitschrift für Mitarbeitende in der Evangelisch-Lutherischen Landeskirche Hannovers, Frühjahr 2002, S. 6
S. 16: Fulbert E. Steffensky, Die Gewissheit im Eigenen und die Wahrnehmung des Fremden, in: ru. Ökumenische Zeitschrift für die Praxis des Religionsunterrichts 1, 1997, S. 4f. (gekürzt)
S. 21: Evangelischer Erwachsenenkatechismus: glauben - erkennen - leben. Im Auftr. der VELKD, hg. von Manfred Kießing, Gütersloher Verlagshaus in der Verlagsgruppe Random House, Gütersloh $^6$2000, S. 113ff. (gekürzt)
S. 24f.: Wilhelm Gräb, Religiöse Spurensuche in der urbanen Alltagswelt. Oder wie der Sinn christlichen Glaubens neu entdeckt werden kann, in: Thomas Klie (Hg.), Spiegelflächen. Phänomenologie - Religionspädagogik - Werbung, Lit Verlag, Münster 1999, S. 16ff. (gekürzt)
S. 26: Heinz Zahrnt, Mutmaßungen über Gott. Die theologische Summe meines Lebens, Piper Verlag, München 1994, S. 15ff. (gekürzt)
S. 28: Der Heidelberger Katechismus, hg. von Otto Weber, Gütersloher Verlagshaus in der Verlagsgruppe Random House, Gütersloh 1978, S. 15
S. 29, 30: Dietrich Bonhoeffer, 30.4.44, Silvester 1944, in: Widerstand und Ergebung, Briefe und Aufzeichnungen aus der Haft, hg. von Eberhard Bethge, Gütersloher Verlagshaus in der Random House Gruppe, Gütersloh $^{12}$1983, S. 131ff. (gekürzt), S. 204f.
S. 34: Denis Diderot, Geheimnisse der Religion, Berlin 1958; Zitiert nach Horst Georg Pöhlmann, Der Atheismus oder der Streit um Gott, Gütersloher Verlagshaus in der Random House Gruppe, Gütersloh 1977; S. 33-35 (gekürzt)

S. 35: John Polkinghorne, An Gott glauben im Zeitalter der Naturwissenschaften. Die Theologie eines Physikers, Gütersloher Verlagshaus in der Verlagsgruppe Random House, Gütersloh 1998, S. 9
S. 35: Karl Barth, Kirchliche Dogmatik III, Band I, Vorwort, zitiert nach: Gerhard Rödding, Die Schöpfungsgeschichte. Wie ich sie heute verstehen kann, Gütersloher Verlagshaus in der Verlagsgruppe Random House, Gütersloh 2002, S. 107
S. 35: Wolfhart Pannenberg, Kontingenz und Naturgesetz, zitiert nach Gerhard Rödding, a.a.O. S. 112
S. 35: Lutz von Padberg, Die Bibel – Grundlage für Glauben, Denken und Erkennen, zitiert nach Theo Sombek u.a. Hrsg., Das Bild von der Welt in Naturwissenschaft und Theologie, Vandenhoeck & Ruprecht GmbH & Co. KG Göttingen 1993, S. 15 (gekürzt)
S. 37: Fundamente – Kursthemen. Physische Geographie, Gregor C. Falk u.a. Hrsg., Verlag Klett-Perthes, Gotha und Stuttgart 2002, S. 7-9 (gekürzt)
S. 38f.: Anna Achmatowa: Enuma Elisch. Traum im Traum. Übersetzung von Alexander Nitzberg, Verlag Engeler, Basel 2005
S. 40f.: Bertolt Brecht, Das Leben des Galilei. Schauspiel. Suhrkamp, Frankfurt am Main 1955
S. 41: Hans Küng, Der Anfang aller Dinge, Naturwissenschaft und Religion. Piper, München 2005
S. 42: Charles Darwin, Die Entstehung der Arten, übersetzt von Carl W. Neumann, Reclam Stuttgart 1998
S. 43: Duane T. Gish, Fossilien und Evolution. Fakten 100 Jahre nach Darwin, übersetzt von Monica und Joachim Scheven Hänssler, Neuhausen-Stuttgart 1982
S. 48: Claudia Mitscha-Eibl, Abschied vom himmlischen Vater © Claudia Mitscha-Eibl
S. 49: Christoph Meckel, Anzahlung auf ein Glas Wasser. Gedichte, Carl Hanser, München/Wien 1987, S. 67
S. 50: Anselm von Canterbury, Prologin, c. II; dt.-lat. Ausgabe: Anselm Canterbury, Monologin, Proslogin. Die Vernunft und das Dasein Gottes; eingel., übers. und erläutert von Rudolf Allers, 1966, S. 76, 78
S. 51: Hans Küng, Existiert Gott? Antwort auf die Gottesfrage der Neuzeit, Piper, München 1978, S. 585ff. (gekürzt)
S. 52: Friedrich Nietzsche, Der Antichrist. Fluch auf das Christentum, in: Nietzsches Werke. Kritische Gesamtausgabe, hg. von Giorgio Colli und Mazzino Montinari, 6. Abteilung, Dritter Band, Walter de Gruyter & Co., Berlin 1969, S. 183, 186, 207
S. 53: Sigmund Freud, Die Zukunft einer Illusion, in: Sigmund Freud, Gesammelte Werke Bd. 14, Verlag S Fischer, Frankfurt 1948
S. 54: Nelly Sachs, Sternenverdunkelung, in: Fahrt ins Bodenlose. Die Gedichte der Nelly Sachs, Suhrkamp Verlag, Frankfurt/Main 1961, S. 95
S. 55: Sven Weinberg, Gott – machtlos angesichts des Leids, in: Bild der Wissenschaft 12/1999, S. 49
S. 56f.: Hermann Kurzke/Jacques Wirion, Unglaubensgespräch. Vom Nutzen und Nachteil der Religion für das Leben, C. H. Beck, München 2005, S. 191ff. (gekürzt)

S. 57: Eberhard Borrmann, Carus-Verlag, Stuttgart

S. 58: Burghard Krause, Reise ins Land des Glaubens. Christ werden – Christ bleiben, Aussaat-Verlag, Neukirchen-Vluyn ³2006, S. 52f. (leicht gekürzt)

S. 62: Heike Kriegbaum, Barfuß gehen, in: Georg Schwikart (Hg.), Auf der Spur des Ewigen. Gebete der Moderne, Styria Verlagsgruppe Graz/Wien/Köln 2000, S. 38

S. 64: Luise Hensel, Nachtgebet, in: Magda Motte, Auf der Suche nach dem verlorenen Gott. Religion in der Literatur der Gegenwart, Theologie und Literatur, Karl-Josef Kuschel (Hg.) Band 6, Matthias-Grünewald-Verlag, Mainz 1997, S. 123

S. 64: „Postkript zu einem Kinderlied" aus: Christine Busta, „Scheune der Vögel", © Otto Müller Verlag, 3. Auflage, Salzburg 1995, S. 102

S. 65: Janosch, Zurück nach Uskow oder der Hund von Cuernavaca oder Eine Spur von Gott, Merlin-Verlag, Vastorf 1992

S. 67-69: Elie Wiesel, Der Prozeß von Schamgorod. Ein Stück in drei Akten, Herder GmbH Verlag, Freiburg/Br. 1987

S. 71: Heinz Zahrnt, „Ich bin" - Gottes Lebenslauf, in: Das Leben Gottes. Aus einer unendlichen Geschichte, Piper Verlag, München 1997, S. 11-14

S. 77: Franz Fühmann, Meine Bibel, in: Die Schatten, Hinstorff Verlag, Rostock 1986, S.110-137 (gekürzt)

S. 78: Eugen Drewermann, Tiefenpsychologie und Exegese, Bd. II. Wunder, Vision, Weissagung - Apokalypse, Geschichte, Gleichnis, Walter-Verlag im Padmus Verlagshaus, Düsseldorf 1991, S. 301-304

S. 79: Carl Friedrich Bahrdt, Briefe über die Bibel im Volkston. Eine Wochenschrift von einem Prediger auf dem Lande, Halle 1782, 31. Brief, S. 490-492

S. 79: Klaus Berger, Darf man an Wunder glauben?, Gütersloher Verlagshaus in der Verlagsgruppe Random House, Gütersloh 1999, S. 163

S. 80: © Radius Verlag, Stuttgart

S. 83, 128, 212: Zitiert nach: Der Koran, Übersetzung von Rudi Paret, Verlag Kohlhammer, Stuttgart ⁸2001

S. 84: Gerd Lüdemann, Jungfrauengeburt? Die wirkliche Geschichte von Maria und ihrem Sohn Jesus, Das Sonntagsblatt Nr. 7, Stuttgart 14.02.1997, S. 11-14

S. 85: Heinz Zahrnt, Gott im Gedächtnis des Glaubens, in: Brennpunkt: Die Bibel. Wirkungen. Der Umgang mit der Bibel im Wandel der Zeiten, Evangelische Verlagsanstalt, 1999, S. 115ff.

S. 91: Rudolf Augstein, in: Evangelische Zeitung, Hannover 23. Januar 2000 (gekürzt)

S. 96: Eugen Drewermann in: Der Spiegel, 52/1991, S. 61ff. (gekürzt); s. auch ders.: Tiefenpsychologie und Exegese, Band 1 und 2, NTV

S. 97: Gerd Lüdemann, Der große Betrug. Und was Jesus wirklich sagte und tat, Verlag Klampen, Lüneburg 1998, S. 9ff. (gekürzt)

S. 99: Jesus und Buddha. Eine Meditation Seiner Heiligkeit des Dalai Lama über Händelns Oratorium „Der Messias". Erwin Koller im Dialog mit dem Dalai Lama. Schweizer Fernsehen DRS 1995

S. 100: Horst Hirschler, Der unverzichtbare Jesus, Vortrag Loccum 2001 (gekürzt)

S. 104: Hilde Domin, Gesammelte Gedichte. Deutsches Literaturarchiv 1987

S. 106: Giovanni Pico della Mirandola, Oratio de hominis dignitate. Rede über die Würde des Menschen. Hrsg. und übersetzt von Gerd von der Gönna. Reclam, Stuttgart 1997

S. 109: Jens Peter Jacobsen, Niels Lyhne, übersetzt von Anke Mann, Insel Verlag 2003

S. 110: Dietrich Bonhoeffer, Widerstand und Ergebung. Briefe und Aufzeichnungen aus der Haft. Hrsg. Von Eberhard Bethge. Gütersloher Verlagshaus in der Verlagsgruppe Random House, Gütersloh ¹²1983, S. 179

S. 112: John Hospers, Zweifel eines Deterministen. In: Dieter Birnbacher, Texte zur Ethik, übersetzt von Dieter Birnbacher und Norbert Hoerster, Deutscher Taschenbuch Verlag, München 1976, S. 330f.

S. 113: Gundolf S. Freyermuth, Autonomie und Freiheit durch den Mausklick? In: Barbara Brüning (Hg.), Freiheit und Determination. Kurshefte Ethik/Philosophie, Cornelsen Verlag, Berlin 2002, S. 115

S. 114: Wilhelm Gräb, Art. Rechtfertigung, in: N. Mette/F. Rickers, Lexikon der Religionspädagogik Bd. 2, Neukirchen-Vluyn: Neukirchner Verlag Redaktion und Kirche 2001, Sp. 1588ff.

S. 119: Gedicht „Erlösung", in: Barbara Hoffmann-Gabel, Der Himmel ist in dir - die Hölle auch: Wege aus der Depression, Vandenhoeck & Ruprecht GmbH & Co. KG, Göttingen 2000, S. 41

S. 120: in: Lothar Zenetti, Die wunderbare Zeitvermehrung. Variationen zum Evangelium, Verlag Auer Donauwörth, München 1979, S. 151f.

S. 124f.: Eberhard Jüngel, Gericht und Gnade: epd-Dokumentation Nr. 29 (1989), S. 35-62 (gekürzt)

S. 134: Gerd Lüdemann, Ich will verstehen, was ich glaube, in: Das Sonntagsblatt Nr. 7, 14.2.1997, S. 4 (gekürzt)

S. 134: Wilhelm Sievers, Das Bekenntnis verbindet Christen und Kirchen, in: Das Sonntagsblatt Nr. 7, 14.2.1997, S. 4 (gekürzt)

S. 135: Arbeitsgruppe „Religionsunterricht im vereinigten Deutschland", Credo 2002. Den christlichen Glauben neu formulieren, in: forum religion 1/2002, S. 22

S. 136f.: Wilhelm Willms, Der geerdete Himmel, Verlag Butzon & Berger, Kevelaer ⁷1986

S. 138f.: Jürgen Moltmann, Wer ist Christus für uns heute? Gütersloher Verlagshaus in der Verlagsgruppe Random House, Gütersloh ²1997, S. 7ff. (gekürzt)

S. 140: Leonardo Boff, Kleine Trinitätslehre, Patmos Verlag, Düsseldorf ²1991, S. 113ff. (gekürzt)

S. 141: Lothar Zenetti, Texte der Zuversicht, Verlag Auer Donauwörth ⁶1987, S. 86

S. 142: Kurt Marti, Die Gesellige Gottheit, © Radius Verlag, Stuttgart

S. 146f.: Fulbert E. Steffensky: Die Sprache der Kirche für eine sprachlose Welt, in: Das Haus, das die Träume verwaltet. Verlag Echter, Würzburg ²1998, S. 24-26

S. 148: Anja Reuper: Evangelische Zeitung, Hannover, 13. Mai 2001

S. 149: Dirk Zblewski: „Disko in der Kirche?", in: Blick in die Kirche 5/1999. Informationen aus der Evangelischen Kirche von Kurhessen-Waldeck, S.17

S. 152f.: Fulbert E. Steffensky: Die Suche nach der Einheit der Kirche, in: Das Haus, das die Träume verwaltet. Verlag Echter, Würzburg ²1998, S. 114ff.

S. 154f.: Manfred Josuttis: „Unsere Volkskirche" und die Gemeinde der Heiligen. Erinnerungen an die Zukunft der Kirche, Gütersloher Verlagshaus in der Verlagsgruppe Random House, Gütersloh 1997, S.67f.

S. 156: Friedrich Schorlemmer und Eugen Drewermann in: Stern 14/1994, S. 146ff.

S. 161: Steve Van Velvet, © Diana Music & Vision Musikverlag GmbH, Edition Intro Gebr. Meisel GmbH Berlin, Sony/ATV Music Publishing (Germany GmbH) Berlin
S. 163: Ernst Eggimann, Jesus-Texte, Die Arche, Zürich 1972, S. 31
S. 167: Diakonie. Erarbeitet von Hartmut Kopf und Gerhard Vidal, Religionspädagogische Hefte, Ausgabe A: Allgemeinbildende Schulen, hg. von der Evangelischen Kirche der Pfalz, IV/1996, S. 35ff. (gekürzt)
S. 168: Leitbild Diakonie, aus: Kirchenamt der EKD (Hg.), Herz und Mund und Tat und Leben. Grundlagen, Aufgaben und Zukunftsperspektiven der Diakonie.
Eine evangelische Denkschrift, Gütersloher Verlagshaus in der Verlagsgruppe Random House, Gütersloh 1998, S. 76ff.
S. 169: Steffen Fleßa/Barbara Städtler-Mach, Konkurs der Nächstenliebe? Diakonie zwischen Auftrag und Wirtschaftlichkeit, Göttingen 2001, S. 5f.
S. 170: Lisa Rosenbrock, www.team-fsj.de/lisa.htm (gekürzt)
S. 174f.: Interview mit Nelleke Jorrisen, aus: SZ 12.04.2001, Süddeutscher Verlag München
S. 176f.: Interview mit Hans-Ludwig Schreiber, aus: DER SPIEGEL 31/1998, Spiegel-Verlag Hamburg
S. 179: Alexej von Jawlensky, in: Clemens Weiler: Köpfe, Gesichter, Meditationen, Hanau 1970, S. 24
S. 179: Hilde Domin, Ecce Homo, in: Gesammelte Gedichte, Verlag S. Fischer, Frankfurt/M. 1987
S. 181: Eva Zeller, Golgatha, in: Sage und Schreibe - Gedichte, Deutscher Taschenbuch Verlag, Stuttgart 1971
S. 182f.: Fee Zschocke: Auf der letzten Station, in: DIE ZEIT vom 24.11.1972
S. 184: Thomas Fuchs, Euthanasie und Suizidbeihilfe. Das Beispiel der Niederlande und die Ethik des Sterbens, in: Robert Spaemann/Thomas Fuchs, Töten oder Sterbenlassen? Worum es in der Euthanasiedebatte geht, Freiburg/Br. 1997, S. 31-107, S. 53 © Herder Verlag Freiburg i. Br. 1997
S. 184: Fuat S. Oduncu/Wolfgang Eisenmenger, Süddeutsche Zeitung vom 17.07.2003
S. 188: aus: Immanuel Kant: Metaphysik der Sitten. Sittenlehre, hg. von W. Weischedel. Frankfurt/M. 1991, S. 568f. und 600f.
S. 190: UN-Erklärung:
http://www.unhchr.ch/udhr/lang/ger.htm
S. 191: Kairoer Erklärung:
http://www.aidlr.org/german/mag/36_1%20-5.pdf
S. 192: „Menschenrechte. Universal oder kulturbedingt?"
http://www.chinafokus.de/nmun/7_ii.php
S. 194: Thomas von Aquin: Summa theologica. Heidelberg, Graz u.a. 1960. Übersetzt von Dominikanern und Benediktinern Deutschlands
S. 195: Franz Alt, Frieden ist möglich. Die Politik der Bergpredigt, München: Olzog 1983, S. 29
S. 195: Helmut Schmidt, Aus einem Interview anlässlich des Evangelischen Kirchentages in Hamburg 1976
S. 196: Harald Stutte, DIE ZEIT Nr. 37/1997 (05.09.1997)
S. 197: Ottmar Fuchs, Arbeit – ein Lebensmittel für Mensch und Gesellschaft, in: Edition Exodus (Hg.), Arbeit, Arbeitslosigkeit, Menschenwürde. Ökonomisch-theologische Perspektiven. Luzern: Edition-Exodus-Verlag 1994, S. 135-156, hier 153
S. 197: Kammer der Ev. Kirche in Deutschland für soziale Ordnung (Hg.): Gezielte Hilfen für Langzeitarbeitslose. Probleme der Langzeitarbeitslosen, arbeitsmarktpolitische Überlegungen. (= EKD- Texte 19). Hannover 1987, S. 102f.

S. 198: Hans Küng/Karl-Josef Kuschel (Hg.): Weltfrieden durch Religionsfrieden. Antworten aus den Weltreligionen. Piper Verlag, München 1993, S. 25-38 (gekürzt)
S. 202: Ernesto Cardenal, Das Buch von der Liebe, Gütersloher Verlagshaus in der Verlagsgruppe Random House, Gütersloh 1979
S. 203: Christa Wolf, Nachdenken über Christa T., Lüchterhand Literatur, Darmstadt/Neuwied 1981, S. 53
S. 205: Axel Denecke, Vertreibung oder Befreiung aus dem Paradies? Was die Märchen und die Bibel gemeinsam haben, Verlag Am Eschbach, Osnabrück 1989, S. 183ff. (gekürzt)
S. 206: Wilhelm Busch, Kritik des Herzens, 1874
S. 207: Ernesto Cardenal, Das Buch von der Liebe, Gütersloher Verlagshaus in der Verlagsgruppe Random House, Gütersloh 1979
S. 207: Eugen Drewermann/Jürgen Jeziorowski, Gespräche über die Angst, Gütersloher Verlagshaus in der Verlagsgruppe Random House, Gütersloh $^2$1991, S. 39ff. (gekürzt)
S. 211: Horst Hirschler, Sehnsucht nach dem Paradies, in: Peter Beier u.a. (Hg.), Typisch evangelisch! Das Magazin zum Lutherjahr '96, Deutsche Bibelgesellschaft, Stuttgart 1995/96, S. 4f. (gekürzt)
S. 217: Johanna Nilsson, „....und raus bist du!", Deutscher Taschenbuchverlag, München 2001, S. 174-175
S. 219: Günter Kunert, Götterdämmerung, in: Stilleben. Gedichte, ©Hanser, München/Wien 1983
S. 219: Margot Bruns, Gedicht, zitiert nach: Spuren des Lebens. Biblische Texte, Gebete und Betrachtungen, Hg. von Wolfhart Koeppen/Renate Spennhoff/Waldemar Wolf, Aussaat- und Schriftenmissions-Verlag GmbH, Neukirchen-Vluyn und Verlag Katholisches Bibelwerk GmbH, Stuttgart 1990, S. 18
S. 222: Ulrich H. J. Körtner, Menschenbild in Medizin und Theologie. Hg. Wolfgang Vögele und Andrea Dörries, Evangelische Akademie Loccum, 2000, S. 47ff.
S. 224f.: Tschingis Aitmatow, Der Richtplatz, Verlag Unions, Zürich 1991, S. 247-251

Bibeltexte

S. 36, 39, 48, 58, 71, 75, 107, 136, 175, 191, 195: Lutherbibel, revidierter Text 1984, durchgesehene Ausgabe in neuer Rechtschreibung, © 1999 Deutsche Bibelgesellschaft, Stuttgart

Bilder

S. 5: Keith Haring, „Untitled" May 29, 1989 (8220C), © The Estate of Keith Haring, New York
S. 9: © Tibet Images, London
S. 13: © 1993 by Council for a Parliament of the World Religions, Chicago
S. 15: André Gaidies, 2001 Titelbild der Broschüre: „Erste Schritte wagen", Ev. Kirche im Rheinland
S. 20: Ernst Steiner, Wo bin ich?, © VG Bild-Kunst, Bonn 2008
S. 23: Uwe Lewandowski, Osnabrück; Helmut Kemme, Wallenhorst
S. 26: Zahrnt – epd-bild
S. 27, 29, 96: Interfoto, München
S. 33: Big bang, http://www.redeckeria.org/urknall.htm, (03.03.2006)

S. 39: Die Schöpfung, Wandteppich, Girona, um 1100, in: Die Bibel in der Kunst. Das Hochmittelalter, Deutsche Bibelgesellschaft, Stuttgart 1995, S. 20f.
S. 42: Karikatur, © Rebecca Meyer
S. 43: Sidney Harris, http://www.sciencecartoonsplus.com/contact.htm
S. 44: © Sieger Köder, Schöpfung, in: Die Bilder Bibel, hg. Gertrud Widmann, Schwabenverlag Ostfildern1996, S. 13
S. 47: „Gott ist tot", www.aichberger.de/10D-gott.htm
S. 49: Karikatur, © Rebecca Meyer
S. 54: Jorge Enrique Adoum, Das Antlitz der Zeit – Guayasamin, Verlag Das Andere GmbH, Nürnberg 1998, S. 220-222. In dem Buch findet sich als Angabe zu dem Bild: Colección „La edad de la ira" (Zyklus „Das Zeitalter des Zornes"), Öl auf Leinwand. Sammlung Fundación Guayasamin, Quito, Ekuador, 1963-1965
S. 61: © Sieger Köder, Kunstvoll gewirkt in Erdentiefen, Schwabenverlag, ca. 1999
S. 64: © Helmut Hanisch, Leipzig
S. 66: Thomas Zacharias, Josef fällt in den Brunnen, © VG Bild-Kunst, Bonn 2008
S. 70: Säulenträgerin, Konsolfigur aus dem Chor der Stiftskirche Landau, 13. Jh.
S. 72: Reinhard Zimmermann, erloschen, Leuchtspuren. Der Ökumenische Kreuzweg der Jugend, jugendhaus düsseldorf e.v. Bundeszentrale für katholische Jugendarbeit, 1999
S. 76: Quint Buchholz, BuchBilderBuch. 45 Bilder mit 45 Texten von Herbert Achternbusch bis Paul Wühr. Mit einem Vorwort von Michael Krüger. © Carl Hanser Verlag 1997
S. 81: „Hermann Kesten im Cafe", © Michael Mathias Prechtl
S. 82: Kazuyoshi Nomaci/PPS/Agentur Focus
S. 86: Tobias Kammerer, „Verkündigungsengel", Glasfenster in der ev. Kirche Mainz-Kostheim, 1999
S. 90: Unbekannter Künstler, Kreuz der Stiftskirche Innichen, in: Siegfried Gruber, Christusbilder. Zwischen Provokation und Tradition, Religionspädagogisches Seminar der Diözese Regensburg 1997
S. 93: Matthias Klemm, Christuskopf, Leipzig 1968, Federzeichnung
S. 97: Zu Klampen Verlag, Lüneburg
S. 98: Marc Chagall, Die Kreuzigung in Gelb, 1942, © VG Bild-Kunst, Bonn 2008
S. 103: Wolfgang Lettl, Die große Freiheit, 1985, www.lettl.de.m/070.html
S. 105: © IFA-Bilderteam GmbH
S. 111: Holzstich von 1864, in: Gehirn & Geist 01/2002, S. 39
S. 117: Richard Oelze, Expectation (Erwartung). 1935-36, Oil on Canvas, 81,6 x 100,6 cm, The Museum of Modern Art, New York. Purchase. Archivio Scala, Antella
S. 119: Pucker Gallery and the artists, 2003; Samuel Bak, Resurrection, 1979, oil on canvas
S. 121: „Das große Gastmahl", Willy Fries 1965, Stiftung Willy Fries Wattwil
S. 123: Hieronymus Bosch, Der Garten der Lüste (2-T50-A2-1500), akg-images Berlin
S. 126f.: Hermann Buß:„Wie im Himmel so auf Erden": Evangelisches Missionswerk in Deutschland (Hg.), Arbeitsheft Weltmission 1994
S. 131: Plakat: 19. Deutscher Evangelischer Kirchentag, Hamburg 1981, © beim Gestalter Wolfgang Heinrich, Hildesheim
S. 132: Karikatur von Mertens, „Für sich selbst gezeichnet", © Verlag J. P. Peter, Gebr. Holstein & Co. KG

S. 133: Georg Meistermann, Dreifaltigkeit, 1953, © Georg-Meistermann-Nachlassverwaltung, Dr. J.M. Calleen/VG Bild-Kunst, Bonn 2008
S. 136: Marc Chagall, Noah mit dem Regenbogen ca. 1960, © VG Bild-Kunst, Bonn 2008
S. 138f.: Roland Peter Litzenburger, Schutzmantelchristus, 1971, © Gretel Kunze, Markdorf
S. 140: Salvador Dali, Pfingsten, 1964, © Fundació Gala-Salvador Dalí / VG Bild-Kunst, Bonn 2008
S. 145: Christian Kaiser, chrismon Nr. 3/2001
S. 148: Fender, Hannover
S. 152: Horst Haitzinger, tz München
S. 155: © Hannoversche Landeskirche
S. 155: www.funama.de
S. 159: Felix Hoffmann, „Helfen", Glasfenster 1957, © VG Bild-Kunst, Bonn 2008
S. 161: Paul A. Weber, „Ellenbogenstoßbrigade" 1964, © VG Bild-Kunst, Bonn 2008
S. 163: © Hartmut R. Berlinicke, Falkenburger Allegorie, Farbradierung von 1978
S. 166: A. Bohnenstengel, © Diakonisches Werk Bayern 2001/02/03
S. 169: © Diakonie Neuendettelsau
S. 173: J. Wischmann, © Focus. Foto- und Presseagentur, Hamburg
S. 175: „Holländische Alternative", SZ 12.4.2002, Süddeutscher Verlag München
S. 176f.: Michael Goldman, gettyimages
S. 178: Alexej von Jawlensky: „Ecce homo I", © VG Bild-Kunst, Bonn 2008
S. 180: Albrecht Dürer: Christus als Schmerzensmann, Staatliche Kunsthalle. Karlsruhe
S. 187: © Zinate Engel: Malerei, Grafik
S. 189: Karikatur, © Rebecca Meyer
S. 193: © Associated Press Photo. John Moore
S. 197: Karikatur Arbeitslosigkeit: Löffler/CCC, www.c5.net
S. 201: Günther Förg, ohne Titel, 1997, in: Jürgen Doppelstein (Hg.), Lost Paradise Lost, Kunst und sakraler Raum, Hamburg 2000
S. 204: Lukas Cranach d.Ä., Das Paradies, 1530
S. 207: Weckner, Göttingen
S. 210: Mosaik, Basilica di S. Clemente, Rom
S. 212: Goldmann/Getty Images
S. 215: Max Beckmann, Selbstbildnis, um 1900, © VG Bild-Kunst, Bonn 2008
S. 216: Wolfgang Mattheuer, Das zweite Gesicht, 1970, © VG Bild-Kunst, Bonn 2008
S. 218: Vincent von Gogh, Trauernder Mann, 1890
S. 220: „Ganzkörperplastinat mit Haut" in: Körperweltkatalog, Institut für Plastination, Heidelberg 2000, S. 153
S. 224: Edvard Munch, Golgota, 1900, © The Munch Museum/The Munch Ellingsen Group/VG Bild-Kunst, Bonn 2008
S. 226: Emil Schumacher, Scala I, 1987, © VG Bild-Kunst, Bonn 2008


Der Verlag hat sich bemüht, die Rechtinhaber aller verwendeten Materialien ausfindig zu machen. Leider ist dies nicht in allen Fällen gelungen. Der Verlag ist für weitere Hinweise dankbar.